U0795697

BIBLIOTHECA IURISPRUDENTIAE 001

冯 洁 著

国际化视野下中国高等教育市场的法律规制

当代中国出版社
Contemporary China Publishing House

图书在版编目(CIP)数据

国际化视野下中国高等教育市场的法律规制 / 冯洁著. -- 北京 : 当代中国出版社 , 2022.9

ISBN 978-7-5154-1226-9

Ⅰ. ①国… Ⅱ. ①冯… Ⅲ. ①高等教育法—研究—中国 Ⅳ. ① D922.164

中国版本图书馆 CIP 数据核字 (2022) 第 172888 号

出 版 人　冀祥德
责任编辑　刘文科　沈秋彤
责任校对　康　莹
印刷监制　刘艳平
装帧设计　鲁　娟
出版发行　当代中国出版社
地　　址　北京市地安门西大街旌勇里 8 号
网　　址　http://www.ddzg.net
邮政编码　100009
编 辑 部　(010) 66572744
市 场 部　(010) 66572281　66572157
印　　刷　北京中科印刷有限公司
开　　本　710 毫米 × 1000 毫米　1/16
印　　张　18.25 印张　2 插页　241 千字
版　　次　2022 年 9 月第 1 版
印　　次　2022 年 9 月第 1 次印刷
定　　价　78.00 元

版权所有，翻版必究；如有印装质量问题，请拨打 (010) 66572159 联系出版部调换。

目　录

第一章　导论：背景、术语与问题　1
第一节　高等教育国际化的缘起和历史发展　2
一、高等教育国际化的缘起　2
二、高等教育国际化的历史发展　4
第二节　基本术语的界定　6
一、教育与高等教育　6
二、高等教育市场　10
三、高等教育国际化与全球化　11
四、高等教育的国内层面规制与国际层面规制　16
第三节　高等教育国际化法律规制的考量因素　18
一、高等教育领域的国家主权　18
二、高等教育领域的市场化　20
第四节　问题与思路　22
一、既有研究及其问题　22
二、本书的思路　24
第二章　高等教育的国际规制模式　25
第一节　国际组织及其在高等教育国际化规制中的角色　25
一、国际组织及其运行　26
二、国际组织在高等教育国际化规制中的作用　28
第二节　具有直接法律效力的规制：UNESCO 模式　32
一、UNESCO 概述　32
二、UNESCO 对高等教育的规制　33
三、小结：UNESCO 模式的特点　43

第三节 需经承诺产生法律效力的规制：GATS 模式 45
一、GATS 概述 45
二、GATS 对高等教育的规制 47
三、小结：GATS 模式的特点 56
第四节 政策或价值导向的规制：OECD 模式的国际规范 57
一、OECD 概述 58
二、OECD 对高等教育的规制 60
三、小结：OECD 模式的特点 67
第三章 相关国家的高等教育国际化实践 69
第一节 霸权例外主义：美国的实践 70
一、美国高等教育国际化概述 70
二、美国对于高等教育国际规制的应对 72
三、美国实践的原因分析 83
第二节 选择合作主义：德国的实践 87
一、德国高等教育国际化概述 87
二、德国对于高等教育国际规制的应对 88
三、德国实践的原因分析 99
第三节 高追求低规制：印度的实践 103
一、印度高等教育国际化概述 103
二、印度对于高等教育国际规制的应对 104
三、印度实践的原因分析 113
第四节 小结：高等教育国际化的国家义务 117
一、国际组织与主权国家在高等教育政策规制方面的关系 117
二、国家承担高等教育国际义务的一般准则 130
第四章 中国高等教育的国际化：背景、制度与路径 135
第一节 中国高等教育国际化的历史与现状 135
一、中国高等教育国际化的历史发展 135
二、中国高等教育市场国际化的现状 139
三、中国高等教育市场国际化的问题 146
第二节 中国高等教育市场国际化的制度环境 152

一、国际层面的法律和政策 152
二、国内层面的法律和政策 159
第三节 高等教育市场国际化进程中中国的路径选择 165
一、路径选择的考量因素 165
二、宏观路径选择的基本原则 177
第五章 中国高等教育国际化的主要形式：中外合作办学 186
第一节 中外合作办学的历史演变 187
一、中外合作办学的历史阶段 187
二、中外合作办学的新常态 194
第二节 中外合作办学的法律性质 198
一、GATS 框架：商业存在 198
二、国内法律制度：兼顾公益性与教育主权 206
第三节 中外合作办学的主体资格 213
一、办学主体与实施主体 213
二、作为参与主体的地方政府 219
第四节 中外合作办学的基本模式 225
一、中外合作办学机构 225
二、中外合作办学项目 229
结语：中国高等教育国际化的立法建议 237
一、总体规划 238
二、针对模式一（跨境交付）：未雨绸缪、尝试规制 241
三、针对模式二（境外消费）：保持不变、导向管理 244
四、针对模式三（商业存在）：厘清问题、完善立法 249
五、针对模式四（自然人流动）：区分情况、全面规制 250
参考文献 256
后 记 282

图表目录

表 1 UNESCO 和 WTO 相关文件中对 Higher Education、Tertiary Education 和 Post-secondary Education 的解释 9
表 2 国际组织运行模式 28
表 3 GATS 下的教育服务贸易 48
表 4 水平承诺与部门承诺 53
表 5 美国承担的 UNESCO 会费（财政年度：2003—2012） 74
表 6 德国实施联合国可持续发展十年行动计划的措施总目（联邦政府层面） 90
表 7 德国在 GATS 下关于高等教育的具体承诺减让 92
表 8 印度关于高等教育的地区贸易协议承诺减让 106
表 9 中国在 GATS 下关于高等教育的具体承诺减让 153
表 10 中国在 GATS 下关于水平承诺减让 154
表 11 涉及中国高等教育市场的国内法律和政策 166
表 12 我国法律法规中有关中外合作办学活动的规范梳理 211
表 13 24 所中外合作办学机构的组建模式 214
表 14 筹建办与非法人中外合作办学机构的对比 219
表 15 关于中外合作办学实施学历教育与非学历教育法律规定的差别 228
表 16 中外合作办学项目与机构的法律规定比较 230
图 1 国家高等教育政策的双层影响机制 27
图 2 近年来美国高等教育进口额和出口额 78
图 3 德国高等教育出口额和进口额（2013 年） 93

图 4　近年来印度高等教育出口额和进口额　107
图 5　GATS 框架下的国家教育　183
图 6　本科及以上中外合作办学机构与项目的省级分布情况　193

第一章　导论：背景、术语与问题

在当今世界，尽管时常会遭遇挫折，但从总体趋势看，全球化的浪潮依然不可阻挡。正如2015年9月，中国国家主席习近平在纽约联合国总部出席第七十届联合国大会一般性辩论时所指出的："当今世界，各国相互依存、休戚与共。我们要继承和弘扬联合国宪章的宗旨和原则，构建以合作共赢为核心的新型国际关系，打造人类命运共同体。"

高等教育最初仅是一个主权国家内部的事务，其规范层面更多体现的是国内的规制。但是随着各国政治、经济、文化等诸多方面的发展和交融，与高等教育相关的跨境活动逐渐增多，高等教育的国际化程度也得到了前所未有的加强。因此，从国际层面讨论高等教育已经成为一个重要议题。加入WTO之后，我国已经自觉或不自觉地被卷入了高等教育国际化的世界进程之中。高等教育国际化的思想是如何产生和发展起来的？高等教育市场究竟意味着什么？在面对这一进程时，不同的国际组织对于各个国家施加了何种国际法上的义务？国家在应对这些义务时又如何出台相应的规制措施？中国高等教育经历了什么样的国际化历程？中国高等教育市场化又面临着什么样的问题？应该采取什么样的法律政策规制措施？在这些问题上，前两个问题构成了进一步讨论的基础。本章就将着重介绍高等教育国际化的历史、界定与本书论述关系密切的基本术语，阐明高等教育国际化法律规制的考量因素，并在指明既有研究及其问题之后交代本书的研究思路。

第一节　高等教育国际化的缘起和历史发展

一、高等教育国际化的缘起

有关高等教育国际化的缘起，或者说高等教育国际化的理由或动力可谓众说纷纭。不同的观察主体出于不同的利益和动机，视高等教育国际化的缘起理由不同。[①] 比如国际组织、主权国家或投资者个人对高等教育国际化的理解当然会有所差异，但其表述差异的背后亦存在重合，因为高等教育国际化的缘起归根结底离不开特定的历史背景下政治、经济和文化的影响，有关高等教育国际化的缘起主要有以下几种论述。

首先，经济原因是高等教育国际化发展的根本原因。全球经济的不断融合以及教育可贸易性质的出现，使得教育活动不可避免地具有了国际化的特点。而教育的国际化又促进了经济的进一步发展。其中，有关国际层面对人力资源的需求观点广为大众接受。经济的全球化需要国际化的人力资源，而教育的国际化活动比较好地满足了这种需求。此外，高等教育国际化的若干活动不仅能够减轻政府对教育的财政支出，甚至在一些国家，最典型的比如澳大利亚、新西兰等国，教育的跨国活动已经成为政府财政

---

① Jane Knight, Trade Talk: An Analysis of the Impact of Trade Liberalization and the General Agreement on Trade in Service on Higher Education, *Journal of Studies in International Education*, Vol. 6, No. 3, 2002, p.209.

收入的主要支柱[①]。高等教育国际化是社会经济发展的要求，但也从另一方面促进了经济的进一步繁荣。

其次，政治原因也是高等教育国际化出现和发展中不可忽视的因素。例如第二次世界大战后虽然教育的国际化呈现蓬勃发展的趋势，但其主要发生在美国和苏联的“冷战”过程中，两大巨头极力支持高等教育国际化发展的政治目的是寻求其他社会成员的认同并扩大各自的政治影响力。[②]即使“冷战”结束后，西方国家之间的互相提供的教育交流资助也有很多是出于对未来政治的一种“投资行为”，东道国这种行为更多地是为了通过资助那些可能成为未来领导者和精英的人们推广其本国的政治理念和文化价值观，以便在未来的政治舞台上有更多的协同者或认同者。随着历史的发展，尽管高等教育国际化的目的更多地倾向于经济利益，但教育所承载的政治目的仍未完全消失。时间行至21世纪，即使在经济高度融合的今天，在涉及教育的规制时，仍不绝于耳地听到有关教育贸易背后体现出来的“文化殖民”“新自由主义贸易观”以及与教育主权相关的不同意见。有学者早在20世纪90年代初就认为教育已经不仅仅服务于经济利益，更成为一个国家在国际社会竞争中的重要因素之一，国家对教育的国内和国际化发展的支持会为其赢得竞争优势。[③]

再次，新科技的出现也是促进高等教育国际化发展的重要工具。相比较历史上传统的交通工具和通信工具，现代社会的科技发明使得空间的距离不再是国际交流的巨大障碍，时间成本的大大缩短给人们的活动带来了更多的可选择性，出国学习不再是要经历跋山涉水的艰难旅程。随着计算机和网络的出现，坐在家中接受远程国际教育也成为现实。科技使得教育的国际化活动更加频繁和容易，而高等教育国际化反之又进一步地促进了科技的发

---

① Kurt Larsen, John P.Martin and Rosemary Morris, Trade in Education Services: Trends and Emerging Issues, *The World Economy*, Vol. 25（6）, 2006, p.849.

② Philip G. Altbach, Hans de Wit, Internationalization and Global Tensin: Lessons from History, *Journal of Studies in International Education*, Vol. 19（1）, 2015, p.6.

③ Clark Kerr, Higher Education Cannot Escape History: Issues for the Twenty-first Century, Suny Series Frontiers in Education, State University of New York Press, 1994.

展，两者相辅相成。

最后，教育本身不断要求进步的需求也是促进高等教育国际化的原因之一。由于世界各国教育发展水平的不同，教育资源相对贫乏的国家有迫切接受更好教育的愿望，即使相同教育水平的国家也认为教育交流对于改善本国教育发展水平仍有着重要的作用，国家间的教育交流活动客观上形成了高等教育国际化的结果。此外，人们对高等教育的发展不断有新的需求，尤其是对某些专业课程的设置和享受非传统服务模式需求的增加（如跨境交付），但是由于有限的预算、政府职能的转变和对市场规律的强调，也使得国家对本国教育的公共服务能力受到了挑战。[①] 这种新的社会需求导致国家在对教育的规制中做出新的安排，举措之一就是希望通过国际交流与合作弥补这方面的不足。[②]

二、高等教育国际化的历史发展

高等教育国际化是教育交流的客观产物，广义上的教育交流包括在文化交流中，这种行为自古就存在。东方交流的典型当数玄奘西去印度取经，东西交流的硕果之一是《马可·波罗游记》，而在古时的欧洲国家之间曾有一位名为伊拉斯莫（Erasmus）的著名学者促进了欧洲各国的学术交流，以至于21世纪初欧盟将一个对欧洲范围内国家间具有重要意义的教育交流项目命名为“伊拉斯莫项目”。对高等教育国际化历史发展的追踪是对教育领域国家之间关系及其与国际组织之间关系的再现，教育的国际化不能简单地用国家间经济发展和地缘概念来理解，而应当从更广阔的国际法的视角将其作为重要的议题来看待，因为这个过程体现了国家和其他社会主体构建或重构世界范围内有关教育目的和规范的

① Jane Knight, Trade Talk: An Analysis of the Impact of Trade Liberalization and the General Agreement on Trade in Service on Higher Education, *Journal of Studies in International Education*, Vol. 6, No. 3, 2002, p.210.

② N. V. Varghese, GATS and Higher Education: the Need for Regulatory Policies, *Research Papers IIEP*, UNESCO, 2007, p. 7.

过程。[①]

从18世纪到第二次世界大战前，教育国际化的表现形式多种多样，其中宗主国殖民输出教育体系是这一时期的表现形式之一，例如拉丁美洲国家仿照伊比利亚半岛（即西班牙和葡萄牙）的教育模式建立了自己的高等教育模式，印度、非洲、加勒比和北美各国仿照英国和法国建立了本国的高等教育体制。另一个国际化的表现在于研究领域。尽管这一时期对教育的研究兴趣多集中于国内事务上，并且当时的国际交流不像今年这样密集和频繁，但亦存在跨国间的学术交流、会议和各种讨论。此外，还有一种高等教育国际化的表现形式是学生的跨国流动，尽管目前很少见到当时对留学生数据的统计，但留学现象和与留学生有关的记录散见各种历史、文学著作中。

第二次世界大战后，教育的国际化进入到快速发展阶段，可以分为不同的几个时期。第一个阶段是“冷战”时期。正如上文所述，尽管高等教育国际化开始蓬勃发展，但其背后是美国和苏联两大巨头的政治较量，而这一时期的欧洲正忙于第二次世界大战后的重建，并无余力投资国际学术交流，许多人才流失到美国，这直接导致了世界学术力量的大逆转。第二个阶段是20世纪60年代到70年代间，这一阶段高等教育国际化的特点为第三世界国家成为寻求国际学术合作的主要战场。苏联阵营、美国、加拿大以及澳大利亚等国家视发展中国家为扩大自己政治和经济力量的重要地区，并纷纷为大学间的国际交流投入大量人力和物力。这一时期的国际交流呈现单向性特点：学生流动的单向性——由南向北和资金流动的单向性——由北向南。第三个阶段是20世纪70年代到90年代间。这一时期的高等教育国际化呈现多元化现象，主要因为80年代末社会主义阵营的解体极大地改变了高等教育国际化发展的蓝图，随之崛起的日本、西欧等新兴国家不仅从

① Karen Mundy, Educational Multilateralism— Origins and Indications for Global Governance, in: Kerstin Martens, Alessandra Rusconi, et al. (Eds.), *New Arenas of Education Governance: The Impact of International of Organizations and Markets on Educational Policy Making*, Palgrave Macmillan, 2007, p.19.

政治、经济上，而且从国际科研上挑战了美国的地位。这一时期的高等教育国际化主体不再是一家独大的局面。高等教育国际化发展的最近一个阶段是20世纪90年代至今，这个阶段出现了非常多的新现象。首先，国际社会对教育本身的认识发生了重大变化，尤其是GATS中正式将教育作为服务贸易之一进行法律规范后，教育的可贸易性成为普遍概念。其次，由于教育所承载的政治因素一直没有消失，全球化背景下对教育的规制出现了出于经济利益和出于政治利益的矛盾和交锋。另外，参与高等教育国际化活动中的主体比上个时期更加多元化，不仅包括发展中国家，如印度、中国等，还包括若干重要的国际组织，如联合国教科文组织、世界贸易组织、经合组织等。这些新的参与主体在高等教育国际化的规制过程中相互交织、相互影响，给高等教育国际化的发展带来了变数和挑战。①

第二节　基本术语的界定

高等教育国际化是本书论述的背景，从国际法视角下理顺这一背景下所涉及的具体概念，观察这些概念之间的异同和相互关系，是研究对中国高等教育市场规制的前提。

一、教育与高等教育

1. 教育

“教育”一词由来久远。从东方到西方，不同的教育学家对教

① See Jane Knight, Hans de Wit, Strategies for the Internationalisation of Higher Education: Historical and Conceptual Perspectives, in Hans de Wit (Ed.), *Strategies for the Internationalisation of Higher Education : A Comparative Study of Australia, Canada, Europe and the United States of America*, European Association for International Education, 1995, pp. 5-9.

育的理解因时、因地而异。在古代中国，“教育”一词始见于《孟子·尽心上》中所述“三乐”，曰：“……得天下英才而教育之，三乐也。”[①] 又有许慎在《说文解字》中解释道，“教，上所施，下所效也”“育，养子使作善也”。这是我国关于教育较早的理解。西方教育一词来源于 educare、educere、educatum、educatus 以及 educatio 等诸多拉丁词汇，其中公认较为重要两个来源词的为 educare 和 educatum，前者意味训练、塑造，其意多指由内而外的推动和激发；后者则强调施教行为，两者结合之为现代西方语义上的“教育”（education）。[②]

关于教育，至今未能有令所有教育专家均同意的统一定义。笼统来讲，理想主义者视教育为精神发展的过程，是人类达到自我认知目标中灵魂和肉身的结合。而实用主义者则认为教育是一种社会进程，是社会发展的必然要求，同时也促进了社会发展。事实上，教育的定义远不只如此简单。由于教育涵盖范围极广，它涉及历史、文化、政治、经济等方方面面的因素，因此教育的定义注定是一个不具统一性的若干要素的复杂综合体，更重要的是教育与社会不可分割的关系使得其含义要随着社会的发展而不断发生变化。教育的功能也不是固定的，不同的年代教育具有不同的功能，它需要随着社会生活的发展做出自我调整。概括起来，对教育的功能有以下两种认知较为普遍：第一种观点从人作为独立个体的需求出发，认为教育的功能是精神主义色彩的，教育是为了“寻求知识的认知”活动，是为了人类个体普遍的、与道德相关的终极发展。第二种观点从实然角度对教育的功能进行了阐释，认为实际生活中存在的社会的、政治的、经济的因素必须加以考虑。在这种观点中有人强调教育承载的塑造民族精神功能，从而促进整个国家的文明进程的发展；还有人认为现代社会教育

① 《孟子·尽心上》中所述原文为：“君子有三乐，而王天下不与存焉。父母俱存，兄弟无故，一乐也；仰不愧于天，俯不怍于人，二乐也；得天下英才而教育之，三乐也。”

② John Parankimalil, *Meaning, nature and aims of education*, posted on March 26, 2012 on websitehttps: //johnparankimalil.wordpress.com/2012/03/26/meaning-nature-and-aims-of-education/, 2015 年 10 月 8 日访问。

最主要的功能是培养能够满足社会经济发展需求的人力，国家对教育规制的动力来源于教育所带来的经济利益，从而强调教育的经济功能。[①]

本书认同教育的内涵和功能应当时移世易的观点，认为教育的国际化发展，使得教育的功能已经不仅局限于满足民族个性的塑造和个人全面发展的需求，应当承认教育促进经济发展的功能，更为重要的是重新认识教育时不可偏颇于教育的某一种功能，固执地坚持教育的应然功能可能导致国家落后于教育国际化过程的发展，从而陷入被动和孤立状态，然而过分地强调教育作为贸易的经济功能，则可能为国家维护本国公民的人权和教育主权带来困惑。

2. 高等教育

高等教育是教育体系的组成部分，通常是指相对于基础教育和中等教育而言的一个阶段，但它究竟包含哪些教育内容则是有争议的。笔者在阅读文献期间，发现与我们所谓的“高等教育”相对应的英文用语出现了 Higher Education、Tertiary Education 和 Post-secondary Education 几种情况，这些概念之间的内涵和关系也有不同的解释，有据可查的是 UNESCO 和 WTO 对这些概念的解释。根据 UNESCO 于 2011 年发布的《国际教育标准分类法》，Post-secondary Education 包括了 Post-secondary non-tertiary Education、Tertiary Education 和 Adult Learning Education 三部分，而 Tertiary Education 与 Higher Education 两个词基本上具有相同的含义，可以互换使用。[②] 根据 WTO 关于教育服务的备注文件，Higher Education 包含了 Post-secondary Technical、Vocational Education 和其他 Higher Education。[③]（见表 1）可见这两个在教育国际化规制中起到重要作用的组织在解释具体词语的含义时亦不

---

① David Carr, Moral Formation, Attachment or Social Control: What's the Point of Values Education? *Education Theory*, Vol. 5o, 2000, p.50; Satish Kumar, Sajjad Ahmad, *Meaning, Aims and Process of Education*, unsourced.google.

② OECD, Internationalisation and Trade in Higher Education: Opportunities and Challenges, 2004, p.308.

③ WTO, Education Services: Background Note by the Secretarial, S/C/W/313, pp. 2-3.

能统一。世界范围内对高等教育的定义远未达成共识。[①] 对我国而言，高等教育通常包含普通高等教育和成人高等教育。前者是指专科教育、本科教育和研究生教育三个阶段；后者是指实行成人高等学校招生全国统一考试，经教育部审定核准的各类大学、函授学院、干部管理学院的教育，且毕业证书会注明“成人高等教育”字样。

出现这种不同解释状况的原因固然有用语习惯的不同，更为重要的是课程内容和结构设置的不同。世界上不同国家存在不同的教育体系，因此对于高等教育的理解有所不同，将某一国家的教育体系和层级与其他国家的教育体系或某些国际组织设定的标准之间做比较是一件不太容易的事。就本书写作范围而言，仅指普通高等教育，而不涉及或极少涉及成人高等教育及其他教育级别。

表 1　UNESCO 和 WTO 相关文件中对 Higher Education、Tertiary Education 和 Post-secondary Education 的解释 [②]

联合国教科文组织			世界贸易组织	
Post-secondary Education			Higher Education	
Post-secondary non-tertiary Education	Tertiary Education	Adult Learning Education	Post-secondary Technical and Vocational Education	Others Higher Education

阐述上述这些概念并不仅仅是为了将它们区分而区分，而是为了减少误解，并界定本书写作范围。当然这些概念或许并不是一成不变的，从研究层面而言，对这些概念的总体了解对于讨论和研究国际教育仍然非常重要。另外，从实践层面来讲，我们时

① Sudhanshu Bhushan, Trade in Education Services under GATS Implications for Higher Education in India: Implications for Higher Education in India, *Economic and Political Weekly*, June 5, 2004, p. 2395.

② 表格来源于 UNESCO：“International Standard Classification of Education (ISCED)”和 WTO 秘书处“Education Services: Background Note by the Secretarial”(S/C/W/313)两份文件。

常发现实践诠释定义，而定义会影响政策的制定，因此对于与国际教育相关的利益各方，特别是政策制定者而言，重新思考定义的内涵，确保定义反映了现实存在的复杂现象，是进行政策、法律制定的重要步骤。

二、高等教育市场

有关高等教育市场的诸多理解众说纷纭，其中比较重要的问题集中在教育领域是否存在市场。对于这个疑问，许多研究认为由于教育私有化的出现、国家对教育补贴的降低、学校收费项目的出现，特别是高等教育中出现的对人才的竞争性网罗等因素，使得教育领域已然被市场化了，因此教育领域存在市场和竞争是不可否认的事实。[①]而相反的观点认为教育领域中并没有市场，其理由之一为竞争并不必然导致市场的出现，因为人们对教育的选择不仅仅受市场规律支配，而仍然受制于专属于教育的地理因素、专业偏好等原因。此外，相比较于其他领域，教育领域所享受的国家补贴仍是其他领域所不可比拟的，他们的运营不像公司那样存在经济上的投入与收益的风险，更为重要的是教育中的不当行为，比如提供低质量的教学，并不会像其他市场主体那样受到经济规律的惩罚，因此，教育过程中虽然存在竞争，但市场对教育而言没有太大意义，或者说教育中就没有市场。[②]

本人认为，有关高等教育市场的问题应当分为国际和国内两个层面看待。国际层面由于教育的贸易活动的存在，参与主体被分为进口国与出口国，并且这些国家之间，尤其是教育出口国之间存在竞争，国际层面高等教育市场的存在是客观事实。而由于每个国家的教育发展历史和管理体制各不相同，仅从国家层面而

---

① Robert Reich, Higher Education "Market" Warning, The Higher Education Policy Institute Lecture, posted on March 3, 2008. http: // news.bbc.co.uk/1/hi/education/3564531.stm#transcript.

② Ben Jongbloed, Marketisation in Higher Education, Clark's Triangle and the Essential Ingredients of Markets, *Higher Education Quarterly*, Vol. 57, No. 2, April 2003, p.111.

言，很难一概而论哪些国家已经存在高等教育市场而哪些没有。就本书论述而言，所指的高等教育市场是从国际层面而言。从宽泛的意义上讲，一国高等教育的国际化可以包括三个方面。一是“走出去”，即本国的教育资源向国外流动，包括：本国高等教育机构以网络课程、远程教育等方式招揽外国学生（跨境交付）；派遣或支持本国留学生去国外留学（境外消费）；本国高等教育机构以独立或合作的形式在国外开设分支机构（商业存在）；本国高等教育教学人员去国外任教（自然人流动）。二是“请进来”，即外国的教育资源向国内流动，包括：外国高等教育机构以网络课程、远程教育等方式向本国学生提供教育服务（跨境交付）；允许和支持外国留学生来国内留学（境外消费）；容许外国高等教育机构以独立或合作的形式在本国开设分支机构（商业存在）；聘请外国高等教育教学人员来国内任教（自然人流动）。三是本国高等教育的管理体制、办学方式、课程内容等方面与国际接轨。其中我们可以将第二个方面称为该国“高等教育市场的国际化”。教育贸易作为连接点使得一个国家对于国内教育的规制不免受到国际层面的影响，因此，某一国家在高等教育国际化背景下对高等教育市场的规制，既要认清国际教育贸易的现实，又不能偏离教育的本质，从这个意义上认识高等教育市场，对法律和政策的制定或许更为有意义。就中国高等教育的国际化而言，尽管这三个方面缺一不可，但更具有意义的是第二个方面。作为发展中国家和教育新兴国家，高等教育贸易在我国仍呈现“逆差”的局面，也就是主要以引入先进教育资源为主，即“请进来”。而恰恰在这里，产生了一系列的规制问题。所以，我们在本书重点围绕高等教育国际化背景下中国高等教育市场的规制进行论述，尽管在介绍历史与现状时不可避免地会对其他方面有所涉及。

三、高等教育国际化与全球化

对国际化和全球化的阐述在过去的20年中频繁地出现在政治、经济研究领域，但对高等教育国际化和全球化的研究始于20

世纪 80 年代。其实，这两个概念并不是一个新鲜的术语，早在中世纪时期就存在国家间的学术交流，其活动延绵至今。进入 90 年代后，高等教育已经成为一些国家的全球化进程中不可分割的一部分，高等教育的国际化和全球化出现了研究高潮。大部分学者将其两者混用或代替使用，亦有学者对这两个概念有着不同的理解。随着全球经济的纵深发展，高等教育的国际化、全球化相互交织，这两个概念之间有着千丝万缕的关联。

1. 高等教育国际化

随着社会的发展，高等教育的国际化经历了两种不同理解，以高等教育是否可交易的特征为分界线，分为传统意义上的高等教育国际化和新形势下的高等教育国际化。传统含义中的高等教育国际化一般被视为校际间国际化关系的最高形式，它不仅是一种维持对外关系的标签，而且是包括课程、学生、研究在内的一种国际化精神。它的具体表现形式包括学生的跨国间流动、开设国际化课程、设立专门的研究机构等。因此高等教育国际化传统上旨在学术、社交、文化等方面跨境间的学习和学术交流。

但是随着将经济因素作为考量高等教育的主要目标，高等教育中的上述传统国际化因素正在迅速让步于新形式的高等教育国际化模式，其表现形式也发生了巨大的变化。比如，通过协议安排或合作的方式跨境设立大学及其分支机构，或者通过网络授课的方式买卖课程。这些新出现的形式在不同的国家有不同的表现，尽管其均具有国际性，但其本质是以谋取经济利益为目的的，因此，随之而来的是国际高等教育市场中的激烈竞争。

我们不能说新形势下以经济利益为导向的高等教育国际化已经基本取代了以促进学术进步为初衷的传统的高等教育国际化，但 GATS 的出现将高等教育贸易化的概念进一步推广，并为大部分国际社会所接受。因此，目前国际社会在面临高等教育的研究和规制时，既摆脱不了高等教育人文关怀的本质，又时刻感受到来自高等教育经济利益的巨大压力，如何解决这一矛盾是目前国际社会所面临的普遍问题。

另外要注意到，高等教育市场的国际化在不同场合会有不同的表述，如 Transnational Education、Borderless Education 和 Cross-border Education，在中文中我们通常不加区分地翻译为“跨国教育”“跨境教育”或“涉外教育”。Transnational Education 这个概念的使用最初源于联合国教科文组织（UNESCO）和欧盟委员会（European Commission）在 2002 年联合发布的《跨境教育实践指南》（Code of Practice on Transnational Education），其中对跨境教育使用的词语即为 Transnational Education。在其正文第一部分中对该词语的定义为“所有高等教育项目、学习课程或教育服务（包括远程教育），而这些教育的学习者所在国家和教育提供机构所在国家不同”[①]。这一概念尤其强调了教育提供者和接收者处于不同的国家这一特征，但并没涵盖设立大学分支机构这种重要的国际交流形式。[②]

对 Borderless Education 和 Cross-border Education 的理解则必须是同时进行的，因为这两个概念内容虽然不同，却分别强调了国际教育的界限问题，这个界限包括物理的边界和虚化的概念边界。Borderless Education 这个概念最早是由澳大利亚学者在做研究时非正式使用，后又被大学校长委员会（Committee of Vice Chancellors and Principals）在 2000 年出版的《英国视角中的无边界教育》一文中正式提及。该文声称，这个概念主要被用于指跨越了传统边界的高等教育的发展，这种跨越包括地理和观念概念上的边界。事实上，这个词语旨在模糊传统高等教育所具有的物理边界概念，强调跨国教育中物理边界的消失。而 Cross-border Education 却恰恰相反，其强调了边界的存在。但这两个貌似内容相反的概念并不存在对错和轻重之争，因为，这两个概念均反映了国际教育的现实。比如，在进行网络和远程教育的研究中，地

---

① 该条约原文为：“All types of higher education study programmes, or sets of courses of study, or educational services (including those of distance education) in which the learners are located in a country different from the one where the awarding institution is based”，参见欧盟委员会网站，http://www.coe.int/t/dg4/highereducation/recognition/Code%20of%20good%20practice_EN.asp。

② Jane Knight, Internationalization: Concepts, Complexities and Challenges, James, J. F. Forest, Phillip G. Altbach (Ed.), *International Handbook of Higher Education*, Springer, 2007, p. 212.

理概念就显得不是那么重要；而在进行规范研究、质量监控或者政府补贴时，边界的分割和地理概念就尤显重要了。

最后，简单了解 Offshore Education 这个概念仍有必要，因为在 20 世纪 90 年代的国际教育的著作中，多见这个概念。这个概念从字面上了解，其意在指向教育的“输出”。但随着国际教育的全球化发展和研究的深入，对这个概念的使用频率逐渐降低，特别是在 Cross-border Education 等一系列新的概念出现后，在近期的研究领域已经鲜见其踪迹。出于研究的连贯性目的，本书对其仍做一简单说明。

2. 高等教育全球化

高等教育的全球化必须置于经济的全球化背景下进行理解。在现代社会，经济全球化似乎已经是一个耳熟能详的概念和现实。有学者在做概念分析时将全球化概括为三个阶段[①]。第一个阶段是 1914—1950 年。这个阶段的特征是以经济整合以及劳动力从密集型国家向不密集型国家流动为主要特征。在经过第一次世界大战后这个阶段逐渐被民族主义所代替。第二个阶段是 1950—1980 年。在这个阶段整个世界目睹了欧洲、北美以及日本等富裕国家的进一步整合。这一个阶段中出现的经济与合作发展组织（OECD）以及关税及贸易总协定（GATT）等就是这一阶段特征的集中代表。第三个阶段是 1980 年至今。这一阶段以科技的高速发展、劳动力的高频率流动和经济的高速增长为标志。在这个阶段，尽管首当其冲受到影响的当属经济层面，但社会的其他方面，其中就包括高等教育体系也不可避免受到全球化影响。正如贝塞特（Bassett）所言：“全球化不仅仅是简单的经济议题，它影响着文化、政治、社会、环境等方方面面，而高等教育就存在于这些问题之中。”[②] 事实上，高等教育已经成为全球化过程中不可分割的一部分。在上述背景下，高等教育的全球化被理解为全球高等教育体

---

① Jandhyala B. G. Tilak, Trade in Higher Education: The Role of the General Agreement on Trade in Services, UNESCO, 2011, p. 21.

② R. M. Bassett, The WTO and The University: Globalization, GATS and American Higher Education, Routledge, 2006, pp. 18–19.

系的一致化，而这种统一是通过破除各种阻碍，促进学生、老师等各种要素的流动逐渐形成的，它是国家或地区高等教育体系融入世界高等教育体系的重要过程。

3. 高等教育国际化与全球化的关系

有关高等教育国际化与高等教育全球化的关系，在研究领域有不同理解。第一种认为高等教育的国际化与高等教育的全球化截然不同。高等教育的国际化更加接近于国际合作的高等教育传统，其本质上仍强调保证高等教育质量和精英高等教育性质。而高等教育全球化旨在体现竞争，这一概念下的高等教育被视为可贸易的产品，从而从根本上挑战了高等教育作为公共产品的特性。[①] 第二种观点也承认两个概念之间的不同，但将高等教育的国际化和高等教育的全球化视为因果关系。其认为高等教育国际化通过若干不同的形式表现出来，从而最终形成了高等教育的全球化。换言之，高等教育的国际化优于高等教育的全球化。[②] 还有观点根植于英国著名社会学家 Martin Albrow 提出的全球化理论，他认为全球化最终形成前尚有四个阶段，分别为：普遍化（universalism）、国家社会化（national sociologies）、国际化（internationalism）和本土化（indigenization），最后才形成全球化（globalization）。[③] 根据这个理论，有学者进一步认为高等教育的全球化因为更加具有现代化因素，而出现了取代高等教育的国际化的趋势，从而可以更好地体现高等教育国际化变迁的紧迫性和多变性。[④]

综上所述，通过国际社会对高等教育国际化和高等教育全球化的概念进行充分的讨论，可以发现如果抛除学理上的纯概念分析，这两者本质上具有同质性，他们都应当是一个过程，在这个

① Peter Scott, Globalisation and Higher Education: Challenges for the 21st century, *Journal of Studies in International Education*, Spring, 2000, pp. 4–5.

② Jane Knight, H. de Wit (Ed.), Intertnationalisation of Higher Education in Asia Pacific Countries, *European Assosiation for International Education*, 1999, pp. 5–19.

③ Roland Roberson, *Globalization: Social Theory and Global Culture*, Sage Publications, 1992, p. 16.

④ Peter Scott, Globalisation and Higher Education: Challenges for the 21st Century, *Journal of Studies in International Education*, Spring, 2000, p.4.

过程中存在的任何个体都不是孤立的，而是彼此关系密切，并且在相互的交织中构成了当今国际社会。因此，本书所使用的高等教育国际化背景抑或全球化背景，并不意欲从细节上具体区分高等教育到底是国际化还是全球化，而是将其作为统一的概念使用。

四、高等教育的国内层面规制与国际层面规制

1. 国内层面规制和国际层面规制

随着全球经济和政治的不断发展，目前在对某些具有国际性行为的领域进行规制时出现了两个层面：国内层面的规制和国际层面的规制。国内层面的规制，是指国家根据自己的主权和社会发展的需要作出的若干规范和限制。就高等教育而言，在高等教育全球化背景下，由于国际组织的出现，对高等教育市场国际化的国内规制是一个多层次的体系，它由法律（狭义）、行政法规与部门规章、政策性文件组成，内容上涉及高等教育的性质、教育主权、市场准入、监督管理、均衡发展、收益分配、奖学金制度、教师与学生的权利义务、国外教学科研人员的出入境管理等方面。国际层面的规制主要体现在重要的国际组织主导下制定的条约、协定及其他规范性文件及具有政策或价值导向的研究、比较分析等，在教育领域这些行为体现了不同国际组织在对待教育国际化规范中的不同态度和立场，特别是对国家规制教育市场权力的限制，即“对国内规制的规制”。归纳起来说，高等教育国内层面与国际层面规制的差别主要在于：其一，主体不同。国内层面规制的主体是各个主权国家，而国际层面规制的主体是主权国家（通过条约自我规制）或国际组织（主权国家是其成员方或具有某些关联）。其二，规制的形式不同。国内层面规制的形式主要是法律（广义）和国内政策，而国际层面规制的形式更加多元，除了条约、政策性文件（计划、纲领、宣言等），还包括通过颁发数据、报告等来进行政策性或价值性导向的形式。其三，对象不同。国内层面规制的对象主要是国内的教育机构和教育市场中的行为方，而国际层面规制的对象主要是相关国家和政府。所以，国内层面

规制的效果是直接的，而国际层面规制的效果是间接的，因为它主要是通过调整和引导政府行为来间接对各国国内教育市场发生作用。

2. 国内层面规制与国际层面规制的关系

在研究国内层面规制和国际层面规制的关系时，存在不同研究视角。有的学者侧重从国内层面规制对国际层面规制的反应及国内规范对国际规范的内化角度来论述两者的关系，比如林民旺和朱立群的研究着重论述了国内结构在国际规范内化为国内规范过程中的重要作用，他们主要将国内结构分为国内制度、国内利益和规范匹配度这三个比较重要的因素，由于这些因素的不同使得国际层面规范在内化的过程中出现了不同表现。[①]还有学者主要着眼于国际层面规制对国内层面规制具有影响力的原因研究，比如刘兴华认为，作为具有约束力的国际规范是一个集合体，国家不可能不受这个集合体的规制与影响，国际规范的权威性是其影响国内制度改革的重要因素。[②]同时，刘兴华也注意到了两者的互动作用，他指出，经济政治的全球化发展使得一国的国内层面规制不免受到国际层面规制的影响，但一国国内的不同情况和因素决定了各自受国际层面规范影响的程度各不相同，因而最终呈现出各异的国内规范。

综上所述关于国内层面规制和国际层面的规制之间的关系，应当看到三个方面。第一，属于国际规制层面的条约、协定及其他规范性文件是主权国家之间基于平等自愿原则而签订的“契约”。因而，基于“有约必守”的契约精神，作为国际组织成员方的主权国家必须要遵守这些契约以及国际组织的政策规则，因为它们同样是参与作出这些规则的主体，遵守它们是一种自我约束，也是一种法律义务或政治义务。第二，除了遵守主权国家本身签订的条约及其所加入的国际组织的政策规则（直接相关的国际层面的规制），国内规制还可能受到非直接相关的国际层面之规制的

① 林民旺、朱立群：《国际规范的国内化：国内结构的影响及传播机制》，载《当代亚太》2011年第1期。

② 刘兴华：《国际规范与国内制度改革》，南开大学出版社2012年版，第1页。

影响，并可能将其内化为新的国内层面的规制。例如后文将会涉及的 OECD 对于不是其成员方的价值导向性规制。第三，还应注意，尽管国际层面规制是对“国内层面规制的规制”，但国内层面规制并不是完全被动受到国际层面规制的影响的，这也是为什么同一个国际组织的不同成员方在面对相同的国际层面规制时，呈现出不同的国内层面的规制。因此，高等教育的国内层面和国际层面规制的关系是一个动态的过程，在当前教育国际化背景下，忽视或过分强调国家和国际组织任何一方在教育规制领域的力量都是不可取的，这两方面相互交织，共同影响着教育国际化规制的结果，并且这个过程还在进行，结果远不可预测。

第三节　高等教育国际化法律规制的考量因素

一、高等教育领域的国家主权

由高等教育国际化引起的若干法律问题之一是对主权与高等教育服务贸易之间关系的不同理解。在这些讨论中，有一个观点是比较统一的，即研究一致认为高等教育主权是国家主权的下位概念，是国家主权在文化领域的具体体现。但是当涉及高等教育主权与国家主权是否可以分割时，出现了以下几种分歧性理解。

第一种观点认为国家主权是一个完整的整体，高等教育主权作为其组成部分之一，承载了重要的经济、政治、文化作用，是国家主权不可分割的一部分，侵犯高等教育主权就意味着侵犯国家主权，因此要坚决维护高等教育主权的完整性，绝不可分割、转让。[①] 在看待高等教育的国际化时，这种观点认为高等教育贸易化是高等教育输出国对输入国的另一种侵略和文化扩张行为，不

① 潘懋元、黄建如:《教育主权与教育产权关系辨析》，载《中国高等教育》2003 年第 6 期。

利于国家管理国内的高等教育事务，因此这种观点认为在国际化背景下，国家应当采取强有力的措施维护高等教育主权，进而维护国家主权的完整。[①]

第二种观点将国家主权可以区分为不同层次，其中本质和核心层次中包含的权利是国家主权的核心部分，处于这一部分中的主权具有至高无上的特性，是完全不可侵犯、不可分割的，而对于其他非核心层次的具体权利，比如高等教育主权，是核心层次中国家权利的延伸或在某一领域的具体表现，在不损害国家主权核心权利的前提下这些具体权利则可以自愿地由国家决定是否让渡。因此，某些情况下对高等教育主权的部分让渡并不危及国家主权。[②]

第三种观点采取动态的过程看待这个问题，认为国家主权是一个历史概念，是随着现实情况的发展而不断变化的。国家考虑到长远利益而自愿放弃一部分国家主权是提高参与世界或区域性事务的参与度的必然要求。这也是当今社会国际组织的不断涌现的背景。随着国际组织在国际事务中的作用和影响日益增加，国际组织的成员方国内政策不免受到这些世界性或区域性国际组织的影响。[③]

笔者认为，只要国家存在，维护主权就是国家独立和发展毋庸置疑的原则，这种质朴的民族观念在任何历史时期都不应受到质疑，对国家主权的维护不可动摇。然而，如何恰当地维护是国家所面临的更重要和现实的问题。笔者赞同国家主权的区分层次理论，并且认为国家主权的发展应当是一个动态的过程，不同历史时期国家主权的内涵不同，应当以发展的眼光看待如何维护国家主权这个问题。国家主权是不同国家间处理国际关系时产生的，因此当现实的国际关系发生变化时，国家间对待国家主权的看法

---

① 详见杨颖：《高等教育国际化背景下教育主权问题研究》，华南师范大学 2005 年硕士学位论文。

② 潘懋元、黄建如：《教育主权与教育产权关系辨析》，载《中国高等教育》2003 年第 6 期。

③ 潘懋元、黄建如：《教育主权与教育产权关系辨析》，载《中国高等教育》2003 年第 6 期。

亦应随之调整，以便适应新的国际形势。结合目前高等教育国际化的实际情况，由于国际组织的出现及其在对全球化高等教育规制时起到了越来越重要的作用。有观点认为，作为独立的国家，同时也作为国际组织的成员，高等教育全球化背景下固守于国家主权不能受到任何制约的观点已经不符合时代要求了。[①] 国家在维护国家利益的前提下如何不落后于高等教育国际化的浪潮？这是所有研究者和政策制定者在思考如何对高等教育进行规制时面临的现实问题，亦是贯穿本书论述的重要线索之一。

二、高等教育领域的市场化

研究国际经济法的学者和国际贸易实践者对市场准入这个概念并不陌生，在服务贸易中的市场准入又存在其特殊的特点，它通常是以通过承诺的方式实现的，比如，GATS 准许成员方通过承诺表对进入本国的服务或服务提供者进行限制，并且在第 16 条列举了具体的 6 项限制措施。[②] 这些措施除非在其承诺表中明确列明，否则不得在其境内实施。但是有趣的是，国际社会一直以来对市场准入并没有一个权威的定义。因此，国内外研究领域对市场准入的理解一直存在诸多争议和不同理论争辩，主要体现在其概念和作用两个方面。

有关市场准入概念的理解有不同的角度。有学者从参与市场准入的不同主体的视角进行认识，认为：第一，对提出制定市场准入规定的主体，尤其是 WTO 等国际组织而言，市场准入的含义

---

① 许子兰：《全球化背景下对“教育主权”的理性思考》，华东师范大学 2014 年硕士学位论文，第 19 页。

② GATS 第 16 条中的 6 项限制如下：（1）以配额数量、独占、排他性服务提供者或经济需求检测之要求等形式，限制服务供给者之数量；（2）以配额数量或经济需求检测之要求 @ 等形式，限制服务交易或资产之总值；（3）以配额数量或经济需求检测之要求等形式，借指定之数量单位，限制服务营运之总数或服务之总生产数量；（4）以配额数量或要求经济需求检测，限制特定服务行业得雇用自然人之总数，或限制某一服务提供者得雇用与特定服务之供给直接有关且必要之自然人总数；（5）限制或要求服务提供者，以特定之法人形态或合资方式始得提供服务；及（6）以设定外国人持股比例或个人总额或全体外资总额等上限方式，限制外资之参与。

几乎等同于贸易自由化，或者至少是实现贸易自由化的重要措施。在高等教育贸易领域，尽管市场准入是成员方通过承诺的方式实现的，并且按照其规定寻求贸易救济的时候有可能进行修改或撤销，但从普遍实践而言，只要某国对某一部门做出承诺，是鲜少或几乎不可能修改或撤销的。第二，由于市场准入最终仍要落实于各成员方的各种法律和规章制度的实施上，因此，从政府角度而言，市场准入意味着为了防止资源低效利用和过度竞争而对市场进行政府管理的行为。[①] 市场准入是政府为了适应经济规律、获取最大价值的自身需求。[②]

由于存在上述对市场准入定义的不同理解，对市场准入的作用也有不同的声音，争论焦点主要体现在市场准入是为了"贸易自由"，还是为了"贸易保护"。如果市场准入的最终目的是促进贸易自由化，那么对于主权国家而言其就是一种法律义务，尽管在有些协定中，比如 GATS 中其是通过承诺方受约束的。反之，如果将市场准入理解为对本国幼稚产业的保护，则其对于主权国家而言就是规制本国国内市场的手段，因此具有极大的可选择性。

综上所述，笔者认为，如何理解市场准入重要的意义在于不同的理解角度将会影响高等教育研究者和政策制定者对具体规范的制定，并且其理解的基础应当建立在对各自国家实际情况的考虑基础上。高等教育输出国秉持市场准入是为了达到贸易自由化的目的，而对高等教育贸易发展落后的国家而言，市场准入是保护本国高等教育产业的重要屏障，而那些在高等教育市场新兴起的国家，则既需要权衡自由贸易化的利弊，又需考虑本国高等教育贸易参与主体未来可能的高等教育输出愿望。上述这些国家落实市场准入的规定时必然在法律、法规或政策层面有不同的体现。

---

① 李金泽：《跨国银行市场准入法律制度》，法律出版社 2003 年版，第 1 页。

② 孙会海：《论市场准入制度的法理基础与立法完善》，山东大学 2009 年硕士学位论文，第 11—12 页。

第四节 问题与思路

一、既有研究及其问题

随着经济全球化的不断发展，高等教育作为国家所提供的纯公共产品的概念正在发生转变，与之相对应，教育作为产业的概念已经被国际社会所广为接受，并且在一些国家，教育产业已然成为国民经济发展的重要支柱。在此背景下，教育的国际化议题也受到国际社会广泛的关注。

国内对此议题的研究多始于中国加入 WTO。2000 年后对教育的国际化研究呈井喷式，其研究范围涉及以下几个方面。首先是关于教育国际化基本理论的研究。一些学者从跨境高等教育的性质、目的、意义、发展历程、成就与问题等对跨境高等教育进行了初步的理论探讨。但此部分研究内容不全面，尚不成体系。其次，关于教育国际化背景下具体问题的研究也涉及诸多方面。其中，质量问题是教育国际化研究中的核心议题，对其研究占到总数的一半左右。另有数量接近的论文关注的是中国对跨国教育质量的应对之道。除此之外，还有零星的关于能力建设、法制、教育公平、教师发展、分校等方面的文章。此部分研究特点为，对质量研究过剩，多见“炒冷饭”文章，对法制、政策研究较少。再次，国内研究过程中多见对教育国际化的比较研究。这种比较研究的对象囊括了发达国家与发展中国家、教育进口国与教育输出国、国际组织及其成员的维度，论述多集中于这些国家和地区发展跨国教育的动因和策略、模式和现状以及经验和问题等方面，大部分文章的落脚点在于对中国的借鉴经验上。最后，尚有很多文章对 GATS 进行了详尽的研究。其研究内容涉及对服务贸易总协定和中国的教育服务贸易承诺及其影响的分析。其中包括对教育服务贸易规则的详细解读和未来发展趋势的预测以及对中国可能带来的冲击、对国际教育服务贸易理论问题的研究和对国际高等教育服务贸易主要市场和特点的研究。此部分著作数量众多，但论述内容多有重复，更鲜少见对GATS谈判机制及其在教育国际化中作用的利弊分析。

国内外教育研究机构对教育国际化的研究著作和与之相关的研究机构不胜枚举，可归纳为以下几个方面。首先，有关教育国际化的基本理论的研究，其中包括对教育概念及其演变的研究、全球化背景下教育国际化问题的研究，对教育性质和作用的再认识、教育全球化与教育主权的关系等，讨论较为充分。其次，从教育贸易角度研究教育的国际化问题，多集中于对GATS的规定、具体条款、GATS的作用等问题的研究。此部分较为具有研究价值的是对GATS的作用的分析，提供了辩证认识GATS的视角。另外，尚有作者或从教育进口国，或从出口国的角度，或从两者比较的角度，探讨不同国家在教育国际化进程中的优劣势、面临的问题，并做对策建议，此部分涉及对具体国家或具体大学的分析，具有案例借鉴的意义。再次，从国际组织与国家层面的研究，这部分研究在前两部分研究基础上进行，但其视角转移到国家和超国家层面，其研究重要国际组织在教育国际化背景下的作用、主要举措，以及其如何影响成员方的教育政策走向。有关此部分的研究目前逐渐成为国外对教育国际化研究的热点问题，但其不足之处在于，大部分研究的出发点是国际组织，鲜少见从具体国家角度认识其在这种教育国际化背景下承担了怎样的国际义务的论述。最后，有关如何规范教育质量的文章也不胜枚举，研究质量亦参差不齐。

综上所述，国外对教育国际化的研究历史较长，基础研究扎实，研究内容广泛，体系更加完善，而我国国内对教育国际化的研究首先缺乏对基本概念的界定，另外由于其始于政府加入WTO，因此研究范围较窄，主要集中在对GATS和中外合作办学诸问题的讨论中，尚未形成体系。从总体观察，无论是国外层面还是国内层面，有关教育国际化的研究从教育、管理的角度占了绝大多数，立法和政策研究论文数量较少。然而，在教育国际化的今天，从国际化角度研究对教育的规制对各主权国家具有重要意义。虽然国外部分学者亦注意到了这一问题，但正如上文所述，其研究多是从国际组织如何制定政策，怎样影响成员方角度进行的，鲜少论述国家在此背景下应怎样承担义务。对我国而言，我国是若干重要国际组织的成员或者观察员，特别是在 GATS 中对教育进行了一定的承诺，这使得国内有关教育的规范相当程度上受制于国际层面对教育的规范影响，因此在教育的国际化背景下，研究国家应该怎样承担义务对于规范我国目前推进教育开放中所出现的问题具有积极而深远的意义。

二、本书的思路

本书对这些问题展开研究，基本思路为：在交代清楚相关术语、背景与问题的基础上（第一章），首先考察相关的重要国际组织对于高等教育所采取的不同规制模式（第二章），接下来阐述数个代表性国家面对这些规制模式时的应对措施，分析其背后的原因并提炼出国家行为的基本考量因素和准则（第三章）；在此基础上，结合中国高等教育国际化（侧重高等教育市场国际化）的历史、现状和制度环境，对我国应当采取规制路径作出规划（第四章）；由于中外合作办学是目前我国高等教育市场国际化的主要形式，我们将单独来对这一模式进行分析（第五章）；最后将总结出一个有关中国高等教育国际化的框架性立法建议（结语）。希望本书对我国的教育市场法律规制具有借鉴意义，进一步从国际法的视野下探究中国对教育市场的规制，以期为实现中国在推进教育开放过程中保证利益最大化贡献力量。

第二章　高等教育的国际规制模式

第一节　国际组织及其在高等教育国际化规制中的角色

诚如本书第一章开篇所述，教育最初被完全视为是一国的内部事务。自现代民族国家产生以来，教育就成为国家职能固有的组成部分。教育主权的概念就是在那时诞生的。一个国家内要建立什么样的教育体系仍然主要取决于国家的决定，并且国家也是教育的主要财政支持者，教育在国家的支持下承担起教化公民的任务，可以说由国家来提供教育已经是理所当然的观念。但是随着国际社会的发展，新的参与者和管理工具在教育领域出现，这种状况从20世纪90年代起发生了变化。这种变化的影响结果之一就是挑战了国家对教育的绝对管理权。尤其是随着国际组织的出现和发展，其在教育领域展现出了越来越重要的作用，这种作用不仅表现在其在教育领域不断扩大的活动范围，而且随着国际组织影响的提升，其影响范围也超越了某一特定的地域范围，甚至一些重要的国际组织呈现出全球范围的影响力。[①]

在教育领域，这些重要的国际组织包括自建立以来始终关注教育问题的联合国教科文组织（UNESCO）、将教育作为服务贸易法律固化下来的世界贸易组织（WTO）以及因推出国际学生评估项目（Programme for International Student Assessment，PISA），而在教育领域也颇具影响力的经济合作与发展组织（OECD），还有近年也逐渐加大对教育项目经济资助的世界银行。除此之外，一些具有专门职能的国际组织，如国际劳工组织、世界卫生组织等也越来越积极地参与到全球教育活动中。由于本书论述的重点在于对教育的规制，因此依照规制的特点进行分类，选出具有典型特点的三个国际组织重点加以介绍，即具有直接法律效力的规制模式（以 UNESCO 为例）、需经承诺产生法律效力的规制模式（以 WTO/GATS 为例），以及具有政策压力或价值导向的规制模式（以 OECD 为例）。在论述这些具体的国际组织前，仍需对国际组织的基本概念和运行方式加以简单介绍。

一、国际组织及其运行

有关国际组织的经典著作非常多，其中雅各布森（Harold K. Jacobson）在其 1979 年的专著《相互依赖的网络：国际组织及全球政治体系》一书中系统而详尽地分析了国际组织，时至今日，该著作仍是研究国际组织领域的经典著作。在该著作中国际组织不仅包括政府间国际组织，而且包括非政府间国际组织。本书因论述需要，文中所涉国际组织仅限定于政府间国际组织。

在全球化经济和政治交织不断加深的背景下，国家对教育的规制不可避免地受到国际组织的影响。国际组织可以通过政策影

① K. Leutz, T. Brand, A.P.Jakobi, K.Martens and A. Nagel, *Analysing the Two-level Game: International and National Determinants of Change in Education Policy Making*, TranState working papers, No. 72, Bremen: Collaborative Research Center 597, Transformations of the state, 2008, p.1.

响国家层面对教育的管理，国际组织亦有能力通过改变一国的教育体制而发挥作用，但这并不意味着国家的被动接受，国家对国际组织有关教育的规制理解和接受均是以各自的国情为基础的，两者的关系可以用图 1 来表示。[①] 在当前的教育国际化背景下，忽视国家和国际组织任何一方在教育规制领域的力量都是不可取的，这两方面相互交织，共同对教育的规制发挥着影响。

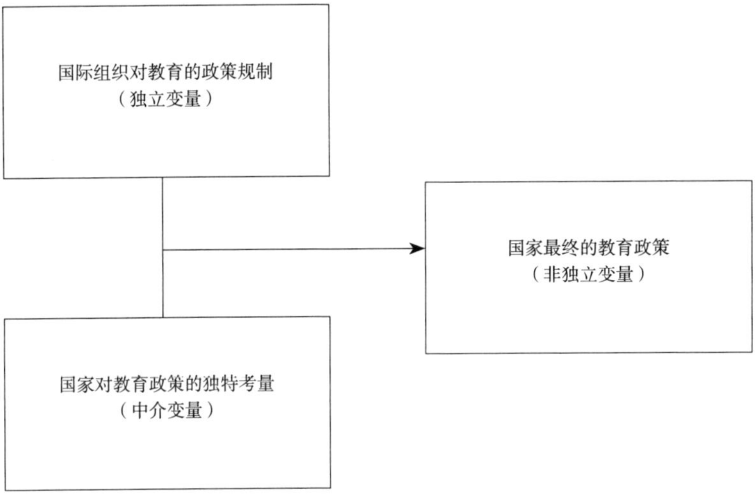

图 1　国家高等教育政策的双层影响机制

有学者将国家对教育政策的独特考量称为“国家转化能力”（transformation capacities），它会使得同一国际组织对于不同国家的高等教育政策造成不同的影响。关于哪些考量可以对一国的高等教育政策发生影响，我们将在下一章中再来考虑。现在的问题是，国际组织是如何对教育进行政策规制的？这个问题的答案或许可以在能够概括国际组织一般运行方式的通说理论中找到。根据雅各布森有关国际组织运行的经典理论，国际组织的运行通过五种模式进行：信息模式、规范模式、规则制定模式、规则监管模式和其他运转模式。这些模式同样适用于解释

① See ibid, p.4. 个别表述有所差异。

今天国际组织在教育领域中的运行方式，其具体内涵及例证见表2。[①]

表2　国际组织运行模式

模式	内涵	全球教育规制领域的表现
信息模式	收集、分析及互换数据及观点	OECD组织的各种教育研究
规范模式	对标准进行定义和阐释，但不具有法律强制性	UNECSO制定的《跨国教育实践准则》
规则制定模式	对标准进行定义和阐释，但具有法律强制性	《联合国宪章》中有关教育的规定
规则监管模式	采取措施，保证规则被遵守	WTO/GATS中的争端解决机制
其他运转模式	对国际组织资源的利用	各种技术和经济的支持

二、国际组织在高等教育国际化规制中的作用

由于国家与国际组织的交互关系非常紧密，教育国际化背景下对高等教育规制的研究亦离不开国际层面的观察。以下分别从国际组织为什么要对教育进行规则、这种规制起到了什么作用以及如何评价这种作用三个层次加以分析。

首先，欲知晓国际组织在教育规制领域起到怎样的作用，就要去追问国际组织为什么要参与原本属于一国内部事务的教育领域？它们又是怎样影响成员的教育政策的？在国际关系理论中，有一种观点认为国际合作是国内政治发展的需求，[②] 教育的国际化背景下的国际合作同样适用这一理论。虽然引起国际组织参与到教育规制的活动原因极为复杂，但根据上述国际关系理论，政府在推行某项改革时会遇到各种阻力，为了克服困难，他

---

① 本图表的制作基于雅各布森关于国际组织运营方式的论述，详见 Harold K. Jacobson, Networks of Interdependence: International Organizations and the Global Political System, Alfred A. Knopf, 1997, p.88。

② Roland Roberson, *Globalization: Social Theory and Global Culture*, Sage Publications, 1992, p. 18.

们会选择通过国际组织的一些行为帮助其实现目标。在教育领域的典型例证即为美国，美国为了实现其教育贸易自由化的目的，不仅推动和实现了GATS的谈判，而且其敦促OECD进行各种有价值倾向性的调查、研讨和各种政策比较活动，通过这种方式美国成功地向其他成员方输出了其教育贸易应当全球自由化的理念。此外，诸多国家教育部门也在政策制定方面向UNESCO不断寻求帮助，以维持或强化本国的教育体系。[①] 如果说这一观点仅适用于具有强大政治力量的国家，那么全球范围内国家对教育财政支出的不足，则是其寻求国际合作的另一个重要原因。这些国家的政策制定者认为，仅凭一国之力难以实现国际教育合作，因为国际组织是推动教育资源流动和互补的最佳平台，所以国际组织成为解决教育问题的途径，并且随着国际组织对教育事务参与程度的加深，国际组织成为相对独立的个体，其活动不再受制于成员方的需求，而是形成了自己的态度和政策，从而对其成员产生了诸种影响。当然上述介绍仅是用最简单的理论解释国际组织为什么参与教育活动以及怎样影响成员方，有关这方面的研究涉及面很广而且深刻。由于这并非本书的重点，故而只是点到为止。

在此基础上来进一步理解国际组织在高等教育领域所起到的作用会更加容易，也更加深刻。有关国际组织之角色的研究由来已久，但对其在教育领域内起到作用的研究起步尚晚。近些年，随着教育议题的热议，这方面的研究也逐渐升温。综观这些研究成果，其共同点是均认同国际组织在参与和管理全球性的教育事务以及对各个国家教育政策的影响中起到了越来越重要的作用，但其论述路径和重点各有千秋。沙雅涵（Riyad A. Shahjahan）的相关论述相当平铺直叙，其认为国际组织是信息的传播者，国际组织通过独立或协作的方式，在全球教育规制领域起到协调者和筑桥者的重要作用。其论述的新颖之处在于，他区分了国际组

① See Uvalić-Trumbić, UNESCO's Role in the Development in the Higher Education in the Globalized World, Oxford, 2010, p.601.

织在教育领域对发达国家和发展中国家所起的不同作用。对经济发达的国家而言，国际组织对其教育政策的作用多属于建议性或辅助性的，尽管国际组织的影响也存在于这些国家的教育政策制定中，但绝不是替代性的；对发展中国家而言，国内教育政策往往受到国际组织导向的极大影响，甚至有些国家的国内政策完全建立在国际组织所作的教育蓝图基础上。[①] 麦克尼利（Connie L. McNeely）在论述国际组织在国家教育政策中的作用时，从价值导向和解决方案的角度进行，其中心思想是：尽管国际组织对国家教育政策的形成起着非常重要作用，但国际社会普遍接受的原则，如平等、非歧视等价值观念需始终贯穿于国际组织与国家教育政策的互动之中。[②] 罗泽（Kathrin Leuze）等人的文章中直言不讳地认为国际组织在处理全球性教育事务时必然挤占国家政策的空间，但是其更加强调在认识国际组织起到什么样的作用时，必须同时考虑每个国家不同文化背景下的教育理念和执政者对国际组织有关教育政策的接受程度。这篇文章认为，在教育国际化背景下，这两个方面的因素相互交织，任何一方都不可能单独存在。[③]

国际组织在全球教育的规制中起到重要作用已经是不争的事实，但国际社会对其评价各异，其中存在两种截然相反的观点：一种认同其积极作用；另一种强调其负面影响。认为国际组织在全球教育的规制中起到积极作用的关注点多集中于经济层面的考虑，全球范围内政府对教育投入的不足与对教育的需求增加之间的矛盾始终存在并且越来越尖锐，全球资源的整合是解决这

---

① Riyad A. Shahjahan, The Roles of International Organizations in Globalizing Higher Education Oolicy, *Higher Education*: *Handbook of Theory and Research*, Vol 27, Springer, 2012, pp.393–394.

② Connie L. McNeely, Prescribing National Education Policies: The Roles of International Organizations, *Comparative Education Review*, Vol. 39, No. 4, 1995, p.503.

③ K. Leutz, T. Brand, A.P.Jakobi, K.Martens and A. Nagel, *Analysing the Two-level Game*: *International and National Determinants of Change in Education Policy Making*, TranState working papers, No. 72, Bremen: Collaborative Research Center 597, Transformations of the state, 2008, pp.1–31.

一问题的良好途径，国际组织是实现这一目的的重要平台和手段。此外，对那些教育体制较为落后的国家而言，国际组织的努力活动可以帮助其进行国内改革，进而建立先进、科学的教育体系。相反的声音则认为，尽管国际组织在全球化教育方面作用非凡，但是大部分国际组织的政策规定主要基于西方经验和价值观，体现的是西方世界的关注点，从而忽视了世界其他国家的呼声和利益。[①] 与之相近似的观点认为，由于信息不对称及政策不透明等因素的存在，国际组织往往为强权国家在全球教育领域的利益所服务。[②] 香港大学学者杨锐更在其文章中以世界银行对中国教育体系改革影响甚大为例，指明国际组织在参与全球性教育事务时对国家，特别是发展中国家教育主权的潜在侵蚀。[③]

本书赞同对全球教育国际化的研究离不开国际层面——国际组织——的研究的观点。因为目前任何一个国家在规制各自国内的教育活动都或多或少、或自愿或被迫地受到国际组织的各种影响。在教育全球化背景下，闭门造车式地对教育加以规制显然不符合国际社会发展的大趋势。然而，在理解这个问题时应当正确对待国家和国际组织在教育领域的关系。一方面，不可过分强调或夸大国际组织的作用而忽视国家的主动性和接受、执行程度；另一方面，也不可局限于“国家主义”的思维中，一味突出教育主权概念而否认国际组织的积极作用。

---

① Connie L. McNeely, Prescribing National Education Policies: The Roles of International Organizations, *Comparative Education Review*, Vol. 39, No. 4, 1995, p. 504.

② Stavros Moutsios, International Organizations and Transnational Education Policy, *Compare: A journal of Comparative Education*, Vol. 39, No. 4, 2009, pp.467–481.

③ Yang Rui, International Organizations, Changing Governance and China's Policy Making in Higher Education: An Analysis of the World Bank and the World Trade Organization, *Asia Pacific Journal of Education*, Vol. 30, No. 4, 2010, p.427.

第二节 具有直接法律效力的规制：UNESCO 模式

一、UNESCO 概述

联合国教育、科学和文化组织（United Nations Educational, Scientific, and Cultural Organization），简称联合国教科文组织（下文简写为“UNESCO”），是联合国（United Nations）在教育领域的分支机构。就如同 UNESCO 官方网站上非常自豪地所述的，UNESCO 是目前“联合国内部在高等教育领域唯一的机构”。[①]

UNESCO 在高等教育领域的活动可以追溯到 1945 年联合国在教育、科学和文化领域设立特别机构的历史，它也与联合国自身的发展关系紧密。1945 年在旧金山联合国成立大会上，教育作为当然包括的一部分被写入《联合国宪章》(*of the United Nations*) 第 55 条中。成员方们对于如何措辞将教育写入宪章以及教育对和平发展的巨大贡献没有异议，大家更多关心的问题是是否要建立一个专门负责教育的机构。[②] 正如联合国一直以来不断受到的质疑一样，一些成员方也担心联合国的活动会干预了国家主权，包括教育主权。最终的结果是，教育从联合国与社会有关的部门分离出来，并且其活动目标被设定为主要致力于全球合作，而非全球性问题的解决。[③]

在教育全球化背景下的今天，高等教育的扩张、私人教育的增长、跨国教育服务的出现以及新科技和电信手段的出现都给予

---

① 有关陈述可以在 UNESCO 官网有关“高等教育”部分的首页找到，http://www.unesco.org/new/en/education/themes/strengthening-education-systems/higher-education/，2015 年 11 月 17 日访问。

② Philip W. Jones and David Coleman, The United Nations and Education: Multilateralism, Development and Globalization, Routledge Falmer, 2005, p.23.

③ Karen Mundy and Meggan Madden, UNESCO and Higher Education: Opportunity of Impasse? in: Roberta Malee Basset and Alma Maldonado-Maldonado (Eds.), *International Organizations and Higher Education Policy: thinking globally, acting locally?*, Routledge, 2009, p.47.

教育相关的国际组织带来了机遇和挑战，国际社会目前更加迫切地需要 UNESCO 在国际教育领域发挥自己独特的作用。在高等教育领域，由于上述因素的存在，出现了国家间教育的不公、教育贸易化与人权关系的紧张等新现象。UNESCO 秉承联合国的一贯宗旨，一直致力于促进高等教育领域的教育机会公平化活动。根据 1945 年设立的 UNESCO 的宪章（Constitution），其亦承担着促进知识共享和保证文化多样性的重要使命。而根据它在高等教育政策领域的第一份文件——《高等教育的变迁与发展》，UNESCO 将自己定位为通过提供数据、分析和监控走向来为高等教育政策提供信息的机构。①

二、UNESCO 对高等教育的规制

（一）UNESCO 的整体框架:《联合国宪章》《世界人权宣言》《经济、社会及文化权利国际公约》

作为联合国设立的专门机构，UNESCO 的活动必然被限定在《联合国宪章》规定的框架内，或者说《联合国宪章》（*of the United Nations*）中关于教育的规定是 UNESCO 所颁布的规范性文件的上位法，它构成了 UNESCO 的整体框架。其中《联合国宪章》第九章"国际经济与社会"第 55 条奠定了联合国关于教育活动的基调："为造成国际以尊重人民平等权利及自决原则为根据之和平友好关系所必要之安定及福利条件起见，联合国应促进:（子）……（丑）国际经济、社会、卫生及有关问题之解决；国际文化及教育合作。（寅）……"②

接下来的第 57 条是 UNESCO 得以设立的法律依据："一、由各国政府间协定所成立之各种专门机关，依其组织约章之规定，

---

① Riyad A. Shahjahan, The Roles of International Organizations（IOs）in Globalizing Higher Education Policy, in: J. C. Smart, M. B. Paulsen（eds.）, *Higher Education: Handbook of Theory and Research* 27, Springer Science +Business Media B. V., 2012, p.377.

② 《联合国宪章：70 周年纪念版》，载联合国官网，http: //www.un.org/zh/sections/un-charter/chapter-ix/index.html，2015 年 11 月 17 日访问。

于经济、社会、文化、教育、卫生及其他有关部门负有广大国际责任者，应依第六十三条之规定使与联合国发生关系。二、上述与联合国发生关系之各专门机关，以下简称专门机关。”[①]

从上述联合国有关法律不难发现，相对于国际经济、社会和卫生等领域的“问题之解决”而言，UNESCO 对于国际文化教育的活动原则仅仅限于“合作”。这一点事实上使得 UNESCO 日后在国际教育领域的工作中受到了各种限制。但也是因为如此，UNESCO 不得不在寻求对宪章的解释性实践中不断尝试各种方法和活动，这些方法和活动一方面起到了对宪章中的这些原则性法律规定赋予具体含义的作用，另一方面也构成了 UNESCO 规制模式的特质。

此外，在联合国 1948 年发布的《世界人权宣言》中，除了初级和基础阶段的教育，联合国亦加强了其在高等教育领域的活动意图。其中第 26 条规定如下：“（一）人人都有受教育的权利，教育应当免费，至少在初级和基本阶段应如此。初级教育应属义务性质。技术和职业教育应普遍设立。高等教育应根据成绩而对一切人平等开放……”[②]

而在 1966 年公布的《经济、社会及文化权利国际公约》中亦有相关规定。因为教育权一开始被视为一项经济和社会权利，属于第二代人权，被提出后迅速被接受为一项更为基础的权利。教育权的道德价值和法律价值获得了重新肯认，并在一些公约、指导方针和宣言中得到了表述，但“国际人权法之中关于教育权之范围最为广泛的条款”[③]是《经济、社会及文化权利国际公约》第 13 条：“……本公约的缔约国认可所有人都拥有的教育权。国家同意，教育应当致力于人格及其尊严的充分发展，应当加强对于人权和基本自由的尊重。它们进一步赞成，教育应当使得所有人

---

① 《联合国宪章：70 周年纪念版》，载联合国官网，http：//www.un.org/zh/sections/un-charter/chapter-ix/index.html，2015 年 11 月 17 日访问。

② 参见联合国官网，http：//www.un.org/Overview/rights.html，2015 年 11 月 17 日访问。

③ General Comment No.13 on the Right to Education，Committee on Economic，Social and Cultural Rights，21 st Sess.，U.N. Doc. E/C.12/1999/10（1999），at para.2.

都能够有效参与自由社会，促进所有民族、种族、群体或宗教团体之间的理解、容忍和友谊，以及促进联合国为维系和平的活动。”[①] 这当然也适用于高等教育。

《世界人权宣言》与《经济、社会及文化权利国际公约》的这些条款同样构成了 UNESCO 活动的规范基础。

（二）《联合国教科文组织宪章》

1945 年 11 月 16 日，在英国和法国的联合组织下，召开了 UNESCO 创立大会，当时参加的国家达到 40 余个，其中还不包括以观察员身份列席的国家。会议上再一次就教育文化活动在促进国际和平发展中重要作用的理念取得了统一共识。在大会闭幕前草拟了《联合国教科文组织宪章》，根据《联合国教科文组织宪章》规定，其生效的必要条件为至少有 20 个国家批准。1946 年 11 月 4 日，经过 20 个国家批准后，《联合国教科文组织宪章》正式生效。[②]

《联合国教科文组织宪章》第 1 条第 1 项即明确规定了 UNESCO 的宗旨和目标，其规定如下：“根据联合国宪章规定，本组织的宗旨在于通过促进国家间在教育、科学与文化的合作以促进全世界对于正义、法治、人权与基本自由的普遍尊重；加强教育、科学、文化各方面的国际合作，以促进国际的和平与安全。”

为了达到上述目标，《联合国教科文组织宪章》在第 1 条第 2 项规定了具体举措：“一、促进人民与人民之间的互相了解和理解；如有必要，签订国际协议，以加强思想自由交流。二、在成员方的要求下，协调教育活动；无论种族、性别或任何经济、社会的区别，加强国家间合作，以进一步推动教育机会的平等；为实现自由之责任，建议最适宜儿童的教育方式。通过这些方式推进民

① 毛燕：《当代中国教育公平的问题及对策研究》，河北师范大学 2013 年硕士学位论文，第 6 页。

② 这些国家包括：澳大利亚、巴西、加拿大、中国、捷克斯洛伐克、丹麦、多米尼加共和国、埃及、法国、希腊、印度、黎巴嫩、墨西哥、新西兰、挪威、沙特阿拉伯、南非、土耳其、英国和美国。详见 UNESCO 官网，http：//portal.unesco.org/en/ev.php-URL_ID=15244&URL_DO=DO_TOPIC&URL_SECTION=201.html，2015 年 11 月 17 日访问。

众教育与文化的传播。三、保全、增进，并传播知识。”

由于国际社会成员一直以来都有联合国会干涉国家主权的顾虑，为了进一步宣称 UNESCO 在促进国家间教育、科学、文化方面扮演着协调性的角色，《联合国教科文组织宪章》在第 1 条第 3 项明确规定“为了保证成员国之独立、完整及文化和教育体系的多样性，本组织不干涉成员国管辖权内部之事宜”。

尽管《联合国教科文组织宪章》确定了 UNESCO 在联合国内部作为专门教育机构的法律地位，但其中并没有将教育活动专门限定在高等教育的领域。然而，作为教育的一部分,《联合国宪章》和《世界人权宣言》中的规定均适用于 UNESCO 在促进高等教育领域的活动这一点毋庸置疑。

根据“有约必守原则”，国家参加签订了双边经济条约或多边条约后，不仅享受条约所赋予的权利，而且承担条约所设定的义务，受到该条约和国际法的约束。以上三个文件是 UNESCO 在涉及高等教育活动时最基本，也是效力最高的法律依据，其对成员方具有直接的法律拘束力。更进一步地讲，由于联合国在教育领域所倡导的原则和做法建立在成员方普遍接受的价值观、人权观基础上，其受到了国际社会的广泛认可，具备“国际强行法”的特征，不仅成员方要遵守“有约必守”的原则，整个国际社会都不得做出与之相损益之行为。

（三）UNESCO 有关高等教育的活动：对宪章和条约的解释性实践

尽管 UNESCO 的很多措施，尤其是其经年推展的、影响力非常大的“全民教育”（Education for All）这一项目给人留下了热衷于基础教育的印象，但是随着教育的市场化、全球化的不断发展，UNESCO 适时地调整了其工作方向，将更多的精力投入到对高等教育的规制中。它在平衡教育贸易化与遵守人权原则的关系，以及进行教育质量标准的制定等方面，起到了“金钱买不到的重要作用”[①]。

---

① Peter Smith, Mary Joy Pigozzi, et al., UNESCO's Role in Global Educational Development, *Comparative Education Review*, Vol. 51, No. 2, 2012, p.231.

由于联合国宣扬的这些教育义务意图包含普世的价值观，UNESCO 自始就面临如何将这些高尚的理念转化为国家具体实践，以及促进教育发展的问题。[①]而 UNESCO 的发展历程证明，其围绕高等教育展开的一系列活动其实都是围绕着其宪章内容来进行着解释性实践（interpretative practices）。换言之，这一系列活动都可以被视为解释《联合国宪章》《世界人权宣言》《联合国教科文组织宪章》中抽象和模糊的教育条款，并进而填补、丰富和具体化其内涵的国际实践。其活动主要包括在以下方面。

1. 实施教育项目

UNESCO 的教育项目被分为两种类型：常规项目和预算外项目。两者的区别在于经费的来源，常规项目的经费来源于 UNESCO 正常的预算，而预算外项目的经费来源是联合国或其他辅助性资助。其中常规项目是常年存在，构成了 UNESCO 的主要活动方式，也是通过具体实践来解释 UNESCO 宪章所体现出来的价值的主要方式。"国际大学合作"计划是高等教育方面的重要项目。它秉持思想实验室和国际合作催化剂的定位，通过运用新的信息技术手段促进能力建设和知识提升。[②]它包括姊妹大学（UNITWIN）和教席计划（UNESCO Chairs Program）两类具体的行动计划，试图通过搭建大学网，促进跨境知识流动，鼓励大学国际合作。[③]截至 2011 年 5 月 31 日，该计划已拥有 715 个教席和 69 个姊妹大学网，涉及 131 个国家的 830 个大学及机构，涵盖 70 多个学科。活动涉及教师教育、教育研究及管理培训、主要教育领域的研究活动、知识生产及扩散等。[④]

尽管 UNESCO 宪章有关教育的规定体现出其原则性、包容性和普世性，但这一点也恰恰是其无法回避的一个弱点：太原则化

① Philip W. Jones and David Coleman, The United Nations and Education: Multilateralism, Development and Globalization, Routledge Falmer, 2005, p.44.

② http: //www.unesco.org/new/en/education/themes/strengthening education -systems/higher education/international -university-cooperation/，2015 年 12 月 30 日访问。

③ http: //www.unesco.org/en/university-twinning-and-networking/mission/，2015 年 12 月 30 日访问。

④ 参见张衡：《联合国教科文组织对世界高等教育发展的影响机制刍议》，载《教育学术月刊》2013 年第 6 期。

的规定带来实践的不确定性。宪章的模糊规定带来了有必要对其目的和实现方式加以解释的问题。于是 UNESCO 在教育方面所做的活动或项目就成为解释宪章的途径之一。通过若干年的实践，UNESCO 通过归纳其开展的教育项目的目的，进一步解释了如何实现宪章规定的价值：（1）达到知识共享和各国人民间的相互了解；（2）促进知识的自由流动；（3）无论种族、性别或任何经济和社会的区别，实现教育机会的平等；（4）为实现自由之责任，建议最适宜儿童的教育方式；（5）保留和保护世界艺术、历史和科学文化遗产；（6）实现教育、科学和文化领域的全方位合作；（7）保证世界文化和教育体系的独立、完整和多样性。[①] 上述解释非常有效地具体化了 UNESCO 宪章的规定，同时也顾及了 UNESCO 宪章第 1 条第 3 项的规定。这七个项目在更为具体地解释宪章之目的的同时，也尽可能地回避对成员方管辖权内部事务的干涉。

2. 公布数据信息

正如 UNESCO 宪章第 1 条第 2 项中所述，UNESCO 肩负保全、增进并传播知识的任务。为此，在 UNESCO 的历史发展中，对信息手段的充分利用一直是其解释宪章的重要途径之一。UNESCO 对信息的使用方式包括收集、分析和传播。UNESCO 通过各种方式汇集全球化的数据以便评价不同的教育体系，例如，UNESCO 出版了《联合国教科文组织统计年鉴》（*UNESCO Statistical Yearbook*）。这项出版物一度因其所承载的诸多数据而受到成员方的广泛关注。随后在 1955—1971 年间，UNESCO 又整合出版了《世界教育调查 I–V》（*World Survey of Education I-V*）。该出版物建立在前期数据收集的基础上，为国际社会描述了全球教育体系的状况，其中也涉及高等教育的内容。除了这些系统性的工作，UNESCO 还通过各种会议、论坛以及培训项目等活动践行着宪章所规定的“保全、增进，并传播知识”的责任。所有这些与信息

① W.H.C. Laves and C.A.Thomason *UNESCO: Purpose, Progress, Prospects*, Indiana University Press, 1957, pp.415–425.

相关的活动都包含着UNESCO的强烈意图，即使用数据等手段来向国际社会彰显，在国际教育合作与实践教育机会平等的理念上，国际社会已经走到了何种程度。[①]

3. 制定规范与标准

UNESCO在制定规范和标准方面走在其他国际组织前面，这也是其对国际教育规制最重要的特点。UNESCO制定规范和标准的工作从其成立之日起就深深根植于该组织的理念和目的之中。其规范基础非常明确，即UNESCO宪章第1条所规定的，UNESCO的首要目的是通过促进国家间在教育、科学与文化的合作以促进全世界对于正义、法治、人权与基本自由的普遍尊重。这些活动的合理性就在于其随后强调的不论种族、性别、经济及社会差异均适用的各种标准，并且这些规范和标准均致力于思想之流动、教育机会的平等和保护世界文化遗产的多样性。

在众多的规范和标准中，与高等教育相关的有两个重要的标准。第一个标准是《国际教育分类标准》(*International Standard Classification of Education*，ISCED)。这个标准是UNESCO在20世纪70年代初制定的，其目的是使各会员国在国内和国际收集、整理和提供教育统计资料时有一个国际通用的适当工具，便于编制和比较各种教育资料。由于自1976年以来各国教育情况发生了很大变化，为了进一步促进国际教育统计数据的交流和比较，1992年UNESCO对该标准需要修改的部分进行研究，1994年、1995年和1996年分别召开了专家会议起草并审议修订稿，几经讨论，最终于1997年确定了新的分类标准，2011年又对这一标准进行了补充修改。根据这一分类标准，教育从0至8被分为八级，其中高等教育包括第5级至第8级，分别是短线高等教育、学士或同等水平教育、硕士或同等水平教育以及博士或同等水平教育。这个标准虽然也受到一些国家的质疑，但经过不断地改进和修改，其对于呈现各国在高等教育领域的入学率和财政支持方

① Philip W. Jones and David Coleman, The United Nations and Education: Multilateralism, Development and Globalization, Routledge Falmer, 2005, p.75.

面的比较数据起到重要作用。

与高等教育有关的另一个规范是区域性的《高等教育领域承认学习、学历和学位的章程》(*Constitutions on the Recognition of Studies, Diplomas and Degrees in Higher Education*)，这一章程极大地促进了区域内教育的交流。之后UNESCO又陆续制定了具有区域性质的《承认资质公约》。这些公约已经被上百个来自亚洲、非洲、大洋洲、欧洲和拉美洲的国家批准，这是目前存在的唯一规制跨国间资质认定的公约。[①]进入21世纪以来，UNESCO和OECD联合制定了《跨境高等教育质量指导准则》(*Guidelines for Quality Provision of Cross-border Higher Education*, 2005)。尽管在该准则的注释部分强调该准则既不是规则也不是标准，但正如有些学者所言，UNESCO的很多文件事实上更多地体现在一些不具约束力，但却反映规则、标准的原则的一些建议或声明中。[②]《跨境高等教育质量指导准则》就鲜明地体现了这一点。这个准则的出现受到了国际社会的极大关注，掀起了教育全球化下如何监管教育质量的热潮，它也再次确立了UNESCO在高等教育领域的领导地位。[③]

综观围绕着制定规则、标准或体现其原则的各类建议、声明等文件的工作，无不体现了UNESCO宪章设立的促进和平和国际了解，促进人权发展、消除歧视的原则。

4. 召开各种会议

会议对任何国家或国际组织而言都是一种基本的组织活动方式，对诸多国际会议而言，其召开多是因新形势的发展需要建立新的国际秩序，而国际会议恰恰是实现这个目的的有力途径。除此之外，国际会议还能够促进问题的分析和解决，寻求政治共识

---

① Roberta Malee Bassett, International Organizations and the Tertiary Education Sector: Understanding UNESCO, the OECD, and the World Bank Linking-pin Organizations, in: Felix Maringe and Nick Foskett (Eds.), *Globalization and Internationalization in Higher Education: Theoretical, Strategic and Management Perspectives*, Continnum, 2010, p.282.

② Philip W. Jones and David Coleman, The United Nations and Education: Multilateralism, Development and Globalization, RoutledgeFalmer, 2005, p.77.

③ UNESCO, Guidelines for Quality Provision of Cross-border Higher Education, 2005, http: //www.unesco.org/education/guidelines_E.indd.pdf.

并设计实现目标的时间、制度等。UNESCO 的各种会议亦承载了这些特点，会议是 UNESCO 工作中重要的组成部分。

UNESCO 的会议中最为重要的是“大会”（general conference），尽管大会的周期曾经经历过每年举行一次和每三年举行一次，但目前其召开周期为每两年举行一次。大会通过其他若干职能交叉的委员会共同工作，处理与主要项目和组织机构相关的行政及法律事务。其他的会议中较具影响力的是始于 1970 年的国际教育会议（International Conference on Education）。该会议举办周期为两年，来自全球范围的各国的教育部部长通常会在会议上做有关教育发展及其趋势的汇报，并且伴随着会议的出版物《国际教育年鉴》（*International Yearbook of Education*）和一系列国际教育会议有关教育的报告。UNESCO 努力欲摆脱会议形式化的负面印象，力求通过这些会议来呈现国际层面教育的真实状况，并组织与会成员方就新形势下的教育问题进行分析诊断，提供可行性解决措施。

1998 年 10 月，UNESCO 组织召开世界高等教育大会“21 世纪的高等教育：展望与行为的视角”，并在会上通过了《面向 21 世纪高等教育宣言：观念与行动》。该宣言提出了高等教育的任务与义务、发展高等教育的新视角，具体包括创设平等的入学机会、提升妇女入学的需求、通过研究和传播研究结果来促进知识、在社会相关性的基础上确立长期的目标、加强与产业界的联系以及对社会需求的分析与诊断、提供机会平等的多样化、创新教育模式（提倡批判性思维和创造力）、进行质量评估、改善高等教育管理和财政机制、促进知识的全球和跨国界运动等各项举措。此外还发布了《高等教育变革和发展的优先行动纲领》。

UNESCO 通过会议的方式很好地诠释了联合国一贯通过和平方式解决问题的主张。UNESCO 所有会议的历程都呈现出其对教育项目的思考和整体框架，并且 UNESCO 用会议的方式将现存的教育问题与其宪章规定的原则很好地结合在了一起。随着 UNESCO 在高等教育领域作用的不断凸显，与会国数量也在慢慢增加，所有这些工作再次巩固了 UNESCO 宪章中所称的其在教育领域的“领军”地位。

5. 设立组织机构

任何规定的最终落实都需要通过一定的组织机构来实现，UNESCO 有关教育的具有直接法律效力的规定也如此。UNESCO 目前共有 195 个成员国和 10 个关联国，[①]它还与联合国其他专门机构、政府及非政府组织、双边及多边机构等诸多组织保持合作关系。

为增进会员国间的合作，UNESCO 在世界各地设立了 84 个常设地区办事机构，在纽约、日内瓦、维也纳设有联络处，设有国际教育局（IBE）、国际教育规划研究所（IIEP）、终身学习研究所（UIL）、教育信息技术研究所（IITE）、统计研究所（UIS）、国际技术及职业教育与培训中心（UNEVOC）、非洲国际能力培养研究所（IICBA）等。提及 UNESCO 的教育机构，不能忽略的是位于日内瓦的国际教育局。这个机构的主要活动有主办国际教育会议，出版包括《前景》(*Prospects*)、研究手册《革新》(*INNOVATION*) 以及教育百科全书 (*UNESCO/IBE Education Thesaurus*) 等出版物。这些活动及其成果影响非常广泛，使其在 UNESCO 诸多教育机构中起到了先锋的作用。除了 IBE，UNESCO 内部还设有很多与教育相关的机构，如位于汉堡的教育研究所（Institute for Education）等。

与高等教育关系最密切的组织是设于巴黎总部内的高教部，负责高教方面改革创新和质量保障、教师教育、国际合作，主持高等教育研究和知识论坛、搭建高教领域的研究及政策桥梁等，内设教师教育、国际合作、革新、质量保障及学历文凭承认等部门。它主要是通过举办关于教育热门议题的各类论坛来促进国家之间的交流。[②]除此之外，UNESCO 还设有两个负责高等教育工作

① UNESCO, Member States, http: //en.unesco.org/countries/member-states.

② Karen Mundy and Meggan Madden, UNESCO and Higher Education: Opportunity of Impasse? in: Roberta Malee Basset and Alma Maldonado-Maldonado (Eds.), *International Organizations and Higher Education Plocy: Thinking Globally, Acting Locally?*, Routledge, 2009, p.53.

的地区性机构：位于罗马尼亚首都布加勒斯特的“欧洲高等教育中心”（European Center for Higher Education，CEPES）和位于委内瑞拉首都加拉加斯的“拉美－加勒比高等教育中心”（International Institute for Higher Education in Latin America and the Caribbean，IESALC）。这两个机构主要负责组织来自地区的学者和政府代表参加关于高等教育议题的各种会议。两个中心都出版有各自的高等教育领域的出版物，“欧洲高等教育中心”出版的是《欧洲高等教育》（*The Higher Education in Europe*），而“拉美－加勒比高等教育中心”出版的是《高等教育与社会》（Educaci ó n Superior y Sociedad）。“欧洲高等教育中心”致力于促进欧洲 UNESCO 成员方（包括美国、加拿大和以色列）中的大学之间的合作。该中心从 2003 年开始还成为致力于打造欧洲高等教育区的“博洛尼亚进程”的咨询成员。

通过上述有目的地设立若干子机构、办事处，UNESCO 从国际和地区两个层面发挥着对教育及高等教育的巨大影响，并且这些机构与项目相互交织配合，形成一张错综复杂的网，在每一个网格中都或多或少地践行着促进国家间建立、设立标准以实现 UNESCO 宪章中所追求的“实现全世界对于正义、法治、人权与基本自由的普遍尊重；促进国际的和平与安全”的目标。总体而言，UNESCO 在高等教育政策议题方面扮演着标准设定者、论坛赞助者和知识转介者的角色。此外，与下面要介绍的 OECD 不同，UNESCO 参与的更多是高等教育政策领域的地区性的议题和标准设定。

三、小结：UNESCO 模式的特点

可以从规制方式和价值内核两个方面对 UNESCO 模式加以总结。

一方面，就 UNESCO 规制各国高等教育的方式而言，可以说它采取的是一种刚性与柔性结合的双层规制模式。UNESCO 涉及高等教育的规范性文件条款对于其成员方具有直接的法律效

力。但是，由于UNESCO将自己定位为促进国际教育合作，而非解决国际教育问题的机构，所以它的法律文件中并没有直接对成员方就高等教育发布的硬性指令和明确的操作性条款。相反，它运用的多为语言模糊、语义开放的价值性条款和宣示性条款。这样的特征其实弱化了这些条款的法律拘束力，淡化了“硬法”（hard law）的色彩。相反，在实践中，它们是通过一系列的解释性实践（包括实施教育项目、公布教育信息、制定规范与标准、召开各种会议和设立组织机构）来得以具体化和明晰化的。这些解释性实践本身并不具有明确的法律效力，它们是通过智力支持和对各成员方进行指导的方式，以理念扩散、政策影响、机构设置、人员参与的途径来发挥影响，[①]可以说它们属于“软法”（soft law）。但由于它们也以对其成员方具有直接法律效力的规范性文件为基础和框架，所以它们也因这种“附着性”而具备了介于无效和正式效力之间的准效力。因此，UNESCO对国际高等教育的规制呈现出正式的规范性文件与解释性实践的双层规制模式，其中的“刚性”层面（规范性文件）因其条款特征也具有软化的倾向，而“柔性”层面（解释性实践）却因其公信力、权威性和对正式文件的附着特征而具有硬化的趋势。同时，这样一种双层模式的优势还体现在，它可以在保持规范性文件层面规定不变的同时随着时代的变迁而改变条款的含义，而这是通过解释性实践本身的变化带来的。事实上，UNESCO本身的很多具体实践和措施就曾发生不断的变迁。[②]这种变迁也可以被视为一种试错的过程，即在不同的时代背景和文化理念的交错碰撞中取得最大限度的共识并稳步前进的过程。它是一种“实验式的法形成机制”[③]。

---

① 参见张衡：《联合国教科文组织对世界高等教育发展的影响机制刍议》，载《教育学术月刊》2013年第6期。

② 例如，从1984年开始，UNESCO就越来越向着第三世界国家的社会民主理念倾斜（偏离了自由主义传统），这也使得美国一度退出了这一组织。具体参见本书第三章第一节。

③ ［德］莱因荷德·齐佩利乌斯：《法哲学（第6版）》，金振豹译，北京大学出版社2013年版，第91页。

另一方面，就 UNESCO 规制高等教育的价值内核而言，无疑是一种普适的人权观念在背后起着主导性作用。UNESCO 的宪章和其他规范、准则都是在《联合国宪章》和《世界人权宣言》之下起作用的，而这两部文件的根本意旨（之一）就在于在全球范围内推广和保护普适性的人权，其中就包括教育权。无论自由主义国家和第三世界国家对于人权和教育权本身的理解分歧有多大（个人的抑或集体的人权），在体系性框架中，将 UNESCO 的宪章和其他规范、准则的价值内核定位于作为人权的教育权自然是没有问题的。所以，作为 UNESCO 成员方的国家，其在高等教育领域内的国际义务之一其实就在于落实这些促进教育权的举措，而其中也难免会涉及普适的教育权与特定国家的主权之间的紧张关系。

第三节　需经承诺产生法律效力的规制：GATS 模式

一、GATS 概述

在阐述教育国际化背景下的教育规制问题时，一个重要的标志性协议是任何国家、组织或研究者都不可逾越的，即《服务贸易总协定》（*General Agreement on Trade in Services*，GATS）。服务贸易的谈判最早始于《关税及贸易总协定》（*General Agreement on Tariffs and Trade*，GATT）的最后一轮谈判——乌拉圭回合谈判中，直到 1995 世界贸易组织（WTO）正式成立后，GATS 与其他两个协议——GATT 和 TRIPS——一同构成 WTO 的法律组成部分。[①] 这三部法律，加之 WTO 的两项法律工具——争端解决机制和贸易政

---

① Christoph Scherrer, GATS - Commodifying Education via Trade Treaties, in: Kerstin Martens, Alessandra Rusconi, et al. (Eds.), *New Arenas of Education Governance: the Impact of International of Organizations and Markets on Educational Policy Making*, Palgrave Macmillan, 2007, p.118.

策审查机制共同促进着货物和服务贸易领域的自由化进程。自此，GATS 成为世界上第一个以正式法律文本形式出现的、透明、稳定，并以希望通过多边谈判不断扩大服务贸易自由化的多边协议，而在此之前，国际贸易协议均关涉货物而非服务。[①]GATS 的主要目标与 GATT 相同，即创建稳定、可信的国际贸易规则，保证成员方受到公平、公正的待遇，通过有保证的政策约束促进经济活动的开展，通过逐步自由化促进贸易和各国的发展。GATS 的目标在于通过多边规制促进贸易稳定，并且通过持续谈判推动贸易自由化进程。其中最主要的任务是减少贸易保护，降低或最终消除所有贸易壁垒。[②]

GATS 主要由三部分内容构成。第一部分为框架，其包括一般原则和规定。第二部分为具体时间表，也即国家承诺清单，它是成员方就具体服务部门在市场准入和国民待遇方面给予外国服务提供商的具体承诺。成员方就是通过这个部分所做的承诺从而承担具体的义务。第三部分是附件，这一部分是对重要服务贸易部门的特殊限制规定。[③]由于 GATS 是 WTO 协议的重要组成部分，WTO 的成员自然就是 GATS 的成员。尽管如此，除非成员方在相应的国内服务市场的某部门或某种方式上做了承诺，否则 GATS 不具有执行效力。这一点 GATS 与 UNESCO 有着根本的不同。GATS 所覆盖的范围极为广泛，它包含所有与商业有关的服务，但行使政府权力所提供之服务不在此限。

尽管在 GATS 正式出现前，有关教育的贸易就已经通过双边、多边协议或是事实存在，但 GATS 将教育贸易作为服务的一种形

---

① Jane Knight, Trade Talk: An Analysis of the Impact of Trade Liberalization and the General Agreement on Trade in Service on Higher Education, *Journal of Studies in International Education*, Vol. 6, No. 3, 2002, p. 211.

② Jandhyala B. G. Tilak, Trade in Higher Education: The Role of the General Agreement on Trade in Services, UNESCO, 2011, p. 33.

③ 冯国平：《跨国教育的国际比较研究》，华东师范大学 2009 年博士学位论文，第 176 页。

式，将其发展到一定程度的结果进行了法律的固化，[①]通过这种固化起到了以下几个作用：第一，教育的贸易化属性在全球范围内得到加强；第二，GATS 框架下的教育贸易需要遵循一定的国际规则，由于 WTO 成员几乎囊括整个国际社会主要成员，其影响的利益面广泛；第三，提升了国际社会对教育贸易化的关注度，并由此产生了更多的讨论和思考。总之，GATS 即使不是一个涉及全球教育活动的宪章性协议，它也已经成为跨国规制教育的重要文件，并且在很大程度上影响着成员方教育政策的制定和发展方向。[②]

二、GATS 对高等教育的规制

（一）概括性规定

根据 GATS 的划分，服务由 12 个部门组成，每个部门下再细分为不同种类。[③]教育属于 12 个服务部门中的第 5 个，而在这个部门下，教育又被细分为 5 个类别，即初级教育、中级教育、高等教育、成人教育和其他教育服务。紧接着，根据 GATS 第 1 条的规定，服务可以通过以下四种方式进行：

方式之一跨境交付，即跨越国境提供服务。这种方式不涉及服务提供者或消费者的实体流动，仅仅关涉服务本身的交付。

方式之二境外消费，即消费者进入服务的提供者境内进行消费。这种方式仅仅指消费者，而不是服务的提供者进入另一国境内。

---

① Christoph Scherrer, GATS – Commodifying Education via Trade Treaties, in: Kerstin Martens, Alessandra Rusconi, et al. (Eds.), *New Arenas of Education Governance: the Impact of International of Organizations and Markets on Educational Policy Making*, Palgrave Macmillan, 2007, p.117.

② Antoni Verger, WTO/GATS and the Global Politics of Higher Education, Routledge, 2010, p. 4.

③ 根据 GATS 秘书处“服务部门分类表”的规定，受 GATS 管辖的 12 个服务部门为：商业服务（包括专门服务和计算机服务）、通信服务、建筑和相关工程服务、分销服务、教育服务、环境服务、金融服务（包括银行和保险服务）、与健康相关的服务和社会服务、旅游服务、娱乐文化和体育服务、运输服务和其他服务。

方式之三商业存在，服务的提供者在他国境内通过设立商业机构提供服务。通常在这种方式下，不存在消费者的流动，而多为机构和资金的流动。

方式之四自然人流动，即自然人由于个人的专长或作为某一机构的一部分，短暂地进入他国境内提供服务。这一方式强调了短暂地，并且不是消费者的流动。

以上四种方式适用于所有的服务贸易，教育贸易也不例外。表 3 将上文加以总结，并具体举例在教育领域提供服务贸易的形式。

表 3 GATS 下的教育服务贸易 ①

提供方式	类型与表现	特点	发展状况及态势
方式 1/ 跨境交付	远程教育、网络授课、虚拟大学	项目流动	市场规模不大，但具有发展潜力
方式 2/ 境外消费	学生去他国留学	消费者流动	教育服务贸易的主要组成部分
方式 3/ 商业存在	卫星校区；合伙、合作、代表机构或分支机构	机构或资金流动	主要为发展中国家偏爱使用
方式 4/ 自然人流动	教授、教师、研究人员在国外工作	服务提供者流动	一直存在并具有发展潜力

（二）国家通过承诺产生的义务

教育在 WTO 框架下的谈判始于 1998 年，当时由私人提供教育活动的现象已经存在，WTO 秘书处建议教育可以被视为一种商业服务，并且应当将对其的规制纳入到 WTO 法律框架下。1999 年 WTO 秘书处正式提出建议，将教育服务包含到有关服务的谈判中，从 2000 年伊始教育服务的谈判正式开始，2001 年的多哈宣言中再次重申了 WTO 对待教育服务的立场。

① 资料来源于前注 Jane Knight 和 Jandhyala B. G. Tilak 的文章及 WTO 文件 S/C/W313。

1. GATS 的特殊义务

GATS 中包含两种义务：一是“一般义务或无条件义务”；二是“特殊义务或有条件义务”。前者是自动适用于所有成员方的义务，包括最惠国待遇和与透明度相关的各种原则和程序。[①] 后者指成员方通过承诺，在具体服务部门或服务方式中承担的特殊义务，一旦成员方做出承诺，这些义务就对该国的市场准入及去贸易壁垒方面的活动具有强制性。

这两种义务均对教育服务作出规制，但由于“一般义务”是自动适用于 WTO 成员的，可以说最惠国待遇和透明度要求自始至终贯彻于 WTO 整个法律框架内。另外，相较于货物贸易，虽然“一般义务”并不如“特殊义务”一样，能非常好地体现了 GATS 框架下国家承担义务的特点——通过不同的承诺在不同的服务部门或方式下承担不同的义务，然而这并不是否认“一般义务”对教育服务的规制作用，亦不在于强调两种义务哪一种作用更重要。由于本部分论述重点在于教育国际规制的比较视角，为了突出 GATS 进行教育规范的特点，将聚焦于对通过承诺承担的“特殊义务”进行论述。“特殊义务”的重点在于强调，这种义务不是成员方加入 WTO 就必须承担的，而是要通过具体的承诺实现。就服务贸易而言主要包括国民待遇和市场准入两项义务。

（1）国民待遇

GATS 有关国民待遇规定在协议第三篇第 17 条中，它规定国内和国外的服务提供者必须被均等地、无歧视地对待。这意味着成员方对外国服务提供者的待遇不能低于其对本国服务提供者的

① 最惠国待遇规定在 GATS 第 2 条中，这一条被视为 GATS 的支柱条款。最惠国待遇条款强调非歧视地对待成员方，其基本要求是只要一国给予他国（无论该国是否是 WTO 成员方）优惠待遇，就应当给予其他成员方同样优惠的待遇。在服务贸易领域，当一国向他国开放了某一服务部门或某一服务方式，那么其他成员方都可以同样进入该国的该部门或适用该方式。根据 GATS 第 14 条的规定，最惠国待遇可以有例外规定，但这一例外仅限于“惟该差别待遇以该会员为遵守避免双重课税所签协议，或其它国际协议或协议中之避免双重课税条款者为限”。透明度要求规定于 GATS 第 3 条中，该条要求成员方所有的政策、法律条款及任何限制和规范措施都必须透明，应保证服务的提供者能够获得与服务相关的法律、政策或规定的信息。如有任何对服务贸易所作特定承诺之所有新订或增修的法律、命令或行政准则，成员方必须通知服务贸易理事会。

待遇。这里所谓的歧视待遇既包括事实上的，也包括法律上的。这一条的关键目的是约束成员方，使其保证国内服务提供者和国外服务提供者处于公平的竞争环境中。这一条亦允许例外，规定在第 14 条一般例外规定中，即“与第 17 条规定不符者，惟该差别待遇以为确保对其它会员之服务提供者公平或有效课征直接税者为限”。

（2）市场准入

GATS 有关市场准入规定在协议第三篇第 16 条中，其主要涉及逐步实现自由化和消除进入成员方服务市场的各种障碍。GATS 不允许外国服务提供者进入一成员方国内市场时存在障碍。但是限制是可以存在的，然而其不得严于该成员方做出的与国民待遇相关的限制，并且不存在任何歧视性质。该条规定成员方对已提出市场开放承诺的行业，除非其承诺表内另有规定，否则不得维持或实行下列措施：“①限制服务供给者之数量；②限制服务交易或资产之总值；③限制服务营运之总数或服务之总生产数量；④限制特定服务行业得雇用自然人之总数，或限制某一服务提供者得雇用与特定服务之供给直接有关且必要之自然人总数；⑤限制或要求服务提供者，以特定之法人形态或合资方式始得提供服务；⑥以设定外国人持股比例或个人总额或全体外资总额等上限方式，限制外资之参与。”① 修改亦被允许，但仅限于进一步促进贸易自由化的目的。

就教育服务领域而言，最需要消除的障碍包括两方面：第一，与提供教育服务相关的限制性法律；第二，其他不透明的规制，包括政策、程序、补贴，不公正地适用国内法律、拖延审批期限以及税收歧视等。然而，由于教育的特殊性，教育服务领域的障碍通常是无形而且复杂的。比如在跨境交付中，有人认为禁止电子教材进口这一行为构成了对服务贸易的障碍，但是亦有争论认为教材的贸易应当被归类于货物贸易中，其并不是服务贸易的障

① 张凌燕：《论服务贸易总协定中“国内规制”条款的适用》，中国政法大学 2008 年硕士论文，第 10 页。

碍。在境外消费中，最典型障碍体现在对申请专业及所获证书的分类及限制上。在商业存在中这方面的障碍体现更多，包括对教育提供者资金、学术声誉、资质等方面的要求等。在自然人流动中的障碍包括签证种类限制及语言要求等方面。①

总之，除了成员方承担的“一般义务”，其“特殊义务”需要通过成员方的具体承诺才产生效力，仅从理论上讲，如果成员方不做出任何承诺，那么其除了承担广泛存在于 WTO 法律框架下的最惠国待遇和透明度要求的义务，在教育服务领域无任何负担，虽然事实上存在这种状况的概率几乎为零。但只要成员方做出了任何承诺，其就如同进入了“单行车道”，其未来对教育的任何规制措施只可促进贸易自由化，或至少是维护贸易自由化，而不可以掉头或倒退。

2. GATS 承诺中的“水平承诺”和“部门承诺”

本人在撰写论文期间发现一个有趣的现象：“水平承诺”（horizontal commitment）和“部门承诺”（sector-specific commitment）的概念被广为介绍，然而多限于仅见定义，未见理解之介绍，具体到某一国（多为中国）的教育服务具体承诺时更多为一笔带过。事实上，在仔细研究了 WTO 官方网站有关成员方在教育服务领域的承诺统计表后可以发现，如果不能很好地理解这两个概念及其作用，会直接影响对具体国家教育服务承诺的理解。下文结合 WTO 的官方指导文件及成员方承诺统计数据加以具体解释。

根据 WTO 在 2001 年发布的有关《GATS 下承诺减让表指南》中规定，成员方在承担义务时除了需厘清上述“一般义务”和“特殊义务”外，还应在其具体承诺中分别进行“水平承诺”和“部门承诺”。

“水平承诺”适用于减让表中的所有服务部门，除非相关国家做出除外声明。事实上这种承诺是一种措施或情况，该措施或情

① Jandhyala B. G. Tilak, Trade in Higher Education: The Role of the General Agreement on Trade in Services, UNESCO, 2011, pp.37-41.

况有可能构成对市场准入和国民待遇的限制，但亦可能不构成限制。当其构成对市场准入和国民待遇的限制时，成员方需精准描述该措施或情况。为了避免重复，WTO 要求成员方在对具体服务提供方式做出承诺前单独对“水平承诺”进行规定。有一些“水平承诺”可能仅针对一种服务提供方式，也可能同时适用于多种服务提供方式，比如有关外商投资、公司结构、土地管理等法律规定仅适用于商业存在，而有关税收的相关法律则可能涉及所有四种服务提供方式。此外，对“水平承诺”的内容也可以进行细分，比如阿尔巴尼亚将水平承诺中的规定细化为针对房地产、外国自然人的入境和停留、资金转移和控制等几个方面，而我国在进行水平承诺时则并未作此分类。①

由于“水平承诺”的规定覆盖所有的服务部门，因此，WTO 要求成员方分三种情况处理“水平承诺”：第一，在某一服务部门中写“无”（none），意味着除了水平承诺部分的例外，该部门都没有任何例外规定；第二，水平承诺中的限制不适用于某一个服务部门时，成员方需在水平承诺部分或该部分明确、详细说明水平承诺中的限制不适用此部门；第三，除了水平承诺部分的限制，如果对某一服务部门或方式还有其他限制，则需要通过与下文所述的具体“部门承诺”相结合理解。

“部门承诺”适用于服务贸易中的某一个服务部门。在这种承诺条件下，成员方的某一措施如果与第 16 条市场准入或第 17 条国民待遇的规定不相符，那么这一措施将被视为在某一服务部门或服务提供方式中对市场准入或国民待遇的限制，成员方需要对这一措施做出精准描述。②

结合上述概念介绍，以表格为例，举一个适用于所有服务提供方式的简单例子，比如某国在水平承诺中规定，所有服务收入的 10% 需要无条件上交给东道国。其中情况 a “无”（none）表明

---

① 有关中国和阿尔巴尼亚在教育领域的承诺表格对比，详见 WTO 官网，http://i-tip.wto.org/services/ReportResults.aspx，2015 年 11 月 20 日访问。

② WTO, Guidelines for the Scheduling of Specific Commitments under the General Agreement on Trade Services, S/L/92, 2001, pp.10–11.

在 5.A 初等教育的跨境交付中仅存在水平承诺中的限制，再无其他限制；情况 b“不适用水平承诺”代表在 5.C 高等教育中的境外消费一栏不适用水平承诺中的限制；情况 c“公司还需向营业所在地政府缴纳收入的 5%”代表除了履行水平承诺中规定的义务，在 5.C 高等教育中以商业存在方式提供服务的公司还需向当地政府缴纳收入的 5%。

表 4　水平承诺与部门承诺

水平承诺：所有服务收入的 10% 需要无条件上交给东道国中央政府					
	5.A	5.B	5.C	5.D	5.E
方式之一跨境交付	情况 a				
方式之二境外消费			情况 b		
方式之三商业存在			情况 c		
方式之四自然人流动					

表格说明：

（1）根据 WTO 教育服务部门的分类，5.A、5.B、5.C、5.D 和 5.E 分别对应教育部门中的初等教育、中等教育、高等教育、成人教育和其他教育。

（2）情况 a：“无”（none）；情况 b：“不适用水平承诺”；情况 c ：“公司还需向营业所在地政府缴纳收入的 5%”。

可见，在理解某一国 GATS 中对某一种服务承担的义务时，不仅要对“一般义务”和“特殊义务”的层面有框架性的认识，还要进一步综合考虑该成员方开放的服务部门、部门下的服务种类以及其在这些部门和部门的具体种类中所做的“水平承诺”和“部门承诺”，这如同阅读坐标，没有 X 轴和 Y 轴的共同作用就得不到精确定位。

3. 国家如何作出承诺：GATS 的谈判机制

为了更好地了解国家通过承诺在教育服务贸易领域承担了怎样的义务，十分有必要首先了解 GATS 独特的谈判机制，因为这种独特的谈判机制赋予了成员方一定的弹性，也使得 GATS 成为一个能够通过不断后续谈判促进服务自由化发展的开放性条约。正如其在第四篇第 19 条有关“渐进自由化”的规定所称“为达成本协议之目标，会员应自世界贸易组织协议生效日起五年内开始定期连续数回合之谈判，以达到渐进之更高度自由化。此类谈判应以减少或排除对服务贸易有不利影响措施之方式，以提供有效之市场开放。该过程应以互利为基础，增进所有参与者之利益，并确保权利与义务之整体平衡”[①]。

GATS 中有关教育服务的谈判可以总结为三个阶段：首先，一般提议（General Negotiating Proposals）；其次，提出要求（Request）；最后，回复要求（Offer）。一般提议阶段存在于所有的服务部门中，其基本功能是通过会议等方式，成员方对不同服务部门的看法、态度和期望的结果交换意见，并最后形成各自的建议，提交给 WTO。通过这个环节，GATS 成员方可以最大限度地了解其他成员方的期待，为最终达成共识做最充分的准备。从 2000 年 1 月至 2002 年多哈谈判期间，GATS 成员方进行了多次商谈，最终 126 个国家提交了一般性建议，其中四个建议[②]涉及了教育服务。[③]

在上一个阶段之后，GATS 成员方的谈判从提出要求开始。在这个阶段有两个重要特点。第一，具有极大的弹性。GATS 谈判在某种程度上被视为极具弹性的协议，其体现为成员方提出要求的对象可以一个或多个；成员方对多个对象提出要求的内容可以不同，这种不同包括要求开放的服务部门及适用的服务方式均可不同。第二，具有保密性，即成员方之间提出要求的内容可以公开或保密，这由提出要求的成员方自己决定。[④]由于提出的要求直接在成员方之间进行，而非通过 WTO 的某一专门机构，因此除了公开的内容，无法得知在此阶段到底存在多少份要求及其内容。

最后的回复要求阶段，就是被提出要求的国家根据各国的服务贸易具体情况对其他成员方提出的要求的具体回应。这一阶段最大的特点是自主决定性。这首先体现在是否做出回复方面。成

---

① 陈清龙:《国际投资法上一般法律原则之归纳研究》，中国政法大学 2008 年硕士论文，第 31 页。

② 这四份建议的提交国分别为澳大利亚、日本、新西兰和美国。

③ Julia Nielson, Negotiating Proposals, Requests and Offers under GATS: What Has Happened on Education Services? Internationalisation and Trade in Higher Education: Opportunities and Challenges, OECD, 2004, p.304.

④ 非常具有讽刺意味的是，GATS 谈判中的这个允许保密程序因为与其倡导的透明度原则背道而驰，也因为其在程序上的瑕疵，使得 GATS 备受诟病。

员方没有义务将所有服务部门开放，国家有权利自己决定对哪些服务部门或哪些服务方式进行回复。对于一国来说，如果其认为需要对国内重要部门或敏感部门进行保留，即使这些部门被其他成员方提出要求，该国也有权利不做出任何回复。其次，即使在回复的内容上，回复国也可以进行完全承诺（没有任何限制）、部分承诺（存在限制）或者不承诺（根本就不关涉相关服务部门）。而且，这些回复既可以以水平承诺的方式出现，即该承诺适用于所有服务部门，还可以采取具体承诺的方式，即该承诺只涉及具体的服务部门。要求提出国和回复国会根据要求和回复再次进行商讨，最后达成协议。一旦达成协议，除非在协商结束前回复国撤回回复，否则回复的性质即刻自动转变为承诺，从而对相关国家产生法律约束力，做出承诺的成员方必须严格遵守该承诺，并且服务自由化进程必须保证被逐步推进，不得后退或被逆转。

4. 目前有关高等教育的承诺状况

尽管越来越多的 WTO 成员强调教育在经济发展中的作用，但相比较其他服务部门，成员方在教育领域做出的承诺数量最少。根据 2015 年 WTO 官方网站发布的关于教育服务贸易的最新统计数据[①]，在 WTO 诸多成员方中，有 61 个国家（欧盟作为一个整体）对教育做出了承诺，其中对教育部门中至少 4 个种类做了承诺的国家达到 36 个，对 5 个教育种类均做出承诺的国家有 18 个[②]。这些做出承诺的国家中对初等教育类别做出承诺的国家有 41 个，对中等教育类别做出承诺的国家有 48 个，对高等教育类别做出承诺的国家有 50 个，对成人教育类别做出承诺的国家有 49 个，对其他教育类别做出承诺的国家有 32 个。在涉及适用的服务提供方式上，成员方对服务方式 1、服务方式 2 和服务方式 3 做出较多承诺，而对服务方式 4 限制较多。其中对服务方式 2 做出的承诺最

---

① 具体统计表格详见 WTO 官网，http：//i-tip.wto.org/services/ReportResults.aspx，2015 年 11 月 20 日访问。

② 这 18 个国家分别为中国、捷克共和国、刚果、约旦、老挝、莱索托、摩尔多瓦、黑山共和国、挪威、萨摩亚群岛、沙特阿拉伯、塞舌尔、塞拉利昂、斯洛伐克、塔吉克斯坦、汤加、乌克兰和瓦努阿图。

多，所有对教育做出承诺的国家均对服务方式 2 做出了承诺。[①]

三、小结：GATS 模式的特点

GATS 规制各成员高等教育的方式可以被归纳为一种不对等的自由决定模式。尽管 GATS 成员具有最惠国待遇条款这个一般义务，使得它不得在高等教育领域以歧视的方式去对待其他成员（教育提供方），但却没有一般义务去开放高等教育的所有领域和一体提供国民待遇，也没有义务在双方谈判时给予对等的待遇。一方面，GATS 对高等教育的影响力大小最终取决于成员自己的决定。[②] GATS 的成员可以自由来决定是否就高等教育领域、高等教育的哪些方式作出特殊承诺、作出何种特殊承诺、采取何种承诺方式（水平承诺抑或部门承诺），以及是否就作出承诺的部门提供国民待遇。后者意味着，尽管成员有满足最惠国待遇条款的义务，因而要做到“外—外”平等，但却没有义务给予其他成员及其教育机构以与本国教育机构同等的待遇（给予国民待遇还是例外），即做到“内—外”平等。所以，GATS 的规定是十分宽松的，它容许各个成员在充分考虑自身情形的前提下有选择性地就高等教育市场的开放方式及开放程度作出选择。每个国家对外开放何种高等教育市场、如何开放，取决于国家的承诺和对外的谈判。另一方面，这种看似自由决定的模式其实又是不对等的。因为 GATS 并不要求两个成员之间就高等教育市场的开放作出对等承诺。也就是说，两个成员之间可以是一方对高等教育市场的开放度大，而另一方开放度小。这就难免造成一方成员利用自己教育优势的地位和输出优势迫使对方成员开放更多的市场，同时自己却向对方开放较少的市场。由于 GATS 成员谈判过程的不透明性，也加剧了这种优势压迫的可能。但是，一旦成员作出了相关的承诺，

① 陶旺生：《WTO 框架下我国教育服务贸易的发展研究》，福州大学 2004 年硕士学位论文，第 7 页。

② OECD, Internationalisation and Trade in Higher Education: Opportunities and Challenges, 2004, p.259.

这种承诺就会产生“刚性义务”，是成员必须遵守的。

GATS 规制高等教育的价值内核十分明显，那就是市场化与自由化。这从其将高等教育置于服务贸易的大框架下，将教育产品视为可交易的商品就可以看出。因此，GATS 对高等教育市场的规制奉行的是新自由主义的市场逻辑，市场所要求的自由、非歧视、对市场行为最小干涉、重约守诺等要求在其中都有鲜明的体现，而这一切都是使得市场主体之交易行为顺利进行的条件。但这种完全的自由主义市场逻辑也会对国家主权的逻辑造成侵害，因为它使得教育从一种公共产品变成了一种可交易的私有商品，使得教育领域在很大程度上摆脱了国家主权的控制而服务于全球统一市场（在某种意义上是西方教育市场）的需求。正如有论者认为的，GATS 通过“非歧视原则”限制了国家主权。[①]

第四节　政策或价值导向的规制：OECD 模式的国际规范

经济合作与发展组织（Organization for Economic Co-operation and Development，OECD）（以下简称经合组织）是除 UNESCO 和 WTO/GATS 之外，对全球化背景下教育规制具有重大影响力的又一个国际组织之一。在过去的研究中，有学者认为 OECD 是影响西方工业国家教育政策的最重要的国际组织，甚至其影响力已经超越了 UNESCO，尽管 UNECSO 的宣言比 OECD 更加贴近于对教育的规制。[②] 或许是由于 OECD 的历史和组成成员的特殊特征，OECD 曾被誉为“富人俱乐部”，这使得 OECD 早期的教育政策给人留下了上述印象。但是在教育政策领域，随着 OECD 教育政策的发展和国际教育全球化情况的出现，OECD 的影响力已经不

---

① Stavros Moutsios, International Organizations and Transnational Education Policy, *Compare: A journal of Comparative Education*, Vol. 39, No. 4, 2009, p.475.

② K. Eide, 30 Years of Educational Collaboration in the OECD. International Congress, Planning and Management of Educational Development, Mexico, 1991, pp.26-30.

仅仅限于其成员方的范围，而是扩展到全球范围，这方面最典型的例证当属其最著名的项目——国际学生评估项目（Programme for International Student Assessment，PISA），越来越多的国家已经或者正在参与到这项评估活动中。根据 OECD 统计，在 2000 年有 43 个国家参与此评估，到了 2006 年参与国数目已增加至 57 个，而这些国家的范围已经不仅仅局限于 OECD 的成员方，其中几乎近半数不是 OECD 成员方。[①] 并且，OECD 所展现出来的对教育政策的影响方式也使其已经广泛地受到国际社会的关注，是研究全球化背景下规制教育的诸多国际组织中非常重要的一部分内容。

一、OECD 概述

OECD 的历史要追溯到 20 世纪第二次世界大战后。为了振兴西欧经济，根据美国提出的华沙援助计划，成立了欧洲经济合作组织（Organization for European economic cooperation，OEEC），旨在帮助饱受战争创伤的西欧进行经济复苏。直到 20 世纪 50 年代，西欧经济已经走上正轨，OEEC 面临着何去何从的困境，经过重新思考和定位，1961 年 9 月份，OEEC 正式更名为 OECD，即经合组织，OECD 的目标被重新定位为“为民主和市场经济而努力”。该组织的四大任务是“实现成员国的经济高速持续增长、低失业率和不断提高的生活水平，同时保证财政的稳定，以保证为世界经济的发展做出贡献；促进成员国和非成员国经济的良好扩张；促进全球贸易的跨国发展”。[②] 概括而言，即为支持经济增长、促

① Kerstin Martens，How to Become an Influential Actor – The “Comparative Turn”，OECD Education Policy，in：Kerstin Martens，Alessandra Rusconi，et al.（Eds.），*New Arenas of Education Governance：the Impact of International of Organizations and Markets on Educational Policy Making*，Palgrave Macmillan，2007，p.47.

② 《经济与合作发展组织公约》第 1 条，载 OECD 官网，http：//www.oecd.org/general/conventionontheorganisationforeconomico-operationanddevelopment.htm，2015 年 11 月 30 日访问。

进就业、支持国家的经济发展和促进世界贸易发展。[①]当时除了包括 18 个欧洲国家，美国和加拿大也是该组织的成员方，随后日本于 1964 年也成为 OECD 的成员方。时至今日，OECD 已经发展到 34 个成员方，70 余个观察国。为了标榜其不再是“富人俱乐部”，OECD 在其官方网站上明确说明，其成员方的组成“不仅仅包括世界上最发达的国家，还包括新兴国家，比如墨西哥、智利和土耳其”，并且其另辟一段单独介绍道：“我们也与新兴经济体，比如中华人民共和国、印度以及非洲、亚洲、拉美洲和加勒比等发展中国家保持紧密联系。”[②]

尽管 OECD 极力否认其主要服务于发达国家的事实，并且声称自己为成员方与非成员方经济和社会的发展提供了一个独特的政策平台，但是 OECD 给予国际社会的主要印象仍然在于，它主要致力于促进发达的市场经济体之间的合作，并且是为了促进贸易输出的组织。它为成员方提供的信息和意见几乎囊括了经济和社会的所有领域，比如税收、贸易、环境、能源、农业和教育政策等。在教育领域，OECD 对教育规制主要依赖于四个支柱：两个组织——教育委员会（Education Committee）和教育研究与创新中心（Centre for Educational Research and Innovation，CERI）和两个项目——教育建设项目（Programme on Educational Building，PEB）和高等教育机构管理项目（Programme on Institutional Management in Higher Education）。从 2002 年以来，教育委员会、CERI 和 PEB 在教育司（Education Directorate）的管理下工作，而教育司对 OECD 议会负责。

① Alberto Amaral and Guy Neave，The OECD and its Influence in Higher Education：A Critical Revision，in：Roberta Malee Basset and Alma Maldonado-Maldonado（Eds.）International Organizations and Higher Education Plocy：Thinking Globally，Acting Locally? Routledge，2009，p.83.

② 参见 OECD 官网，http：//www.oecd.org/about/membersandpartners/，2015 年 11 月 30 日访问。

二、OECD 对高等教育的规制

OECD 发布教育政策已有超过半个世纪的历史，但主要是在 20 世纪 90 年代之后它对教育（尤其是高等教育）的影响力也逐渐显现出来。与 UNESCO 和 WTO/GATS 不同，我们很难找到 OECD 对高等教育进行具体规制的硬性规定，相反，其对成员方或非成员方高等教育政策的影响往往是通过各种研究、报告、信息发布等方式进行的。因此，亦有学者认为 OECD 对教育的规制介于具有“硬性承诺义务”的 GATS 和“原则性软性”规定的 UNESCO 之间的一种规制①，还有一些学者将 OECD 中所有与规制教育相关的内容放到一个箩筐中——“软法”②。因此，在介绍 OECD 对教育的规制时，鲜少见到条约层面的规定，但其整个教育政策的发展历史无不围绕教育政策进行。唯须注意的是，OECD 对各成员方（或项目参与国）所施加的并非法律义务，这一点与 UNESCO 和 GATS 对成员方施加的法律义务不同。它所施加的至多是一种政治义务，因为各个国家是出于提升本国高等教育竞争力、强化人力资源的政治考量来遵从其规制的。以下将从纵向和横向两个维度对 OECD 在教育方面的规制进行阐述，前者为以时间为序，介绍 OECD 在教育规制方面的历史活动，后者从横向总结角度归纳这些教育活动的特点并突出其如何使用“软法”最终影响成员方，甚至非成员方国内教育政策的制定。

（一）有关教育的六项“战略目标”

一直以来 OECD 就将与教育相关的活动作为其主要的内容，高等教育虽然也自始包含在内，但直至 20 世纪 90 年代，OECD 对高等教育的关注度才得以加强。但正如 OECD 公约所言，其一切活动的目的都是围绕促进经济发展和贸易自由化来进行的，这

---

① Risto Rinne, Johanna Kallo et al., Too Eager to Comply? OECD Education Policies and the Finnish Report, *European Education Research Journal*, Vol. 3, No. 2, 2004, p.457.

② Alberto Amaral and Guy Neave, The OECD and its Influence in Higher Education: A Critical Revision, in: Roberta Malee Basset and Alma Maldonado-Maldonado (Eds.) *International Organizations and Higher Education Plocy: Thinking Globally, Acting Locally?* Routledge, 2009, p.86.

一点明显区别于UNESCO在对教育规制时提倡的人权和教育多元化的观点。OECD作为经济和市场导向型组织，其所有的教育活动也都围绕这个中心点展开。正如OECD在其2004年出版的《国际化和高等教育贸易：机遇和挑战》一书中写道："跨国高等教育不仅仅对于教育输出国具有明显的经济推动作用，对于进口国而言也可以通过这些活动最终为本国经济增长和发展做出贡献。"①

尽管在OECD的成立公约中完全找不到"教育"或与之相关的字眼，但是将教育视为贸易的OECD明确表明其为了达到促进经济发展的目的，致力于减少或消除货物和服务贸易的各种壁垒，并且其认为教育政策与其他社会、经济政策紧密相连。为此，针对教育领域，教育理事会制定了六项"战略目标"：①将终身学习政策与其他社会经济政策相关联；②评估和促进教育的产出；③促进教学质量；④重新思考高等教育在世界经济中的作用；⑤通过教育构建社会和谐；⑥构建教育新未来。②其中在战略目标三的进一步评论中OECD显然认识到了高等教育作为贸易在成员方国内发展的状况，高等教育既面临机遇也面临挑战，在某些国家它已经成为重要的经济和商业部门，有关教育作为贸易被GATS所规范也被OECD论及。通过上述论调，OECD再次表明其以经济发展为中心的政策立场。OECD认为全球范围内的教育都不可避免受到经济全球化的影响，高等教育也必须与世界经济相接轨，从而更好地促进全球教育产业的扩大发展。因此，OECD确立了其在高等教育政策中的观点：教育是促进经济发展的重要推动力。③

（二）教育政策的四个阶段及高等教育政策

从20世纪60年代正式成立开始至今，OECD的教育政策可

---

① OECD, Internationalisation and Trade in Higher Education: Opportunities and Challenges, 2004, p.15.

② OECD, *OECD Work on Education*, 2005–2006, p.6.

③ Roberta Malee Bassett, International Organizations and the Tertiary Education Sector: Understanding UNESCO, the OECD, and the World Bank Linking-pin Organizations, in: Felix Maringe and Nick Foskett (Eds.), *Globalization and Internationalization in Higher Education: Theoretical, Strategic and Management Perspectives*, Continnum, 2010, p.283.

以分为以下四个阶段。

第一阶段是1950—1970年间的早期数据收集阶段。这一时期由于全球范围内“冷战”的存在，军事科技、原子弹技术和太空研究充斥着各个领域，当然也包括教育政策在内。OEEC和后来的OECD参加了东西方阵营的竞争，为了适应这一社会背景，这一时期OECD为科学教学目的出版了诸多研究材料。20世纪60年代，OECD的主要工作可以归结为收集材料，准备国别报告，但是后来这一阶段的数据收集被称为“灾难性数据阶段”，因为这些数据大多源于二手、缺乏可信性和及时性以及并不具备比较价值。①而这一时期OECD的主要出版物为《教育规划的方法和统计需要》，这个通常被称为“绿皮书”。尽管这种基于统计和指标的教育规划对于教育政策的分析因为太过简单而备受批评，但绿皮书对成员方仍然起到了一定的借鉴作用。可以认为，这个阶段是OECD开始尝试编辑统计数据的开始，尽管这期间的工作从某种角度讲并不合格，但最重要的一点是OECD从这个时候起找到了对其他国家教育政策施加影响的正确途径。

第二阶段是20世纪70年代的教育社会目标和教育复兴阶段。事实上OECD在这一时期的教育活动基本是前一阶段的延续，并没有体现过多的差别。由于1973年爆发的石油危机，OECD的成员方减少了，OECD面临更深层次的经济和社会问题，这也直接影响了教育委员会的预算。在这一时期OECD的教育政策更多地强调教育的社会目的和教育平等理念。其讨论主题包括教育与学校、教育与工作、生活、创作力以及教师培训等方面。1978年，OECD的教育委员会举办了第一次部长级会议，并重申了其在这一时期的教育政策。这一时期最重要的成果在于，与上一个阶段的报告不同，这一时期OECD有关教育的报告和数据分析稍显系统化，其推出的出版物《教育年度分析》较之之前不规律的出版

① Kerstin Martens, How to Become an Influential Actor – The “Comparative Turn” in OECD Education Policy, in: Kerstin Martens, Alessandra Rusconi, et al. (Eds.), *New Arenas of Education Governance: the Impact ofInternational of Organizations and Markets on Educational Policy Making*, Palgrave Macmillan, 2007, p.45.

物进一步具体化了。

第三阶段是 20 世纪 80 年代的集中出版物阶段。这一阶段 OECD 试图回应西方工业社会经济和社会的复苏。这一时期 OECD 仍然关注教育平等的议题，并出版了若干这方面的研究。但在这一时期 OECD 承受了来自成员方的巨大压力，这种压力主要来自美国，由于美国欲将本国对教育政策的认知推行到世界范围，它要求 OECD 有针对性地对教育投入和产出、教育成本和财政支持以及就业、雇佣趋势等相关信息进行收集和分析，并要对成员方进行基于指标的比较研究。[①] 尽管当时的许多 OECD 成员方对美国的这些要求持忽视或抵触情绪，但事实证明，OECD 在后来的研究中确实偏向于这些主题。这一时期 OECD 出版了若干教育体系国际指标和评估报告。这一行为的最初原因虽然是 OECD 受到外力驱使，不得不改变其参与世界教育规制的方式，但客观结果却使得 OECD 逐渐形成了独立的，并且是独特的影响成员方教育政策的方式。

第四阶段是 1990 年至今的扩大影响阶段。20 世纪 90 年代随着苏联的解体，东欧各国开始靠近 OECD，这使得 OECD 最终增加了成员方数量并且扩大了其影响力。这一时期终身学习、信息时代以及高等教育的概念受到 OECD 的重视，通过各种指标研究、数据收集和比较以及对质量的监控，OECD 出版了许多评估研究，这些都使得该组织的影响力慢慢渗透到成员方的教育政策中。OECD 一系列更加系统化的活动都围绕着一个观点进行，即教育需要为人力资源服务，OECD 在 2005 年的报告中对这一观点进一步陈述如下："现在国家的繁荣很大程度上依靠于本国的人力资本。为了在瞬息万变的世界竞争中赢得先机，个人需要终生的不断学习以提高自身竞争力。所以，教育需要牢牢把握这个基础，培养人才，增强其竞争力。"[②] 这一阶段 OECD 通过一系列活动进一步阐明了其看待教育的立场：教育是促进经济增长的主动力。

---

① Stavros Moutsios, International Organizations and Transnational Education Policy, *Compare: A journal of Comparative Education*, Vol. 39, No. 4, 2009, p.473.

② Ibid, p.477.

也正是在这一时期 OECD 推出了其最为著名且影响深远的“国际学生评估项目”（PISA），而这个阶段推出的年度出版物《教育一瞥》（*Education at a Glance*）也成为其最为卖座的研究成果。除了上述单独的活动，这一时期 OECD 已经意识到教育政策全球化的趋势和国际组织在影响国家教育政策方面的重要作用，因此在质量监控领域，它与 UNESCO 通力合作，进行调查问卷，并最终制定了《跨境高等教育质量准则》。可以说这个阶段 OECD 确立了其教育国际化背景下影响教育规制的领头羊的地位，并且这种影响力在进入 21 世纪后更加明显，远未结束且结果难以预料。这也是 OECD 的教育政策越来越受到国际社会关注的原因。

对高等教育的突出关注始于 OECD 教育政策的第四个阶段。关于高等教育，OECD 更加强调其繁荣经济的作用，并且直接或间接地希望实现教育贸易的市场化和自由化。2006 年时任教育部门负责人的伊辛格（Barbara Ischinger）意识到高等教育的国际化贸易在一些国家已经几乎达到了类出口产业的水平，高等教育的贸易规模不容忽视。她呼吁高等教育的研究者和政策制定者不要局限于国家和区域的范围，而应着眼于全球，因为目前为止不受教育全球化影响的大学或教育体系几乎已经不存在，因此调整思路思考高等教育的产出问题不失为一种明智的方法。①

OECD 对高等教育的研究角度侧重于影响高等教育的市场动因上。OECD 承认国家或者政府是高等教育市场的主要参与角色，但并不是唯一的，因为随着教育私有化的出现，教育的提供者并不仅限于政府机构，因此从供给方而言事实上存在竞争。在进行分析时，OECD 还非常注意对具体词语的使用，比如“供给和需求”“利益相关方”“投入和产出”等，通过这些语言上的描述，OECD 刻意将高等教育与经济发展相关联。与具体的成员方或非成员方不同，OECD 并不承载过多的历史和文化的羁绊，因此在

① Roberta Malee Bassett, International Organizations and the Tertiary Education Sector: Understanding UNESCO, the OECD, and the World Bank Linking-pin Organizations, Felix Maringe and Nick Foskett (Eds.), *Globalization and Internationalization in Higher Education: Theoretical, Strategic and Management Perspectives*, Continnum, 2010, p.284.

教育政策的制定上更加灵活和游刃有余，可以将对教育政策的理解直接置于教育国际化背景之下进行。

在上述研究重点上，OECD 主要通过五种活动来实现对高等教育政策领域的研究。它们是：①对不同国家高等教育政策进行评估；②时刻关注高等教育的国际化和贸易动向；③加强对高等教育机构管理的研究；④强化对高等教育领域的指标研究；⑤构建未来大学发展的前景。并且 OECD 分别从微观和宏观的角度、高等教育市场中供方和需方的角度以及国内市场和国际市场的角度对高等教育市场进行研究，通过这些活动 OECD 为当今高等教育的国际化提供了众多重要的信息和数据，而这些信息不仅逐步被成员方或非成员方接受，并且事实上逐渐渗透到这些国家国内教育政策的制定中。

（三）OECD 如何通过政策或价值导向进行规制：国别报告和比较视角下的主题研究

在认识到教育对经济发展的贡献这一点上 OECD 与 GATS 的目的有相近之处，但其两者对教育规制的路径却显著不同，这是因为尽管根据 OECD 公约第 5 条规定，其可以做出对成员方具有约束力的决定（Decision），但是由于 OECD 缺乏有效的执行和惩罚机制，使得这一条规定的字面意义显然大于实际意义。然而，诚如上文所述，这个劣势并没有影响到 OECD 作为全球化背景下规制教育的领头军地位，相反，OECD 成员方以及众多研究者和政策制定者均承认 OECD 在教育规制方面有着非常重要的影响力，并且对其独特的方式进行了仔细的研究。[①] 在分析其影响方式时，有两方面的内容受到了极大的关注，首先是 OECD 进行研究的内容——国别报告和主题研究，其次是与主题研究内容相配套的比较视角，这两方面的结合是 OECD 对成员方或非成员方教育政策发挥影响力的重要途径，也是其区别于 UNESCO 和 WTO 的最大特征。

国别报告和主题研究是 OECD 进行教育规制的重要工具。国

---

① Risto Rinne, Johanna Kallo et al., Too Eager to Comply? OECD Education Policies and the Finnish Report, *European Education Research Journal*, Vol. 3, No. 2, 2004, p.462.

别报告的着眼点在于某一个国家，而主题研究聚焦于某一个主题，可以包括一个或多个国家，两者的相同点在于它们均是建立在成员方或非成员方自愿参加的基础上的。

1. 国别报告

一般而言，国别报告分为三个步骤：首先是准备阶段，由参与报告的国家与 OECD 协商研究主题，并由该国提交一份与之相关的本国国内教育政策背景报告。其次是由 OECD 派出的观察员亲自拜访参与国，这些研究员的组成可能是教育领域的专家或行政机关的工作人员，他们负责实地考察，然后根据上一阶段该国提供的背景报告和自己的观察结果，形成一份新的报告。这份报告会在接下来的评论会议中得到参与国和 OECD 相关部分人员的充分讨论。通常在一年之内 OECD 会公布此次国别报告，其中会包含所有这些阶段的最终成果。从 20 世纪 90 年代后，OECD 又在上述基础上追加了一个阶段，即要求参与国在两年后再次进行报告，以表明哪些意见得到了执行或取得了哪些进步。[①] 自 1964 年 OECD 对爱尔兰做了第一份国别报告以来，成员方不断参与到国别报告中，陆续包括瑞典、意大利、澳大利亚、荷兰、德国、法国、日本和美国等。

国别报告受到了广泛关注，是有其存在理由的：一方面，OECD 需要搜集和了解其成员方或非成员方内的教育政策信息、现状以及存在的问题。国别报告能够实现这一目的，并且帮助 OECD 实现国际合作。不仅如此，国别报告的追加程序还从国家实践层面进一步验证了 OECD 的教育政策的效果。另一方面，OECD 最终公布的报告往往在成员方之间引起广泛讨论。一些国家将这些报告作为国内教育政策合法化的依据之一，同时其他国家也可以从这些报告中获得更多的信息。总之，OECD 的国别报告为成员方或非成员方国内层面的政策抉择提供了指引。

---

① Kerstin Martens, How to Become an Influential Actor – The "Comparative Turn" in OECD Education Policy, in: Kerstin Martens, Alessandra Rusconi, et al. (Eds.), *New Arenas of Education Governance: the Impact of Iinternational of Organizations and Markets on Educational Policy Making*, Palgrave Macmillan, 2007, p.50.

2. 比较视角下的主题研究

尽管在 20 世纪 70 年代仍然有一些国家还在参与国别报告，但是到了 80 年代，国别报告不再受到 OECD 成员方青睐，参加过一轮报告的国家不再重新参加报告。这主要有两个原因：首先是各个成员方事实上均有自己国内层面的教育评估机制，OECD 做出的国别报告并没有比这些国家国内的评估机制显示出更多的优越性；其次是成员方逐渐认识到 OECD 国别报告的内容往往仅关系到被报告国教育政策的某一方面，在评价某一国家整个教育体系上并不系统和完整。这一状况一直持续到 90 年代主题研究的出现。事实上主题研究还是有关成员方或非成员方教育情况的报告，但区别于之前单独的国别报告，主题研究采取了比较的视角，即围绕某个或某些主题，强调国家之间的比较研究，并且进行排名和统计。随着这个新方法的应用，主题研究在 OECD 成员方中非常盛行。从 90 年代末开始，几乎每一个成员方都参与过至少一次主题研究。

主题研究之所以如此受到欢迎，除了由于参与国的增加可以分摊成本，最重要的是，其最后公布的报告内容不再局限于某一个国家教育政策的某一个问题或者仅仅某一个国家的教育体系问题，而是多个国家在相同主题下的比较分析。这个结果使成员方能够在国际比较的视角下重新认识本国教育政策，并且通过比较寻找到解决问题的更好途径。这种国家层面的比较压力，使得成员方之间形成了对教育政策的借鉴和吸收，而这一点正是 OECD 发挥其跨国影响力的重要结果。

三、小结：OECD 模式的特点

OECD 规制各国高等教育的方式可以被称作政策或价值导向的竞争型规制。如果说这一点在早期数据收集和发布国别报告的阶段体现得还不明显的话，那么在发布各类评估项目报告和通过比较来进行的主题研究报告时就十分明显了。这样一种规制建立在各个成员方乃至非成员方在高等教育领域的竞争心理和环境的基础之上。任何国家想要在高等教育市场上占据优势或提高名次，都绕不开对 OECD 这些数据信息的参考，而这也正式成为评判一国高等教育质量和能力的权威标准。因此，尽管 OECD 对其成员方的国内教育政策并没有法律意义上的决定权，但其通过比较的主题研究已然达到了影响成员方教育政策的制定，并逐渐形成高度统一的结果。OECD 这种政策和价值导向的巨大力量存在于其对信息的处理中，表现在各种出版物、数据分析、指标排列、国别报告和主题研究等方式中，而这种活动是 OECD 对教育进行规制的最主要方式。正如有的学者指出的，OECD 尽管没有有力的法律工具推进其教育政策，但正是 OECD 这种貌似宽松的、间接的、“软法性的”方式是其参与全球化教育规制中最强有力的工具[①]，并使得 OECD 在全球教育规制方面的影响力甚至远远超过了一般的国际组织。这说明，OECD 的活动看上去没有任何拘束力，对高等教育的规制方式是柔性的，但事实上却具有很大的导向性。

此外，这种评估看上去具备客观的色彩，但其实其研究主题、评估标准都带有强烈的政策或价值导向。以《教育一瞥》为例，其涉及高等教育的统计和比较的对象参数包括了“接受高等教育的人口比例”“父母教育水平较低的学生接受高等教育的比例”“高等教育的公共成本与收益”“教育机构的费用占 GDP 的比例”“高等教育工作者相较于全职工人薪金水平的倍数”“国际教育市场份额的比重”（高等教育中外国学生的注册率）等。这些标准都带有明确的经济化倾向，它是将高等教育作为一种需要考虑投入与产出的产品来对待的，而这又是与 OECD 关注的核心即经济发展密不可分。这说明，OECD 规制高等教育的价值内核与 GATS 十分相近，都是市场化，只是 OECD 政策的核心在于追求人力资本的发展，重心更加放置在高等教育与经济发展的联系上。[②]

---

① Alberto Amaral and Guy Neave, The OECD and its Influence in Higher Education: A Critical Revision, in: Roberta Malee Basset and Alma Maldonado-Maldonado (Eds.), *International Organizations and Higher Education Policy: Thinking Globally, Acting Locally?* Routledge, 2009, pp. 86-91.

② OECD, Progress and output results of the Programs of Work 2002 to 2006: Meeting of OECD education chief executives, 22-23 September 2005, Copenhagen, 2005.

第三章　相关国家的高等教育国际化实践

在高等教育国际化的背景下，国际组织在高等教育政策的制定和引导方面起到了越来越重要的作用，并且通过不同的方式影响着不同国家的国内教育法律、法规或政策的制定。但是，由于每个国家的价值理念、现实因素以及体制结构的不同，它们在受到国际组织影响的方式与程度方面皆有不同。一个国际组织可能对于某个国家的影响力非常大，但这种影响却可能在另一些国家的国内高等教育政策中并未得到充分或明显的体现。本章的主旨在于，分别对高等教育国际化背景下代表性国家对高等教育的国内规制实践进行归纳、分析，并在此基础上总结和提炼出国家承担高等教育国际化义务的一般准则。在此，我们选择了美国、德国和印度三个国家作为代表。作为超级大国和高等教育贸易自由化的主要鼓吹者，美国在国内规制实践中却呈现出保护主义的一面。作为教育体制特色鲜明的西方发达国家和传统高等教育强国，德国面对高等教育自由化的强势潮流在进行艰难转型的同时也力图维系自己的理念。作为同为发展中国家的大国，印度在主动适应高等教育市场国际化和参与国际组织的同时也显现出踟蹰和困顿。美国、印度和德国分别代表了高等教育的输出国、输入国（印度也存在教育输出情况，但总体而言其属于教育输入国）和出入平衡国。它们从不同的角度和层面对于中国高等教育国际化路径的选择与制度的完善，尤其是对于如何平衡和协调“主权”“人权”与“市场”（贸易自由化）三者的关系，都有着一定借鉴意义。

第一节　霸权例外主义：美国的实践

一、美国高等教育国际化概述

从历史角度看，美国现行的高等教育理念是古典的自由教育（liberal education）衰落后的产物。所谓“自由教育”，是指“使得思维免于大众的奴役和庸俗的自利的教育方式”[①]。这种自由教育无疑是一种精英教育，主要是对个体独立思想与自主精神的培养。但随着自由教育的衰落与功利主义思想的兴起，对于消费主义、职业主义的普遍激情开始膨胀，随之是高等教育规模的急速扩张。[②]而世界进程中的全球化同样带来了大众化的压力和私人领域的成长。[③]因此，高等教育的大众化、私人化和消费化构成了对高等教育国际化的一个内在说明。美国国内对高等教育国际化的理解主要始于20世纪60年代，在这之前美国政府对教育领域的关注背后多体现出美国和苏联两个大国进行“冷战”的背景，其并未意识到教育国际化的重要作用，特别是在高等教育领域的作用。“冷战”结束后，由于世界政治经济发展逐渐趋于稳定，美国

---

① Everett Dean Martin Martin, *The Meaning of a Liberal Education*, New York：W.W. Norton, 1926, p.8.

② Katherine E. Chaddock and Anna Janosik Cooke, Endurance Testing：Histories of Liberal Education in U.S. *Higher Education*, *Higher Education*：*Handbook of Theory and Research*, Vol.30, Springer, 2015, p.234.

③ Philip G. Altbach, Globalization and The Universities：Myths and Realities in an Unequal World, *Tertiary Education and Management*, Vol.1, 2004, p.1.

政府开始重新思考教育的国际化问题，并分为两个阶段，这两个阶段由于各种思想和政策的交织，从时间上并未有截然明显的划分，其划分标准更多地强调其看待教育国际化的角度。

在第一个阶段，美国看待教育国际化的角度还停留在国内思维层面，或者说具体问题层面，比如国际化的课程设置、国际化的教材、语言、学生的流动、老师的授课方式等。这一时期美国国内对教育的规范主要表现在以下几个法律文件中：20 世纪 60 年代的“伟大的社会”（Great Society）政策奠定了后来有关教育立法的主要政策方向和基础，这一政策涉及了高等教育，随后美国在高等教育领域先后出台了《1963 年高等教育法案》《1965 年高等教育法案》《1966 年国际教育法案》。这三个法案是“伟大的社会”政策的具体落实，其为支持美国当时国内高等教育的发展提供了法律依据。其中在国际教育法案中初步提及了美国对待国际教育的态度，即“要加强美国的国际教育合作能力建设，促进老师和学生的国际交流，支持发展中国家的教育项目，以及为加强国际层面理解构建桥梁”。[①] 这个法案的目的在于加强美国大学在国际学习和研究方面的力量，主导对他国和世界教育事务的研究，这个法案在美国的教育国际化规制中有着重要的作用，因为它既是美国政府开始从法律层面重视教育国际化的开始，也已经隐约表达了美国将自己定位在教育国际化领导者地位的初步意图。

第二个阶段主要是国际思维层面，随着教育全球化的不断发展以及有关这方面研究的增多，美国将看待教育国际化的视角从国内层面转变到国际层面。在诸多的研究者中，比较重要的观点之一是认为教育国际化是一个过程，在这个过程中需要考虑不同的利益的问题，进而如何在国内层面实现教育国际化。[②] 与之相近似的观点是一个国家的教育国际化不仅仅需要包括课程国际化、师生互换、项目合作等方面，还需要国家在国际化背景下摒弃民

---

① Michael B. Smith, Finding Leadership for the Internationalization of U.S. Higher Education, *Journal of International Education and Leadership*, Vol. 2, Issue 1, 2012, p.5.

② Jane Knight, Higher Education in Turmoil: the Changing World of Internationalization, Sense Publisher, 2008, pp.1–19.

族教育意识，从全球化层面承担明确的承诺和制定相关的标准。[①]也就是在这个阶段，美国认识到本国的服务贸易比较优势，确定了将教育作为服务内容之一推动其在全球的自由化贸易，并且美国将自己定位在全球教育服务贸易规则制定者和领导者的地位。在国内教育规制方面，美国对《1965年高等教育法案》不断修订，至2012年其对该法案的修订已达8次。[②]该法案最重要的作用是为美国高校解决资金问题做出了详细规定，并且这种规制是建立在市场机制的基础上，这也为美国大学在整个国际教育贸易市场中保持了良好的竞争优势。

美国作为教育贸易的主要输出国，是推行贸易自由化的急先锋，这一事实在国际社会已经是公认的事实。然而，美国对国内高等教育的上述规制却鲜少反映其在推行教育贸易自由化时所宣言的自由原则，它对国内教育市场的这种保护受到许多国家的质疑。因此，国际社会评价美国在用双重标准推行全球贸易自由化：对他国的贸易自由化要求和对本国的贸易保护主义。在教育国际化的背景下，美国对待上述三个国际组织的态度可以总结为：以退出和不缴会费要挟UNESCO，利用WTO/GATS规则推行教育可贸易化的观点和对OECD数据的无视，而这些表现的背后均体现出美国在教育贸易化方面唯一的标准就是国家利益。

二、美国对于高等教育国际规制的应对

（一）美国如何面对UNESCO：要挟

美国是UNESCO的创始国之一，美国通常会表现出与UNESCO良好关系，但当UNESCO不能反映美国利益时，美国会选择交替运用“退出”和“不缴会费”的方式来表明反对的立场。

---

① Hans de Wit, Internationalization of Higher Education in the United States of America and Europe: a Historical, Comparative, and Conceptual Perspective, Greenwood Press, 2002, p.111.

② 冯骊：《美国联邦〈高等教育法〉立法40年回顾》，载《河南大学学报（社会科学版）》2007年第3期。

第一种方式是“退出”。第一次退出是在20世纪70年代，其根本原因是那一时期UNESCO致力于建立新的国际经济秩序，而这种国际经济新秩序被美国视为对本国在全球经济主导地位的威胁，因此，其宣布退出UNECSO。第二次退出是在1984年，这次退出持续了20年，一直到2003年美国才重新回归UNESCO。[①]1983年12月，美国国务院知会当时的UNESCO总干事、塞内加尔人阿马多－马特尔·姆博尔（Amadou-Mahter M'Bow），从1984年12月开始，美国将终止在这一组织的成员资格。当时主要原因有两个。一是其认为UNESCO的活动过于政治化了，包括抨击以色列和将人权的定义从西方式的个人权利转变为集体人权。第二是因为其认为UNESCO存在管理失误、费用超支等问题。直到2002年9月，布什总统在联合国大会上发表演讲宣布美国将重返UNESCO。他指出，这一组织已经经过改革，而美国将“充分参与UNESCO委员会以促进人权、容忍和学习”[②]。美国于2013年12月正式重新加入UNESCO。第二种方式是“不缴会费”。按照《联合国宪章》规定，会员国按国民生产总值的多少分摊会费，美国交纳的会费占到UNESCO总会费的22%。这一费用是从美国的国际组织费用（CIO）账户中支取的。美国同样也会通过国际组织和项目账户（IO&P），有选择地自愿对UNESCO的项目［尤其是政府间海洋学委员会（IOC）以及世界遗产基金］进行定向捐助。这两个账户都是美国国务院依据《外务及相关项目拨款法案》设立的。从表5可知，从2003—2012年财政年度，美国每年分摊的会费为7000万—8400万美元。同一时期的每年自愿捐助为84万—189万美元。虽然在1984—2003年美国不属于UNESCO的成员方，但它还是继续通过国际组织和项目账户提供了自愿资助。

---

① Steven J. Klees, UNESCO vs. World Bank: the Struggle over Leadership in Education, *UNESCO without U.S. Funding? Implications for Education Worldwide*, Centre for Evaluation and Education Policy, 2012, p.4.

② Statement by President George W. Bush, 57th U.N. General Assembly, September 12, 2002.

表 5　美国承担的 UNESCO 会费（财政年度：2003—2012）[①]

（单位：百万美元）

时间	2003年	2004年	2005年	2006年	2007年	2008年	2009年	2010年	2011年	2012年
分摊会费	0.00[a]	84.14	76.75	70.92	73.48	77.62	75.94	80.92	78.83	0.00[b]
自愿资助	1.75	1.89	0.84	0.99	0.99	0.99	1.00	1.00	1.85	0.00

a. 美国于 2003 年重返 UNESCO，但直到 2004 财政年度才承担分摊会费。

b. 因不缴会费，美国在 2011 公历年没有向 UNESCO 支付任何分摊会费，而这原本是应该从 2012 财政年度的国际组织费用账户中提取的。

美国于 2012 年不缴会费（包括分摊会费与自愿资助）的起因是 UNESCO 于 2011 年 10 月召开的大会决定接纳巴勒斯坦为正式成员。而这么做的根据是美国国内立法上的两个条款。一个是 1994 年和 1995 年的《外事关系授权法案》（P.L. 103-236）第 410 条。它规定美国不得向“联合国的任何附属机构捐款，如果它将只有国家才能承担的成员资格赋予任何不具有被国际认可之国家资格的组织或团体的话”。另一个是 1990 年和 1991 年的《外事关系授权法案》（P.L. 101-246）。它规定“本法案或任何其他法案所授权拨付的任何基金都不得用来资助联合国或任何特定组织，如果它们赋予巴勒斯坦解放组织与成员国一般的地位的话”。美国是具有完整投票权的国家。[②] 美国为了抗议 UNESCO 接纳巴勒斯坦的决定做出不再交纳会费的决定。虽然不缴会费并不等于退出，但它一直不缴会费就失去了在 UNESCO 的投票权。因为根据《联合国宪章》第 4 条的规定，如果欠缴的会费总额超过当年和随后一年应缴会费总额，成员方就将丧失在大会的投票权。

无论美国退出 UNESCO 和不缴会费的理由如何，其背后的真正原因是美国原本意图控制联合国的决策权，并且把联合国

---

① 资料来源：Luisa Blanchfield and Marjorie Ann Browne, *The United Nations Educational, Scientific, and Cultural Organization (UNESCO)*, Congressional Research Service Report for Congress, March 18, 2013, p.12.

② 美国是 UNESCO 各个统治机构的成员，包括执委会、政府间海洋学委员会执委会、国际水文计划政府间委员会。

当作实现自己目标的工具。利用全球性国际组织谋求美国在国际文化领域的主导地位，进而推进美国的国际文化战略，本就是当年美国筹划建立联合国教科文组织的主要动因。但在主导建立联合国教科文组织之后，美国却无法控制联合国教科文组织的运转，更无法将联合国教科文组织作为推进美国国际文化战略与对外政策的工具。[①]所以，把联合国当作一个其在世界范围内进行势力渗透的工具，进而推行美国政策和维护美国利益的机构的目的并未实现[②]。美国以退出和不缴会费的方式来对UNESCO进行要挟的行为恰恰印证了全球化经济背景下美国对待国际法和国内规范或者说国内利益的一贯观点——国家主义观点。这个观点认为全球化已经渗透到了国家政治、经济生活的方方面面，但其不应当影响国家（美国）利益和政治独立。在看待国际组织的规定对国内规范的影响时，其认为国际组织所做的任何规定都不应当改变国际关系中的法律本质和国家的行为方式，而国际层面任何法律规定和行为方式都是国家利益的体现，因此，全球化背景下的国际组织规范不能损害国家利益。[③]美国学者米雅斯海默（John Mearsheimer）更进一步从国际法与国际关系的角度阐述国家主义的观点。他认为国际组织反映的是世界政治力量的分布，由于国际组织由各个国家组成，因此当国家认为一个国际组织可以反映其利益时才会加入并一直保持其成员方的地位，而国际组织的权利来源于这样的一个个国家，因此其并不能对国家行为产生独立的影响。总之，在国际法、国际关系与国家的这个体系中，“利己”的目的贯穿始终，并且国际法并不能有高于一国的国内规范或行为的效力。[④]

---

① 具体参见舒建中：《美国对外政策与联合国教科文组织的建立》，载《史学集刊》2014年第6期。

② 任毓骏：《美国和联合国教科文组织的恩怨》，http：//www.people.com.cn/GB/guoji/24/20020916/823162.html，2015年12月9日访问。

③ Adriana Sinclair and Michael Byers, *When US Scholars Speak of "Sovereignty", What Do They Mean?*, TranState Working Paper, No. 44, Transformations of State, Collaborative Research Center 597, 2006, p.2.

④ John J. Mearsheimer, The False Promise of International Institutions, *International Security*, Vol. 19, No. 3, 1994, p.7.

在这种基调的基础上，美国国内一些批评者认为，UNESCO的活动并没有影响到美国的政策（包括高等教育领域的政策）。他们建议美国应当将更多的资源用于更能照顾美国特权的双边项目，而不是UNESCO这种多边机制。他们强调美国通常承担近1/4的UNESCO费用，但在大会上也只有一票，因而花的钱与影响力不成比例。此外，也有人对于UNESCO历史上的反美倾向和其活动的有效性等提出了质疑。当然，也有学者认为UNESCO在全球化议题中扮演重要角色，而美国对其中的很多议题在策略上都是优先考虑的，这些策略中也包括教育在内。他们认为美国参与和资助UNESCO能让美国影响它的财务和活动，有助于美国在诸如中东这样的特定地区实现自己的外交政策目标。如果美国不参与，其他国家就会影响UNESCO项目的范围和方向，而许多国家的想法和美国并不一致。[①]但无论是支持还是反对，美国采取退出和不缴会费做法的着眼点都在于如何扩大美国在国际社会和国际事务（包括全球高等教育状况）方面的影响力，差别只在于采取何种方式。至于美国国内的政策，包括高等教育政策与UNESCO的规范之间的关系，压根就不是他们考虑的问题。这也说明，至少美国并没有考虑在UNESCO规范的框架下去如何调整自己的高等教育政策。相反，一旦UNESCO的实践与本国的意识形态和政策不符时，美国就会采取以上两种手段来进行要挟或警告，尽管实效如何是另一回事。

（二）美国如何面对GATS：利用

美国在世界多边贸易体系中最为重要的特点是双重性：一方面美国希望通过建立多边的贸易体系和规则使得其他国家受到约束，通过设立一个特殊的国际机构让其他国家在贸易自由化方面受到约束进而保证其在世界经济秩序中的领导者地位；另一方面，美国在保护自己国内的贸易市场时，则并不欢迎多边贸易体系的约束。也因为此，美国在贸易谈判中一边秉承“自由主义”的观

---

① 具体参见Luisa Blanchfield and Marjorie Ann Browne, *The United Nations Educational, Scientific, and Cultural Organization（UNESCO）*, Congressional Research Service Report for Congress, March 18, 2013, p.15。

念，对外要求其他国家开放市场，加强全球贸易自由化，一边出于对国内管制失控的担心，对内坚决维持贸易保护主义的立场。美国的这个双重标准在 GATS 的教育谈判中表现得淋漓尽致。

从 20 世纪 70 年代开始，美国逐渐意识到在工业产品方面德国和日本已经是其重要的竞争对手，而新兴工业国在劳动密集型产业方面的竞争力也与日俱增，而美国的比较优势存在于知识密集型产业和服务产业，而当时这两个产业均属于各国国内规范规制的范围，这是美国在这两个产业进入他国市场的最大贸易障碍，因此在 80 年代，美国就已经试图将这两个产业纳入东京谈判。① 最终，美国主导了乌拉圭回合谈判，成功促成 WTO 的成立，更为重要的是将服务贸易协议也作为一揽子协议包含在世界贸易体系的框架中。美国是 GATS 教育谈判中提交议案的四个成员方之一，其议案的主要目的在于为美国的教育贸易打开国际市场。议案首先说明成员方政府必须保留对教育活动的规范权力以便满足本国的政策目标，因此教育活动在很大程度上仍属于政府规制范围。美国的议案呼吁促进高等教育、成人教育和其他教育中的私人教育发展以便作为公立教育的有益补充，而非替代。然而，在提交议案后美国政府就将此搁置一边，却着重强调 GATS 尚未覆盖的教育领域，比如初等和中等教育、公立教育的私有化、无歧视地扩大对外国投资者的补助等议题。无论如何，美国在教育服务方面的立场很明确，即一方面美国视教育是贸易自由化的一个极为重要的产业，另一方面其在其他国家进入美国本国的教育市场时设置了非常多的障碍。

在 GATS 有关的教育承诺中，与美国积极推进贸易自由化的事实相反，其对教育服务的自由化承诺水平相当低。相比较其他成员方在教育部门的承诺，美国在教育服务部门中仅仅承诺开放两个部门，即成人教育和其他教育，对于高等教育压根没有作出承诺。这一点似乎反映出美国并不愿意促进本国教育贸易的自由

① W. J. Drake, and K. Nicolaidis, Ideas, Interests, and Institutionalization: Trade in Services and the Uruguay Round, *International Organization*, Vol. 46 (1), 2003, p.98.

发展。但事实上，美国在全球的教育贸易活动中占据了非常大的份额，它也一直特别强烈地要求他国为本国教育服务提供者开放私人教育市场。根据表1统计，从2008—2013年美国的教育贸易出口额逐年稳步递增，尽管其进口额也在同一时期表现出增长趋势，但其递增率明显低于教育出口额。两者相比较，美国属于教育净输出国，根据WTO官方最新统计数据，美国教育相关贸易出口额在2013年达到272.41亿美元，而同年的教育相关贸易进口额为64.9亿美元，是典型的教育输出国。教育出口位列前三的对象国是中国、印度和韩国。[①]在美国的出口创汇部门中，教育部分列第五位，仅次于旅游、交通运输、金融服务、职业技术服务。

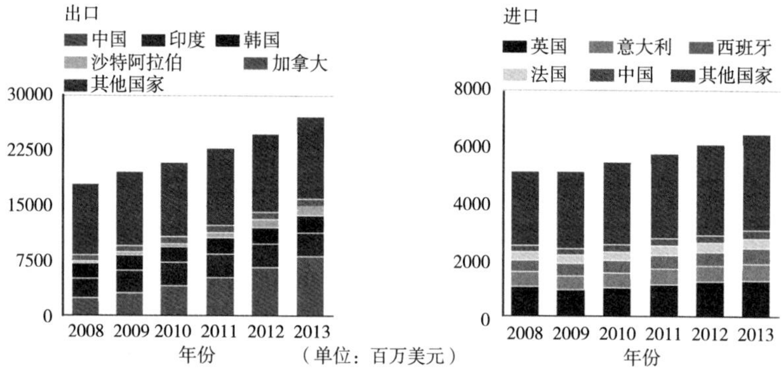

图2　近年来美国高等教育进口额和出口额

就GATS规定的几种贸易支付方式而言，境外消费一直是美国高等教育创收的重心。从20世纪50年代至今，在美国的国外留学生人数一直在稳步增长，来自中国、印度、韩国、日本等亚洲国家的留学生占据了前几位。外国留学生的到来繁荣了美国的经济。例如，在2000—2001学年，75%的留学生是自费或者由来自海外的资金资助的。据美国国家外国留学生顾问协会（NAFSA）

① 见WTO官方统计数据，http：//i-tip.wto.org/services/ChartResults.aspx，2015年12月9日访问。

的估计，外国留学生及其随行人员的花费在同一年超过 110 亿美元。[①]美国在高等教育市场中具备竞争力依赖于很多要素，最主要的原因在于其教育的质量和灵活性。[②]虽然美国至今仍旧是首屈一指的高等教育出口国，但在国外留学的市场份额中却呈现下降的趋势。据美国官方分析，下降的原因包括学生签证手续烦琐、在美国留学成本昂贵以及美国政府为外国留学生提供的奖学金持续下降等。[③]美国政府为了提升其在高等教育国际领域的影响力也采取了一系列措施。早在克林顿政府时期，联邦政府就出台了鼓励外国留学生前往美国学习的“国际教育政策”。[④]美国国务院教育信息和资源司以及美国商务部商业服务司在助推联邦政府采取项目活动以增加国际留学生注册率方面曾扮演最为积极的角色。但在“9·11 事件”之后，国家安全部门担心国内高等教育的国际化速度过快会增加恐怖袭击的概率。所以就整体而言，开放国内高等教育动力的减弱也导致了更为强调通过跨境支付和海外商业存在的方式来提升美国教育服务的触角。事实上，远程教育尽管在美国教育出口的整体份额中所占比例尚小，但一直在稳步增长，成为美国外贸政策的核心关注点之一。

总之，美国在高等教育领域的谈判目标就在于在增加美国对于国际市场的准入的同时保护其国内利益。这种趋势通过国家安全考量和强有力反对打开美国教育市场的国内联合会的发展而得以强化。关于 GATS 贸易自由化的争议使得美国高等教育共同体分裂为两个阵营。一个阵营是晚近出现的营利性教育机构，它们主要感兴趣于通过跨境支付、商业存在和自然人流动来提供教育

---

① 见 NAFSA 官网，http：//www.nafsa.org/content/PublicPolicy/Dataon International Education/econ Bebefits.htm，2015 年 12 月 9 日访问。

② See R. Lawrence，How Asian Students Buy Education，*International Educator*，Summer，1997，pp.18–19.

③ US Department of Education（2000），*Strengthening the US Governments Leadership in Promoting International Education*：*A Discussion Paper*. November，2001，http：// www.ed.gov./offices/OUS/PES/discussion_paper.html，2015 年 12 月 9 日访问。

④ M. Schneider，*Others Open Doors. How Other Nations Attract International Students. Implications for US Educational Exchange*，2000，p.7，http：//exchanges.state.gov/iep/execsummary.pdf，2015 年 12 月 9 日访问。

服务。1999 年，一些知名的私人教育服务提供者一起创立了国家国际教育贸易委员会（NCITE），附属于美国服务产业联合会。它游说美国政府在 GATS 框架下通过谈判来为美国教育服务寻得更多的海外市场准入机会。但这一组织更关心美国高等教育服务对国外市场的准入而非美国教育市场的自由化。原因很简单：很多 NCITE 的成员都享受着美国政府的高额补贴。另一个阵营是美国传统的大学组织，它们明确表达了对 GATS 的反对。传统大学组织主张，即使离开 GATS 的自由贸易框架，美国教育机构也存在巨大的贸易顺差优势。GATS 不可能给美国带来更多的教育贸易收益。相反，它们担心一旦受制于 GATS 规则就会丧失机构的自治，并且认为 GATS 是对高等教育政府补贴的威胁，担心教育管理的集权化会潜在地将教育服务谈判权转入联邦政府之手。所以，它们致力于美国高等教育保护现有的规制、补贴和管理环境。尽管这两个阵营强调的方面不同，但却有一个共同点，那就是限制外国教育服务提供者进入美国国内的教育市场。①

一言以蔽之，与其说美国在 GATS 框架下的谈判立场是促进国内外市场的“贸易自由化”，不如说其更关心美国教育机构对于海外市场的“市场准入”。因此，尽管美国非常积极地推进教育领域的贸易自由化，并视 GATS 为其扩大国际教育贸易市场份额的良好机会，但美国在 GATS 中的谈判立场和承诺结果却再一次显示美国利用 GATS 的目的是在教育贸易的自由化论调中为本国教育服务的提供者去除市场准入中的障碍（在服务贸易中，市场准入的障碍并不是传统意义上的税收等手段，而是国内规范、行政行为等方面）。而 GATS 不对等且不透明的谈判机制，以及不要求给予国民待遇之一般义务的规定都为美国利用其实现自己的目的打开了方便之门。

（三）美国如何面对 OECD：无视

美国同样是 OECD 的成员方，且为该组织提供的资金占了总

① Karen Mundy and Mika Iga, Hegemonic Exceptionalism and Legitimating Bet-Hedging: Paradoxes and Lessons from the US and Japanese Approaches to Education Services under the GATS, *Globalization, Societies and Education* 1 (2003), p.302.

额的 25%，但其对 OECD 有关教育政策的反应可以概括为无视。正如有学者所言，相比较 OECD 的其他成员方正视 OECD 在促进成员方国内教育法律和政策改进所起到的重要作用，美国采取了截然相反的做法，即对于 OECD 在国际层面对教育政策的规制作用基本忽略。[①] 这主要反映在美国虽然是推动 OECD 进行信息收集、比较研究和指数化的重要推动国，但美国政府自己在国内层面却很少受到这些比较分析的影响。以 OECD 的“国际学生评估项目”（PISA）为例。这一项目实施于 66 个国家，并在全球范围内引起了关注。第一轮 PISA 调查实施于 2000 年，之后越来越多的国家参与其中，至 2009 年有更多的非 OECD 成员方参加了调查。在 PISA 的调查中美国的排名一直不高。例如，在 2006 年第三轮 PISA 研究中，美国在 30 个 OECD 国家中排名第 24。在 2010 年的调查中，美国“接受高等教育的人口比例”大约为 40%，排名第 14；“父母教育水平较低的学生接受高等教育的比例”只有 5%，排名第 25，低于 OECD 国家平均水平 18%；“高等教育的公共成本”排名第 2；“高等教育费用支出占 GDP 的比例”为 2.6%，排名第 1，而 OECD 国家平均水平 1.2%；“高等教育工作者的薪水”排名第 12，“相较于全职工人薪金水平的倍数”为 0.6，排名第 22，低于 OECD 国家平均水平，“每年的教学时长”却排名第 3。[②] 尽管如此，美国对于这一研究结果的公共关注和政治反响却微乎其微。美国大众几乎没有听说过这个项目，或者说它就压根不是美国的关注点。例如，在 2001—2008 年，美国的 8 份主要的日报和周刊上，只有 8 篇文章涉及了 PISA 的研究，而在这 8 篇文章中只有 3 篇提及了美国的糟糕表现。而同一时期在德国仅一份日报即《南德意志报》就有 253 篇文章提及 PISA。[③] 因而美国公众和政

---

① S. P. Heyneman, Quantity, Quality and Source- Presidential Address, *Comparative Education Review* 37, No.4, 1993, p.375.

② OECD , *Education at a Glance*: *OECD Indicators* 2012 (UNITED STATES), pp.1–11.

③ Michael Dobbins and Kerstin Martens, A Contrasting Case–the U.S.A. and it's Weak Response to Internationalization Processes in: Kerstin Martens Alexander–Kenneth Nagel et al. (Eds.), *Education Policy*, *Transformation of Education Policy*, Palgrave Macmillan, 2010, p.181.

客对此反映寥寥。

美国无视 OECD 统计数据的部分原因是 PISA 所揭示的这种糟糕的结果早就已为美国自己所知，因此引发不了大的震动。实际上，这种体验从苏联于 1957 年发送第一颗人造卫星就已经开始了，这一事件对于美国震动很大，被认为是证明苏联拥有技术优势的证明，也引发了美国对自己教育制度的反思。所以美国政府当年就通过了“联邦资助教育项目”在未来 4 年资助教育体系的改革。20 世纪 80 年代早期，美国政府设立了一个国家委员会以实施对 25 年来美国教育体系改革成效之研究，结果仍发现有 230 万名成年人和 17% 的青少年是文盲，而美国教育体系极其糟糕，公众要求对学校、教育标准和教师进行监管的呼声也很大。所以，早在 PISA 之前对于教育体系糟糕的印象就已经存在，PISA 的报告并不能引发新的、更糟糕的结果。此外，美国教育体系在历史上一直是一种去中心化的（decentralized）体系。教育原本就属于地方事务（见下文），联邦层面的政策一直以来只限于为高校提供更多的资源与金钱。只是到了 80 年代晚期和 90 年代早期，应一些关键州要为教育设定共同标准的呼吁，联邦政府才于 1994 年制定了《改善美国学校法案》，第一次规定标准、评估和责任制是各州获得联邦资助的必要条件。所以，美国在国内采取了各种措施来实现教育的标准化和比较性评价，但例如像 PISA 研究这样的国际比较却并未引发任何反应。

无视的另一原因可以归结为“美国认为其享有‘例外特权’，因为美国认为其区别于世界上其他国家，因此并没有与其他国家相比较的基础或必要”[1]。它认为自己并不能从其他国家的体制中真正学到什么，这又预设了美国与世界的其余部分有所不同，所以相比较是不公平和不合理的这种想法。PISA 的结果是为精英人士、政策制定者和教育集团所知的，但它们只构成了美国所参加

① Michael Dobbins and Kerstin Martens, A Contrasting Case-the U.S.A. and it's Weak Response to Internationalization Processes in: Kerstin Martens Alexander-Kenneth Nagel et al.（Eds.）, *Education Policy*, *Transformation of Education Policy*, Palgrave Macmillan, 2010, p.185.

的大量测试中的一个，所以没有特别的重要性。美国对自己的教育体制极为自信，认为“美国的高等教育是世界上独一无二的，其主要体现在高等教育的规模、教育的多样性、独立于政府的自由性和出色的市场导向运作方式”[①]。而具有讽刺意味的是，美国事实上正是动议开展 PISA 研究的国家，而这却对其他国家的教育而非美国自己产生了更大的影响。因此，与其说 OECD 对美国的国内教育政策并没有产生影响，不如换个角度理解，即美国已经成功地将教育是经济发展的动力及教育需要市场化导向的观念贯彻到 OECD 的活动中，从而间接地影响到其他 OECD 成员方的国际教育政策。

三、美国实践的原因分析

综上所述，面对国际组织具有直接法律效力的规制（UNESCO），作为其成员方的美国当认为不符合自己利益时会采取“退出”或“准退出”（不缴会费）的方式进行要挟；面对需经承诺产生法律效力的规制（GATS），美国利用自己的教育强国地位和 GATS 的不对等规则作出很少的承诺，在教育自由化的旗帜下实施国外扩张和国内保护并重的措施；面对政策或价值导向的规制（OECD），美国径直不予理会。但无论是采取上述三种方式中的哪一种，其出发点却是一致的，那就是事实上以美国本国的利益为重。这种单边主义姿态建立在霸权主义的基础上，也构成了世界一般趋势的例外，所以可称为“霸权例外主义”。之所以能采取这种姿态，有其理念、现实以及制度方面的原因。

首先，制度方面的原因在于美国教育制度的去中心化和分散化的特点。由于美国的联邦主义传统，美国联邦政府教育部门在

① Peter D. Eckel and Jacquenline E. King, An Overview of Higher Education in United States: Diversity, Access and the Role of Marketplace, *American Council of Education*, 2003, p.19.

高等教育国际化的过程中鲜有直接发挥作用的。[①] 美国是联邦制国家，根据宪法规定，教育（包括高等教育）主要是属于各州的事务，而不属于联邦政府的权限范围。这集中体现在美国高等教育机构的去中心化和分散化的特点，包括机构的数量、种类、产权类型繁多。例如据不完全统计，目前在美国有 4200 家学院和大学能颁发学位，并有 2300 家机构能颁发职业资格证。[②] 前者又可以被分为四种类型：一是二年制的公立机构或社区学院（1100 家），这些机构能颁发职业领域的大专文凭，为学生进入四年制的机构做准备，为它们的社区提供多样化的教育服务；二是四年制的公立学院和大学（630 家）；三是非营利的私立机构，这类机构种类繁多，包括研究型大学、四年制的文科学院、二年制的机构、以某宗教教派为基础的机构、女子学院、历史上遗留的黑人学院和大学、护校和美术学校这类专门机构等；四是营利机构（2400 家），主要是提供职业项目教育，一般颁发职业资格证而不是学位。[③] 这些机构之间主要依靠竞争来获得优势地位，而美国市场经济以及私立教育的高度发达使得市场成为高等教育很重要的一个外部因素。所以，尽管联邦政府可以通过为资助高校设定条件的方式来间接引导美国高校和教育制度的发展，但是，即使对公立的学院和大学而言，市场而非政府也是塑造美国高等教育的支配性外部要素。政府的资助并没有跟上高等教育的支出。为了保持独立性和灵活性，许多公立学院和大学甚至要求减少国家资助以换取更多的自治。这也与第二次世界大战之后美国高等教育的大众化进程同样有关系。[④] 面对如此种类繁多而又利益不同的主体，又受到宪法结构的制约，政府（尤其是联邦政府）委

---

① M. Rudner, International Trade in Higher Education Services in Asia Pacific Region, *World Competition* 21(1), p.88.

② Peter D. Eckel and Jacquenline E. King, An Overview of Higher Education in United States: Diversity, Access and the Role of Marketplace, *American Council of Education*, 2003, p.1.

③ Peter D. Eckel and Jacquenline E. King, An Overview of Higher Education in United States: Diversity, Access and the Role of Marketplace, *American Council of Education*, 2003, p.2.

④ Ibid, pp.15-16.

实难以以统一的规制去施加影响。这也可以部分解释为什么即使美国（联邦政府）推动和加入了涉及高等教育的许多国际组织，但这些国际组织的规制（即使联邦政府愿意遵守这些规则）却对美国国内几乎没有什么影响，更别提美国有自己国家利益的考虑。

其次，现实方面的原因是美国作为政治、经济乃至教育大国的现实。两次世界大战为美国的经济社会发展提供了超越其他国家的历史时机，教育的发展也在其中。时至今日，美国在教育贸易领域仍占据着纯输出国和服务贸易强国的地位，这种绝对的优势使得美国无须过多担心国际层面教育规制对其的影响，更不用说这些重要的国际规制背后均体现美国的利益。对于美国的政策制定者而言，在对待国际组织及其规范与国家的关系时，务实的哲学一直是其制定政策的传统，国家利益高于一切的目的使得美国刻意忽视与其目的不同的国际组织。此外，美国为了保持其在国际服务贸易领域的领导者地位，充分利用各种经济、政治手段参与到国际规则的制定中，并成功地将对其教育贸易有利的规定成为国际规范的组成部分，或者从价值、政策导向层面影响着其他国家的教育政策。从这个意义上讲，在教育规制领域，美国是个成功的政策推销者，但却不一定是合格的规则遵守者。相反，当其他国家出于各种各样的原因加入到以美国为首主导的国际组织和体系中来时，却不能不遵守国际组织的规则，当然这也是因为这同样符合其他国家的国家利益。

最后，理念方面的原因在于美国一直以来秉持的“内外有别”的法律—政治理念。这种理念鲜明地体现在关于“主权”和“人权”的双重标准上。在平衡贸易利益和国内保护时，往往面对的是关于高等教育的自由化市场和主权控制之间的纠纷，对此美国采纳的是双重主权的观念。一种是国家主义的主权观念。这种观念认为，近年来国家主权时常受到来自全球化和人权兴起的挑战，但这些挑战没有改变国际制度中规则、遵守和行为的基本性质，那就是一种“有组织的伪善”（organized hypocrisy）。[①]自利依然是国际行为的定义性特征，而只要在其持续存在中拥有强大的国家利益，主权也就不会消失。另一种是普遍主义的主权观念。其认为主权是国际法发挥作用的主要障碍。这是个误导人和具有迷惑性的术语，在很大程度上是不必要的，最好避免使用。因为国家体制是人类创造和发展出来服务于人类的目的的，所以它要按照这一目标来进行不断的检验、调整，有时也要进行改变。[②]而国际法体制已经将人类珍视的价值作为组织原则，所以应当尽可能避免受到主权的侵犯。所以，当美国尽可能少地承诺开放国内高等教育市场，对国内高等教育机构采取各种补贴和保护措施时，就基于那种国家主义的主权观念之上，认为教育（包括高等教育）是由国家和政府来管控的事务；而当美国积极推进贸易自由化，要求他国尽可能提供市场准入时，又是基于普遍主义的主权观念之上的，认为国家（他国）不能以主权为借口妨碍教育领域的人类价值的实现。此外，美国长期以来就秉持双重人权标准，即对不同社会制度的国家采取不同标准，根据本国最高利益的需要在不同情况下对同一国家使用不同的标准，对盟友或友邦与其他国家采取不同的标准，对本国和别国采取不同的标准[③]。尤其是在它加入国际人权公约时，就提出了五大抵制原则，其中包括美国宪法高于一切公约义务、美国的法律或实践高于国际人权公约、国际人权公约的适用只限于联邦职权管辖范围以内的事项而对各州无效等。这是因为对于美国而言，“公约只有合乎国内目的时才是法，而在国际操作的层面上公约只是政治义务而已”[④]。换言之，除非一项公约被国内立法转化为国内法，否则就是一项可忽略的政治义务。这种态度就决定了只要不符合国内利益（以国内法的形

---

① Stephen Krasner, *Sovereignty: Organised Hypocity*, Princeton: Princeton University Press, 1999.

② Louis Henkin, *International Law: Politics and Values*, Boston: M.Nijhoff, 1995, p.25.

③ 参见吴家庆:《美国人权标准双重化评析》，载《科学社会主义》2000 年第 5 期。

④ International Relations Centre, Profile of John R. Bolton, http://rightweb.irconline.org/ind/bolton/bolton.php, 2015 年 12 月 10 日访问。

式反映出来)，美国就可以随意退出国际组织(如 UNESCO)，因为政治义务是没法和法律义务相提并论的。

第二节　选择合作主义：德国的实践

一、德国高等教育国际化概述

在当代德国，特别是第二次世界大战之后，高等教育机构很强调科学与学术的国际化乃至普遍化性质。为此德国高校一般会积极发展国际合作关系，这同样被德国各州的高等教育法规定为高等教育机构的一种制度性责任。学生和教学人员的交换通常在双边伙伴关系和合作协议的框架中进行，高等教育机构可以自由选择合作伙伴和设定其优先考虑的因素。而促进高等教育领域合作与流动的欧盟项目增强了教学、研究和学习的国际和欧洲视野。在这些项目于 20 世纪 80 年代后半叶开始后，德国就与英国、法国一起成为欧盟成员方中的“金三角”，因为这些国家的学生和教学人员流动得最多。近年来，由于强调高等教育机构间合作的地理平衡，德国高等教育机构扩展了合作伙伴的范围，加强了与发展中国家的联系。一开始时，接触不同的文化与生活类型以丰富个人经历、开阔视野是鼓励学生进行海外学习的主要考虑，但近年来关于高等教育和高等教育研究之质量、表现和成就的标准发生了重大改变，国际合作和流动越来越借助于这一点来检验它们对于本国高等教育乃至经济的国际竞争力的提高(如财富的中长期增长)。[①]

20 世纪 90 年代中期，联邦政府和其他政治组织开始不断质疑德国对于外国留学生的吸引力下降现象。问题涉及教育体系、

① See Barbara M. Kehm, Higher Education in Germany: Developments, Problems and Perspectives, Wittenberg and Bucharest, 1999, p.130.

学制、学位制度、课程内容等各个方面。但事实上这一时期德国在欧洲计划的框架内在国际合作与流动方面取得了很大的成效，外国留学生的减少主要指的是亚太地区和美洲国家。德国政府担心的是，如果这些目标国家的未来领导人和管理者在别的国家学习，将来就会不愿意向德国企业出口和投资，因而使得德国经济处于竞争的劣势。1996 年，联邦政府和各州开始了一系列高等教育的试点计划，引入了学士和硕士学位项目，提出了特别针对外国留学生资质需求的课程计划。①

在国际层面，德国参与的许多国际组织都对德国高等教育的国际化改革发生了重要影响。但应先叙明的是，与任何其他国际组织相比，在高等教育领域影响德国最大的其实是欧盟的博洛尼亚进程（Bologna Process）。这一计划启动于 1999 年，旨在实现欧洲高教和科技一体化，建成欧洲高等教育区。为此，欧盟各国需要建立起大体一致的高等教育体制。尽管这一计划实施时间要短于许多国际计划，但它却极大地重塑了德国的高等教育。②但由于这种背景对于其他非欧盟国家，尤其是中国借鉴意义不大，所以下文对此不论。

二、德国对于高等教育国际规制的应对

（一）德国如何面对 UNESCO：热参与

《联合国教科文组织宪章》中提道："战争起源于人之思想，故务须于人之思想中筑起保卫和平之屏障。"③这句话在很大程度上是针对作为第二次世界大战策源地和战败国的德国来说的。事实上，在第二次世界大战结束后不久，UNESCO 就向德国

① 例如参见 Georg Krücken, Organizational Fields and Competitive Groups in Higher Education: Some Lessons from the Bachelor/Master Reform in Germany, *Management Revue*, Vol. 18, Issue 2, 2009, pp.187–203。

② Laurel S.Terry, Living with the Bologna Process: Recommendations to the German Legal Education Community from a U.S.Perspective, *German Law Journal*, Vol.7, No.11, 2004, p.863.

③ 项贤明:《和谐教育：全球化时代的教育新理念》，载《比较教育研究》2008 年第 4 期。

伸出了橄榄枝，而德国也积极参与进来。例如，就在 UNESCO 于 1947 年在墨西哥城召开第二次大会期间，大会就委托总干事与当时德国的盟国占领区建立起联系，并试图找到方式方法去实现 UNESCO 在德国的目标以及针对德国的目标。1950 年 5 月，“德国联合国教科文组织全国委员会”正式成立。[①]1951 年 6 月，联邦德国正式成为 UNESCO 的成员方。

此后，德国一直积极参与 UNESCO 的各种活动，其交纳的会费现在占 UNESCO 总会费的 6%。一些 UNESCO 的机构也设立在德国，如联合国教科文组织教育研究所就设在汉堡。UNESCO 的具体项目在德国都是与德意志学术交流中心（Deutscher Akademischer Austausch Dienst，DAAD）、德国高校校长大会（Hochschulrektorenkonferenz，HRK）、柏林自由大学、盖尔森基兴高等专科学校等机构合作实施的。这些组织都充当了将联合国和联合国教科文组织之计划“德国化”的中介机构。通过这些中介机构，德国政府积极地对 UNESCO 的各种规范措施进行了具体化，也确保了其可执行性。例如，1992 在里约热内卢召开的联合国峰会通过了旨在可持续发展的《21 世纪议程》(*Agenda* 21)，其中第 36 章涉及高等教育。联合国宣布 2005—2014 年为“世界可持续发展教育十年”，UNESCO 被任命为联合国十年计划的领导组织。对此德国给予积极回应，德国联邦教育与研究部在 2004 年提出了一个《21 世纪大学议程：高等教育可持续发展》(UNI 21)，议程中专门从国际和国内两个层面介绍了德国在高校可持续发展层面的努力。[②]2009 年，基于德国议会的决议和联邦教育与研究部的要求，德国高校校长大会和“德国联合国教科文组织全国委员会”一起来担纲协调联合国的“教育的可持续发展”十年计划在

① 具体过程参见 Léon Declerco, Die UNESCO und ihre Tätigkeit in Deutschland, *Bildung und Erziehung*, Vol.3, 1950, S.779–780。

② Bundesministerium für Bildung und Forschung, *UNI 21*: *Hochschulbildung für eine nachhaltige Entwicklung*, S.23–27, https://www.bmbf.de/pub/uni_21.pdf, 2015 年 12 月 23 日访问。

德国的实施。[①] 为此，德国政府专门制定了《可持续发展教育十年计划》，并通过《国家行动计划》确定了德国实施联合国可持续发展教育十年计划的主要目标，以及参与行动计划的利益人所应做的工作。具体来说，即根据所提出的四项主要目标分别规定了不同的具体措施：[②]

表 6 德国实施联合国可持续发展十年行动计划的措施总目（联邦政府层面）

目标	措施总目
目标 1：进一步发展“可持续发展教育”概念，推广可持续发展教育的优秀实践	1. 德国联邦教育与科研部（BMBF）：“可持续发展”研究——研究框架（FONA） 2. 联邦家庭、老人、妇女、青年事务部（BMFSJ）：创造性技能志愿服务 3. 联邦家庭、老人、妇女、青年事务部（BMFSJ）：女孩今日及未来能力之技术—多样性—机会均等中心 4. 联邦环境、自然保护和核安全部（BMU）：教育服务 5. 联邦经济与技术部（BMWi）：职业教育与培训中的可持续发展：所有培训制度的可持续发展的方面 6. 联邦经济合作与发展部（BMZ），国际能力建设：培训项目——可持续经济、政府机构和媒体的发展 7. 联邦经济合作与发展部（BMZ），教育文化事务部常设会议、国际能力建设：学校教育的全球发展 8. 联邦职业教育与培训机构（BIBB）：职业教育与培训机构的优秀实践 9. 联邦职业培训机构（BIBB）：职业教育与培训制度 10. 联邦公民教育所（BpB）：网络档案、研究软件、教学资料

① *Hochschulen für nachhaltige Entwicklung*, Erklärung der Hochschulrektorkonferenz（HRK）und der Deutschen UNESCO-Kommission（DUK）zur Hochschulen für nachhaltige Entwicklung, http://www.hrk.de/fileadmin/redaktion/A4/Hochschulen_und_Nachhaltigkeit_HRK_DUK.pdf，2015 年 12 月 23 日访问。

② 制表依据参见《德国国家实施联合国可持续发展十年行动计划》，http://www.esdinchina.org/_d272047040.htm，2016 年 3 月 5 日访问。由于篇幅所限，本表只列举出了德国联邦政府层面的措施总目，对于各州层面及非政府组织的措施并未涉及。

续表

目标	措施总目
目标 2：建立可持续发展教育个人参与者和利益相关者的联系	1. 联邦职业教育与培训机构（BIBB）、联邦教育与研究部（BMBF）：可持续发展职业教育与培训实验项目 2. 联邦家庭、老人、妇女、青年事务部（BMFSJ）、技术—多样性—机会均等中心：孩子们的新出路 3. 联邦经济合作与发展部（BMZ），InWent—国际能力建设：地方社区决策者的咨询和能力建设 4. 联邦公民教育所（BpB）：全球团队
目标 3：提高可持续发展教育的公众可见度	1. 联邦食品、农业和消费保护部：联邦有机农业计划 2. 联邦经济合作与发展部（BMZ），InWent—国际能力建设：ASA 项目 3. 联邦经济合作与发展部（BMZ），InWent—国际能力建设：行动小组方案（AGP），全球发展教育支持方案（FEB） 4. 联邦经济合作与发展部（BMZ），InWent—国际能力建设：全球发展教育联邦总统学校竞争项目 5. 联邦经济合作与发展部（BMZ），InWent—国际能力建设：学校改革政策开发
目标 4：加强国际合作	1. 联邦经济合作与发展部（BMZ），InWent—国际能力建设：全球教育欧洲工作网 2. 联邦经济合作与发展部：志愿服务发展政策

总之，由于 UNESCO 在看待教育的作用与价值时，与德国一贯所秉持的理念达到一定程度的契合，因此，德国在 UNESCO 涉及高等教育的各个计划和项目中都积极地回应和落实 UNESCO 的相关规定和提议，德国在处理与 UNESCO 的关系时尽可能地保持着参与的热度。

（二）德国如何面对 GATS：冷处理

在 GATS 围绕教育领域的谈判过程中，德国议会一度表现出对于教育自由化比较积极的评价。一方面，它表明欢迎德国教育市场进一步的自由化，认为国际知名高校和办学者在德国办学对于德国来说是个机会，只要与国家规定的质量准则相符，新出现的竞争结构就可能改善德国的教育服务。另一方面，它也认为，有步骤地开放德国教育市场不仅是通过国家对教育质量的监控来保证的，而且也能通过竞争来优中取优。教育领域的竞争虽然会改变德国的很多制度结构，但总的来说能提升质量水平。[①] 事实上，德国也的确对 GTAS 中教育服务做出了相对广泛的承诺（当然也附加了一定限制）。我们可以用表 7 来展示。

表 7　德国在 GATS 下关于高等教育的具体承诺减让

	市场准入限制	国民待遇限制
跨境交付	有国籍限制，但第三国国民可以在获得有权国家机关授权的条件下建立和运行教育机构并进行授课	拥有限制国籍的服务提供者要获得授权来颁发国家认可的文凭
境外消费	无限制	无限制
商业存在	开设获得授权来颁发被认可之文凭或学位的私立大学需要进行审核；审核程序包括国会出具意见 对于颁发获得认可之国家文凭（德国文凭）的教育机构未作承诺	无限制
自然人流动	未作承诺，除非涉及国外教授短暂入境，就像水平部门项 iii 下规定的并且受到以下特殊限制： ——教授已从一家大学或其他高等教育机构获得雇佣合同； ——所颁发的工作许可期限不超过 9 个月并可因合同的存续而延续； ——需进行经济状况审查，除非该教授是直接负责高等教育的部门所指派的； ——聘用机关必须向国际移民办公室支付税款	未作承诺，除非水平部门中有不同规定

虽然如此，但迄今为止 GATS 对德国高等教育领域所产生的现实效果却甚微。以 2013 年为例（见图 3），该年德国在高等教育服务方面进口额为 531 万美元，进口总额为 1050 万美元（未算入与高等教育相关的其他产值）。教育输出的三大对象为欧盟、美

① Vgl. WTO *Antrag*: *GATS-Verhandlung-Bildung als öffentliches Gut und kulturelle Vielfalt sichern*, Deutscher Bundestag Druckesache 15/158, http: //dip21.bundestag.de/dip21/btd/15/005/1500580.pdf，2015 年 12 月 23 日访问。

国和瑞士。[①] 与美国和英国等高等教育输出强国相比非常少，并且还呈现进口略多于出口的局面。

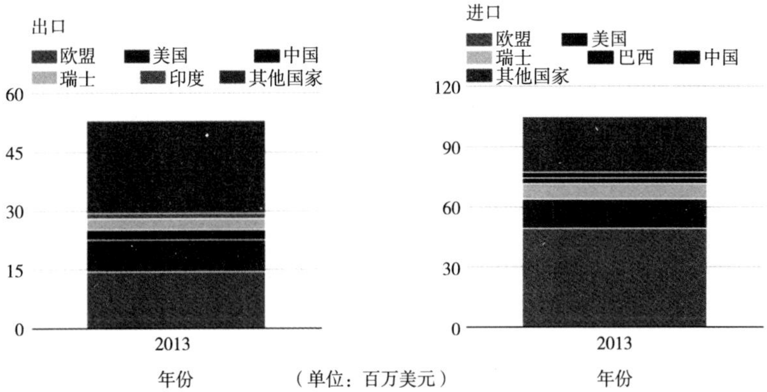

图 3　德国高等教育出口额和进口额（2013 年）

在 GTAS 规定的四种方式中，就跨境交付而言，与美国远程教育和虚拟大学的繁荣不同，迄今为止德国的远程大学只有在哈根（Hagen）的一家，全德虚拟大学只有 16 家，主要受到公共财政的资助，顾客主要在德国国内。就境外消费而言，德国远不能与美国、英国、澳大利亚和加拿大等国相比，但如果不拿收入而以留学人数计算，则德国可以位列英国和法国之后，处于世界前列。就商业存在而言，德国高校在国际教育市场中只占很小的份额，而在德国国内开设分支机构的外国高等教育提供者也很少，因为它们提供的收费服务要面临与不收费的德国高校竞争的局面。所以，这些所带来教育贸易自由化的方式在德国都是边缘性的，在经济比重中很小。[②]

这里最主要的原因在于，在德国只有很小比例的高等教育机构属于私立机构（不像职业教育和培训领域存在很多私立的资金资助），而占支配地位的是由国家（州）资助的高等教育机构，目

① 见 WTO 官方统计数据，http：//i-tip.wto.org/services/ChartResults.aspx，2015 年 12 月 23 日访问。

② Vgl. Michael Jaeger, *GATS und die Bildung als Dienstleistung*, Hausarbeit im Modul, "Grundlagen des internationalen Wissenschaftssystems", S.10–11.

前仍被排除于 GATS 法规的适用领域之外。[①] 这与长久以来德国将高等教育（尤其是大学教育）视为公共产品，并且向国民免费提供高等教育服务是相关的。目前在德国大学中，外国留学生的比例占到所有学生的 10% 左右，有 20% 左右的德国学生会选择在大学的最后一个学期去国外学习一段时间。联邦和州政府一起提供了较高额度的资助项目以提升德国作为教育和研究的目的国。对高等教育合作伙伴关系的支持也得到了很好的建立，通常与交换项目相联系。在德国的外国留学生数量近年增长较快，但增长的原因并不在于 GATS 的规定，而在于德国各州所采取的吸引外国留学生的其他措施（如下萨克森州提出的“下萨克森州高校国际化”计划）。[②] 并且这种增长并没有给德国的经济带来太多收益。2002 年的《高等教育框架法》禁止对本科生和硕士研究生收费。尽管 2005 年联邦宪法法院的判决认为州可以收费，但同时规定每年最高不得超过 500 欧元。[③] 而就目前而言，除个别州的公立大学外都是不收费的，所以无论是德国本土学生还是外国留学生都不需要为高等教育支付过多的费用。外国留学生给德国经济带来的增长主要是因为留学而支出的生活费用，而不是教育本身的费用。此外，近年来德国高等教育机构也比较积极地开展海外学习项目。根据“德意志学术交流中心”2012 年的统计，德国高等教育机构在海外的项目共 66 个，主要分布在亚洲和东欧。[④] 但其背后有浓厚的政府因素和政治动机，而不是像美国高教机构那样出于单纯的商业因素，其主要目的也不在于创汇。其特征在于，“国家层面培育德国教育出口的动机被证明是德国高等教育‘回归全球化主流’

---

① See Key points of talk of Hermann Mueller-Solger, Workshop II: *National Policies to Promote Trade in Educational Services*, http: //www.oecd.org/edu/skills-beyond-school/2756951.pdf, 2015 年 12 月 23 日访问。

② E. Mielenhausen, Der Internationale Bildungsmarkt, in: T. Oppermann (Hg.), *Vom Staatsbetrieb zur Stiftung. Moderne Hochschule für Deutschland*, Göttingen: Wallstein 2002, S.64.

③ See Sacha Garben, *EU Higher Education Law*, Wolters Kluwer, 2011, pp.36–37.

④ DAAD. 2013. “Annual Report 2012.” In. Bonn, p.108. cited from Nadin Fromm, *Transnational Higher Education by German Universities - Main Drivers and Components*, TranState Working Papers, No. 181, p.9.

策略的核心要素”[①]。其主要任务在于：(1)增进与全球领导者的研究合作；(2)对创新潜力进行国际开发；(3)强化与发展中国家在教育、研究和合作领域的长期合作；(4)承担国际责任，掌握国际变化。[②]归根结底，与美国不同，德国并没有将高等教育完全视为一项可以自由贸易化的产业。

欧盟也在其中起到了挡箭牌的作用。[③]欧盟在缔结1994年GATS时，将教育领域义务的范围限于私人提供的教育服务，并进行了三方面的限制。[④]一是公共任务。欧盟保留了对公共任务领域市场准入的权利，即使在公共机构外私人提供者同样在这一领域活动。而欧盟的成员方可以自己来界定公共任务是什么、不是什么。二是限制体现在对第三国企业的分支机构的相关规定中。欧盟成员方还保留了可以不对未达到成员方法律标准的非欧盟国家企业分支机构给予国民待遇的权利。这意味着，为了获得平等对待，来自非欧盟国家的教育提供者如果想要在一个欧盟成员方中提供教育服务，就必须根据各该成员方的法律设立子公司，并且还必须证明这家子公司“与成员方之间存在事实上持久的经济联系”。三是资助保留。无论是来自非欧盟国家的企业还是教育需求者（如学生），都无权获得欧盟国家的资助，这就使得在GATS框架下，欧盟国内的高等教育提供者仍能获得公共资助，而不会引发外国提供者同样的资助要求。也就是说，在德国，外国的高等教育机构并不可以因为德国大学获得国家资助与贸易自由的规则相悖的理由，而对《德国高等教育促进法》提出这样的审查要求：德

---

① Academic Cooperation Association. Transnational Education in European Context – Provision, *Approaches and Policies*, Edited by Maria Kelo: ACA on behalf of the European Commission, 2008.

② Federal Ministry of Education and Research, Strengthening Germany's role in the global knowledge society. Strategy of the Federal Government for the Internationalization of Science and Research. Berlin: BMBF, 2008, pp.4–5.

③ 欧盟作为GATS缔约方的地位，以及当欧盟与成员方的意见一致时和不一致时所导致的对其缔约能力的影响。Esther Tiedtke, GATs als unmittelbar geltendes Recht in der EU und Deutschland mit besonderem Blick auf “Bildungsdienstleistung” am Beispiel von E–learning, Kassel University Press, 2012, S.121f. 对此本书不作详述。

④ Vgl. T. Fritz und C. Scherrer, GATS: Zum wesen Diensten? Öffentliche Aufgaben unter Globalisierungsdruck, Hamburg: VSA Verlag, 2002, S.58ff.

国免费的大学学习政策是否是通过国家资助而实施了倾销措施。[①]所以，在欧盟框架下，德国在高等教育领域原本应承担的责任由于这些保留和限制并没有对教育服务的公共资助产生什么影响。

虽然 GATS 没有给德国的高等教育带来直接的影响，但间接和长远的影响还是存在的。首先，GATS 给德国带来了高等教育产业私有化的压力，就像在其他国家中发生的那样。实际上，尽管比例依然很小，但在 2005 年时，德国私立高校的数量已在 10 年内从最初的 14 家增长到了 60 余家。德国的工业巨头，如西门子、克莱斯勒、大众、汉莎等建立了自己的"公司大学"，它们都在国际市场上采购教育产品。[②]可见，德国高等教育领域的私有化也在慢慢进展。其次，欧盟可以在清单中保留哪些例外是由现实的商谈回合来决定的。GATS 致力于持续地在所有服务贸易领域消除既有的贸易壁垒，而不断有 WTO 的其他成员方对欧盟在教育领域，也包括公共资助的教育产业中明确提出了进一步的要求。就像欧盟的资助保留也有明确的终止期（10 年），期满之后仍需谈判，这一保留也可能会越来越受到限制。当然，这必然是一个缓慢和反复博弈的过程。

（三）德国如何面对 OECD：强回应

德国将 OECD 定位为自己的重要合作伙伴。德国是 OECD 第三大经费提供国，每年为这一组织提供 2900 万欧元，大约占总费用的 8.1%。2013 年时 OECD 有雇员约 3000 人，其中德国人为 190 人。[③]德国联邦政府非常重视 OECD 的工作，OECD 秘书处所提供的数据、分析、诊断和策略是联邦政府做出政治决定时的重要参考。此外，联邦政府也很重视在 OECD 所提供的框架下与其他成员方进行经验交流，以及在 OECD 内部与工会、雇主联盟以及相关的非政

① Vgl. *GATS und Bildung -FREIER ZUGANG ODER FREIER HANDEL?*, https://www.nadir.org/nadir/initiativ/agp/free/wto/gats/gatsbildung.htm，2015 年 12 月 23 日访问。

② *GATS und Bildung*, Gewerkschaftliche und zivilgesellschaftliche Positionen zur 6. Ministerkonferenz der Welthandelsorganisation（WTO）in Hongkong（13.–18.12.2005）, http://www2.weed–online.org/uploads/factsheet_gats_und_bildung.pdf，2015 年 12 月 23 日访问。

③ Vgl. *Wie schneidet Deutschland ab?*（OECD 360 Deutschland 2015）, PDF version, pp.6–8，http://www.oecd–ilibrary.org/docserver/download/0115185e.pdf?expires=1450957366&id=id&accname=guest&checksum=79E7C53A3C99B4634D7510FF291CED92, 2015 年 12 月 24 日访问。

府组织展开的制度化对话。德国在OECD设有常驻代表处，它的任务在于参与OECD理事会、各个委员会的会议、联邦政府的新闻报道、政治协调，在OECD代表德国的利益，澄清组织问题以及代表联邦政府、联邦议会、联邦各部和其他机构参与OECD会议。鉴于OECD议题广泛，德国的常驻代表处工作人员并不只是来自德国外交部，而同样也来自联邦经济与能源部、经济合作与发展部、财政部和联邦银行。此外，在德国首都还设有"OECD柏林中心"，它是OECD在德语区的代表处、多形式的服务中心以及OECD巴黎总部与OECD在德国、奥地利和瑞士的合作伙伴之间的联系机构。①

德国不仅在国际层面上较为积极地参与和回应OECD的活动，而且在国内层面上也往往会根据OECD的数据评价调整教育政策。德国也是联邦制国家，根据德国基本法的规定，州拥有"文化主权"，因而各州（具体说来是各州的科学与研究部）在高等教育领域优先行使政府权力和承担政府义务。在联邦的层面，联邦教育与研究部的权限主要在于资助研究计划、与州合作协调教育规划。但从20世纪50年代初期开始，联邦政府首次获得了涉及高等教育政策的权能。1964年出版的《德国教育灾难》一书在德国引起的反响好比苏联发射人造卫星在美国引发的反思，它开启了一个教育改革的时代。②在管理层面，高等教育的扩张要求联邦政府承担更多的协调性角色，尤其是提供财政资助。相应地，1969年基本法进行了修改，高等教育机构变成了州和联邦政府共同的任务。与此相应，1976年制定了《高等教育框架法案》，并为共同的教育政策提供了参考点，随后各州通过各自的立法予以了充实。③20世纪70年代中期以后德国尽管开始了教育领域的改革，但改革效

---

① Ibid.

② Jürgen Baumert, Cordula Artelt, Eckhardt Klieme, Michael Neubrand, Manfred Prenzel, Ulrich Schiefele, W. Schmieder, K.- J. Tilmann, and M. Weiß, *Pisa 2000—Ein differenzierter Blick auf die Länder der Bundesrepublik Deutschland*, Opladen: Leske Budrich, 2003, S.55.

③ KMK, The Education System of the Federal Republic of Germany 2006, in: B. Lohmar and T. Eckhardt (Eds.), A Description of the Responsibilities, Structures and Developments in Education Policy for the Exchange of Information in Europe, Bonn: KMK, 2008, p.145.

果并不明显。直到20世纪90年代中期，德国开始参与到有关高等教育的比较研究和国际教育评估中来。根据1997年的“康斯坦茨协议”，德国利益相关者同意常规性参与国际比较教育研究，以运用其结论来改进教育体系。参加OECD的“国际学生评估项目”（PISA）后所引起的争论的深度和广度前所未有。因为PISA将德国的教育质量描述为落后的，并认为德国教育的框架缺陷对于一般国家行为来说是关键性的。[①] 例如，2001年第一次PISA报告就揭示了德国学生的学术能力低于OECD平均水平，在德国学生的经济社会或移民背景对于学术成就的影响比其他国家都要大，既有的教育体系无法减少社会不公等问题。[②]

从20世纪90年代末开始，德国高等教育体系开始了深入和多面向的改革历程。为了增强德国大学在全球范围内的竞争力，德国尝试在高等教育领域激发和模仿市场机制。从2005年起，德国联邦教育及研究部和德国科学基金会共同发起了“德国大学卓越计划”（Exzellenzinitiative），通过为数量有限的一小部分高校（精英大学）提供高额资助来提高促进德国大学科技研究和学术创新。[③] 在联邦政府与各州的协作协议以及各州的立法中加强了对高校的质量评估体系建设，用以确保各种学习项目的课程与学位能满足标准。从2006年开始，德国基本法进行了最为广泛的改革（联邦主义改革），整个德国教育政策可以说联邦主义化了。与以往通过法律来规制联邦政府与各州之间高等教育政策的方式不同，现在联邦规制高等教育的主要方式为“正面激励”（positive incentives），即提供资助。此外，德国高校的大学自治也得以加强。高等教育机构开始从国家所有的代理机构慢慢成为与国家、社会相对等的组织。它们可以制定自己的目标和策略，管理自己

---

① Kerstin Martens, and Dennis Niemann, Governance by Comparison–How Ratings & Rankings Can Impact National Policy Making in Education, paper presented at the Conference "*International Studies Association*," New York City, February (2009), pp.15–18.

② Hubert Ertl, Educational Standards and the Changing Discourses on Education: The Reception and Consequences of the PISA Study in Germany, *Oxford Review of Education* 32(5), 2006, p.620.

③ 具体参见 Michael Hartmann, Die Exzellenzinitiative–ein Paradigmenwechsel in der deutschen Hochschulpolitik, *Leviathan* 34(4), 2006, S.447–465。

的预算，提出自己的研究项目。[①]它们甚至可以通过自己的条例，只是需要州教育部门或科学研究部门的批准。许多州调整了政府让高校实现自己的政策目标的方式。例如，拜恩州 2006 年的《高等教育法》和北威州 2007 年的《高校自由法》都赋予高校自治地位，但都规定如果要获得政府资助，则需要与行政部门协商，签订任务协议，这就改变了过去下行政指令的方式。[②]总体而言，在 OECD 等国际组织的影响下，德国目前对国内高等教育采取了更为策略性的规制方式，在联邦和州政府为高等教育提供框架的同时，大学获得了更多的自治。

三、德国实践的原因分析

面对各类国际组织对于高等教育的不同规制方式，德国采取了“一分为二”的应对措施：一方面，对于以促进教育权保障和文化多样性为己任的 UNESCO 和强调高等教育与一国经济社会联系的 OECD，德国不仅在国际层面上积极配合和参与，也在国内层面上积极落实和通过教育改革来提升竞争力，可谓“热参与”和“强回应”；另一方面，对于促进服务贸易自由化和将高等教育视为商品的 GATS，德国虽然在欧盟框架内做出了较为广泛的承诺，但其对国内的影响甚小（当然在这里欧盟的例外条款发挥了很大作用），可谓“冷处理”。因而总体而言，德国的实践可以被概称为“选择合作主义”。我们同样可以从理念、现实和制度三方面对此加以分析。

首先，在价值理念上，德国传统上一直将高等教育视为应由国家提供的公共产品而非商品。在德国高等教育领域，现代教育

① Detlef Mü ller- Böling, Nach der Reform ist vor der Reform: Neue Herausforderungen für die entfesselte Hochschule, Cologne: Josef Eul Verlag GmbH, 2006, S.197.

② See Dennis Niemann, Turn of the Tide-New Horizons in German Education Policymaking through IO Influence, in: Kerstin Martens, Alexander-Kenneth Nagel, Michael Windzio and Ansgar Weymann (Eds.), *Transformation of Education Policy*, Palgrave Macmillan, 2010, pp.87–90.; Dennis Niemann, *Changing Patterns in German Education Policy Making - The Impact of International Organizations*, TransState Working Papers, No.99, 2009, pp.15–18.

结构的建立可以追溯到18世纪早期（迄今为止依然有效）的普鲁士，现代大学之父威廉·冯·洪堡（Wilhelm von Humblodt）为德国高等教育体系典型的结构性框架直到今天依然起着不容忽视的作用。[①]洪堡理念强调大学的特殊性，认为大学以科学为基础，培养的是精神贵族。高等教育的目标是探究真理，而研究则是达至真理的道路选择。用第二次世界大战后德国精神重建之父雅斯贝尔斯（Jaspers）的话来说，"大学是研究和传授科学的殿堂，教育新人成长的世界，个体之间富有生命的交往，学术勃发的世界"[②]。这意味着，高等教育以培养探索真理的"人"为己任。与之相应，国家应承认科学活动的自主性，为科学活动提供保护和支持，使理性按其自身的原则得以发展。[③]而在现代社会中，高等教育满足着多重功能：国家统合、社会包容和民主化。尽管如今教育大众化推动着高等教育的理念发生了变化，德国高等教育的理念已从洪堡大学思想影响下的学术取向转变为学术与职业并重取向，[④]但以人为本的思想依然在高等教育领域影响很大，商品化、自由化、贸易化的思想并没有取得支配性地位。而这与UNESCO关于教育的价值定位是相符的。后者认为，教育的价值就是帮助人实现三个角色："作为生产者，有能力控制他们的物质环境，有能力保存和开发地球上的自然资源，以提升他们的生活标准；作为公民，能在家庭、团体、部落、国家和整个世界中和谐相处；作为个人，能实现个人的潜能，做到身体健康，并通过精神、道德和心理的发展，形成高贵的愿望。"[⑤]这是德国之所以积极参与UNESCO，但却冷淡对待GATS的深层思想原因。

---

① Jürgen Schramm, Development of Higher Education and Employment in the Federal Republic of Germany, *Higher Education* 9(5), 1980, pp.605–606.

② [德]卡尔·雅斯贝尔斯:《什么是教育》, 生活·读书·新知三联书店1991年版, 第149—150页。

③ 骆四铭:《洪堡理念与德国高等教育发展》, 载《高等工程教育研究》2010年第5期。

④ 孙士海、宋华明:《德国高等教育的理念变迁及启示》, 载《黑龙江高教研究》2008年第10期。

⑤ 滕珺:《教育是全人类共同核心利益——联合国教科文组织成立70周年提出教育新理念》, 载《基础教育论坛》2015年第33期。

其次，德国积极参与UNESCO和OECD活动并对它们的规制予以落实有其现实原因。在国际的层面上，在第二次世界大战之后，德国急欲从战败国的地位中摆脱，融入国际社会，树立自己的正面形象。UNESCO是联合国的下设机构，OECD是世界上最发达国家的俱乐部，它们都不是单纯的谋利组织，而更具有政治意义。德国想要在国际舞台上发挥更大的作用，就只能在这些具有深厚根基的国际机构框架内谋得更为主动和重要的角色，而高等教育是其不可或缺的组成部分。此外，近代以来德国一直以自己比较完善的高等教育制度而自傲，而培养出了世界闻名的一大批科学家、文学家、社会科学家。但第二次世界大战以来，世界高等教育格局发生了很大改变。美国、加拿大、澳大利亚、新西兰等教育输出国，以及英国、法国等欧洲国家在世界高等教育领域的影响力都要大于德国。这当然与英语作为世界性通用语言的事实相关，但很大程度上也因为德国大学教育学制、学位与世界通行标准不一致，而人文社会学科长期以来囿于自己的文化传统。例如，德国法学教育注重的法教义学体系与哲学化反思就非常独特艰深，但也影响了其传播。德国高校被认为忽视了其课程对于国际学生之相关度和吸引力，也没有为留学生提供充分的咨询和建议。[①]这种情形直到今天依然存在。[②]有鉴于此，参考国际组织提供的系数标准来对现有的高等教育体制进行改革，就成为德国高等教育与国际接轨，增强德国高校国际竞争力，重新树立德国高等教育强国的地位的策略选择。

最后，在制度层面上，德国的合作联邦主义为国际组织规制

---

① See Barbara M. Kehm, Higher Education in Germany: Developments, Problems and Perspectives, Wittenberg and Bucharest, 1999, p.131.

② 根据2014年OECD的年度经济报告，在唯一涉及高等教育的两项措施——“通过提高高校投入的灵活性来更有吸引力地塑造高等教育，更好地满足劳动力市场的需求”和“保障高校获得充裕且多样化的财政资助，通过高等教育融资来克服各州间的搭便车问题”上，德国都没有成效，尽管它一直在努力，由此可见历史结构和传统制度的力量之大。参见OECD-WIRTSCHAFTSBERICHTE：DEUTSCHLAND（2014），*Anhang：Fortschritte bei wichtigen Strukturreformen*（PDF），available at http：//www.oecd-ilibrary.org/economics/oecd-wirtschaftsberichte-deutschland-2014/fortschritte-bei-wichtigen-strukturreformen_eco_surveys-deu-2014-4-de，2015年12月25日访问。

在德国国内发挥重要影响提供了制度渠道。一方面，从历史角度看，公共机构在德国高等教育事务上一直扮演重要角色，德国的高等教育体系是“以国家为中心的体系”[①]。在今天教育政策的联邦结构是以往不同时期联邦政府与各州之间不同分权状况的国家结构的遗产。[②]准确地说，德国是一个具有集权社会色彩的分权国家。[③]这就与美国以市场机制为主导的高等教育体制有很大的不同：在德国，国家政策和价值导向对于高校有很大的影响。尽管大学自治是大趋势，但俗话说“有钱则有发言权”（there is a say where is money），政府通过与高校签订合同为其提供资助的方式不可避免地会对高校的教学科研活动产生影响。正因为如此，与美国相比，德国政府更有可能将国际层面的措施“内化”到国内高校中去。另一方面，德国同质社会的特点强调一个同样同质的教育体系的基本需求。虽然美国宪法与德国基本法都将教育主要视为各州管辖的事务，但与美国式分权抗衡（想一想奥巴马在第一个任期内曾要求对教育事务发表电视讲话而遭到各州及电视台抵制的事）的情形不同，德国更多强调的是各州之间的协调以及州与联邦的协作。德国在许多领域都建立有这类宪法之外的协调机制。例如，作为教育领域主要的合作与协调机构，1948年成立的教育与文化事务部部长常务会议（KMK）旨在德国创设一个共同的教育领域。它将各州的教育部部长联合起来对教育政策一起负责，可以被视为各州自我协调机制。这一会议也与教育政策的制定相关，因为它的决定可以转变为有待各州议会批准的立法。[④]同样，在联邦政府与州之间也设有协调委员会。这一委员会在2008年被强调特定研究领域的科学联合会议（Joint Science Conference）

---

① Rosalind Pritchard, Trends in the Restructuring of German Universities, *Comparative Education Review* 50(1), 2006, p.92.

② Christoph Führ, *Deutsches Bildungswesen seit 1945*, Kriftel, Neuwied: Luchterhand, 1997, S.14f.

③ Peter Katzenstein , *Policy and Politics in West Germany. The Growth of a Semisovereign State*, Philadelphia, PA: Temple University Press, 1987, p.15.

④ Vgl. Matthias Rürup, Innovationswege im deutschen Bildungsystem. Die Verbreitung der Idee "Schulautonomie" im Ländervergleich, Wiesbaden: VS Verlag für Sozialwissenschaften, 2007, S.23-24.

所取代。[①] 所以，德国的联邦中央和地方机关之间更多的是具有一种“功能性协力关系”，强调的是合作一致而非对抗分殊。这种机制确保了德国各地能够将联邦层面的决策（联邦与各州协调一致地做出的决策）迅速落实，因而高等教育的国际规则在德国国内能够产生比较明显的效果。

第三节　高追求低规制：印度的实践

一、印度高等教育国际化概述

印度作为一个新兴的发展中国家，在过去的几十年高等教育发展迅速。在 1950 年，印度只有 30 家大学（university）和 695 家学院（college），在高等机构注册的学生数为 40 万人，1970 年大学和学院数量分别为 103 所和 3604 所，注册学生为 195 万人，1990 年这些指标继续增长状态，2011—2012 年，印度的大学（包括同层次的研究机构）达到 634 家，学院数量达到 33023 家。该年在高等教育机构注册的学生人数达到 1690 万人（至 2014 年已近 2000 万人），仅次于中国和美国 [②]。印度社会的多元化体现在高等教育领域就是印度高等教育机构组织形式的多样化。宽泛地说，印度的高等教育部门可以分为两个部分：一个是受规制的部分（正式教育），包括中央和州立大学、私立大学、技术研究所、私立 / 专业学院、研究机构；另一个是未受规制的部分（非正式教育），包括职业培训、女子学院、专业发展、培训和辅导班等。

① Dennis Niemann, Turn of the Tide-New Horizons in German Education Policymaking through IO Influence, in: Kerstin Martens, Alexander-Kenneth Nagel, Michael Windzio and Ansgar Weymann (Eds.), *Transformation of Education Policy*, Palgrave Macmillan, 2010, p.89.

② P. J. Lavakare, India's National Knowledge Commission, in: Laura E. Rumbley, Robin Matross Helms, Patti McGill Peterson and Philip G. Altbach (eds.), *Global Opportunities and Challenges for Higher Education Leaders: Briefs on Key Themes*, Rotterdam/ Boston/ Taipei: Sense Publishing, 2014, p.139.

由于存在对设立法律实体的限制，目前国外对受规制部分的直接投资尚不可行，但对未受规制部分的国外直接投资增长迅速，到2012年1月达到4.92亿美元[①]。

迅速增长的原因主要有三点：首先，20世纪80年代印度政府对教育支出进行了大幅缩减，使得国内教育供给不能满足需求，不得不引进了国际教育资源；其次，20世纪90年代教育服务贸易纳入WTO谈判并出现教育的贸易化概念，深刻影响了印度对待教育的立场，迫使其重新考虑印度的国内规范；最后，受教育国际化发展形势的影响，印度的私有教育部门蓬勃发展，并在很短的时间内自成体系，私有教育的利益相关者迫切希望印度政府考虑建立新的规制机制，去除区别待遇，建立公平的竞争环境。[②]同时，国外大学对印度高等教育兴趣浓厚，除了是因为看到了近年来印度政府事实上对教育贸易化的积极态度，也是因为高等教育发达国家（如美国、英国等）正在经历教育衰退阶段，本土学生人数不断下降，教育收益下跌，这促使一些大学去像印度这样的新兴经济体寻求更加稳定和可持续的经济来源。这使得印度的教育领域成为国内最大的资本化领域，也使得印度的高等教育体系"从半成熟的社会主义转变为半成熟的资本主义"[③]。

二、印度对于高等教育国际规制的应对

（一）印度如何面对UNESCO：活跃引领

印度也是UNESCO的创始成员方。1946年11月，当它还是英国殖民地时就依据殖民地规则批准了UNESCO宪章。一直以来，印度在支持实施UNESCO有关教育之各类优先议程方面扮演着领导性的角色。1946年之后，印度一再被选为UNESCO

---

① Ibid.

② See Jandhyala B. G. Tilak, Trade in Higher Education: the Role of the General Agreement on Trade in Services, UNESCO, 2011, p.93.

③ Devesh Kapur and Pratap Bhanu Mehta, *Indian Higher Education Reform: From half-baked Socialism to half-baked capitalism*, Prepared for presentation at the Brookings-NCAER India Policy Forum 2007 New Delhi, 2007, p.2.

执行委员会成员，包括 2014—2017 年任期。印度交纳的会费占 UNESCO 总会费的 0.5%。负责印度与 UNESCO 合作的国家委员会（National Commission）以人力资源部部长为首脑，而印度常驻 UNESCO 代表一般由资深外交官担任。印度现在是 UNESCO 的 19 个公约（其中包括教育）的成员方。UNESCO 在印度有两个办公室，一个是位于新德里的中亚和南亚十一国集群办公室，另一个是 2012 年开始运作的圣雄甘地和平与可持续发展教育研究所（MGIEP），旨在通过教育政策、研究、课程表和革新教学法来推进和平与可持续发展。[①]

印度在 UNESCO 的教育活动中扮演了重要角色。印度政府与 UNESCO 在教育（包括高等教育）的所有核心领域（准入、质量和内容）在历史上曾密切合作，且这种合作关系一直在继续。作为 E-9 国家集团的主席，印度在诸如扫盲、全民教育、包容性教育和成人学习等核心领域引领着 UNESCO 的政策性对话。印度也是联合国秘书长全球教育首倡书（GEFI）——UNESCO 是其领导执行机构——的支持者。在重要的论坛和讨论中，印度强调有必要将教育的角色和重要性容纳进 2015 年全球发展议程并予以强调。经年以来，印度在全民教育筹划指导委员会、执行委员会、大会和 E-9 会议上都提出过不少深入的分析和具体的建议，并得到了广泛的支持。在印度，UNESCO 通过对印度政府在儿童早教、中学教育、技术和职业教育与培训、高等教育等方面的政策和项目支持来促进全民教育目标的实现。印度现在是全民教育教师特遣队的主席国。UNESCO 通过其主持的项目来提升研究能力。在 UNESCO 的框架下，印度还实施了教育交换计划（EEPS）/ 理解备忘录（MoUs），或与 51 个国家发表了联合声明。前二者试图通过这样一些倡议来促进高等教育领域的合作：学者、学生和研究人员之间的交换，分享信息和出版物，组织联合研讨会、工作坊

---

① Amb. Bhaswati Mukherjee, *India and UNESCO: The dynamics of a historic and time tested friendship*, April 08, 2015, http://www.mea.gov.in/in-focus-article.htm?25040/India+and+UNESCO+The+dynamics+of+a+historic+and+time+tested+friendship，2015 年 12 月 31 日访问。

和大会，相互认可资质以及开展制度性联系。[①] 所以可以说，印度和 UNESCO 在通过高等教育等方式来建构和平和可持续发展之世界方面是天然的伙伴关系。印度不仅在国内积极落实 UNESCO 的各项决议和项目，而且在国际层面上本身就是 UNESCO 各个机构的领导性参与者之一。

（二）印度如何面对 GATS：开放无序

印度迄今为止并没有在 GATS 之下对于高等教育贸易作出正式的一般性承诺，但它已经对于日本和马来西亚做出了地区贸易协议承诺（RTA Commitments），这些区域协议中涉及教育贸易的承诺可谓与 GATS 如出一辙，无论是承诺内容还是承诺方式，其表现形式与 GATS 几乎一致，也因为此，尽管印度在对是否在 GATS 中作出承诺还有些犹豫，但这可以被视为印度未来作出一般性承诺的雏形。我们可以用表 8 来展示。

表 8　印度关于高等教育的地区贸易协议承诺减让

	市场准入限制	国民待遇限制
跨境交付	不受该条件的限制：服务提供者应当遵守适用于来源国国内提供者的法规	无限制
境外消费	无限制	无限制
商业存在	受到 51% 的外资股权最高限额和该条件的限制：可由恰当的机构来确定学费，此类学费不得导致要求支付额外费用和暴利。此外还要遵守已经生效或将由恰当的规制机构制定的法规。在外国投资者在印度的特殊服务部门优先合作的情形中，必须获得“外国投资促进委员会”的批准	未作承诺
	未作承诺，除非在水平承诺中有不同规定	未作承诺，除非在水平承诺中有不同规定

① Department of School Education & Literacy Department of Higher Education (Ministry of Human Resource Development, Government of India), *Annual Report 2013-14*, PDF Version, p.144, available at http://mhrd.gov.in/sites/upload_files/mhrd/files/document-reports/AR2013-14.pdf，2015 年 12 月 31 日访问。

尽管对于印度是否有必要加入 GATS 框架之内才有利于本国高等教育的发展仍有争议，但由于近年来印度高等教育机构公共补贴的减少、公立和私立高校学费的上涨、私有化和不少可能满足 GATS 之下教育贸易之前提条件的立法倡议的出现，都使得印度政府缓慢地转入了 GATS 之下高等教育的新轨道，或至少在清晰地计划和铺设基础工作。从贸易额度上看，以 2013 年为例，印度高等教育出口总额为 4.4414 亿美元，进口总额为 17.8785 亿美元，贸易逆差为出口总额的 3 倍。2014 年，高等教育出口总额为 4.7757 亿美元，进口总额为 23.8031 亿美元，贸易逆差为出口总额的 4 倍有余（见图 4）[①]。所以，尽管印度将自己定位在既是教育贸易的输出国，也是教育贸易的输入国，但其输出领域集中在与印度文化相关的个别传统优势领域（比如瑜伽、印度中草药），但在教育的大多数其他方面印度仍然是教育的典型的进口国。

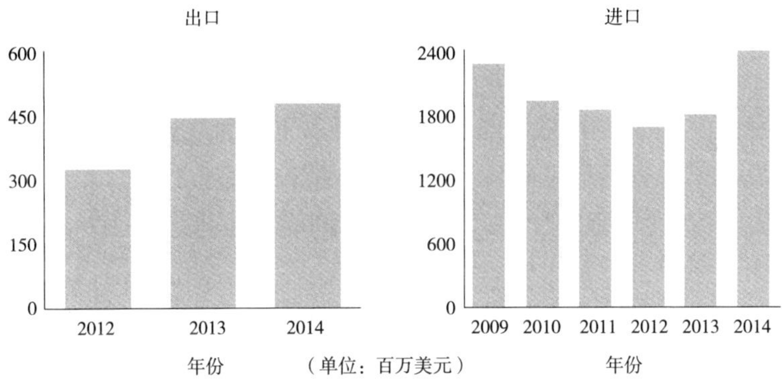

图 4　近年来印度高等教育出口额和进口额

实际上，印度的高等教育目前已经变得非常国际化了，所有上述四种模式的贸易都存在，尽管未以 GTAS 为框架。[②] 直到最近，

---

① 见 WTO 官方统计数据，http：//i-tip.wto.org/services/ChartResults.aspx，2015 年 12 月 31 日访问。

② P. R. Panchamukhi，Globalization and Higher Education：Economic perspective，in：N. Jayaram and R. S. Deshpande（Eds.），*Footprints of development and change*，New Delhi：Academic，2008，p.493.

外国机构都可以通过印度“外国投资促进委员会”所制定的规则之下的“自主通道”（autonomous route）进入印度教育市场，这一通道不要求在设立商业存在时获得批准。由于外国投资者不要求登记为国内体系的一部分，国内的规制性框架、鉴定体系和其他规则就无法适用于它们。它们颁发的学位在印度得不到认可，它们甚至可能是未得到本国认可的“野鸡大学”。[①]

印度政府正忙于出台允许外国大学进入印度的指导方针，四种模式下的高等教育贸易也日益强化，它们目前都位于任何法律框架之外。印度社会十分多元，不同的市场主体具有不同的既定利益。一些公立机构（如印度管理学院和印度技术学院）、大学（如印度甘地国立开放大学）、公立教育组织（如中级教育中央委员会）和一些私立机构迫切地希望出口教育，许多其他机构并非如此。商贸部和其他商贸组织（如国立软件服务协会、印度工业联盟、印度贸易商业联合会）急于开放高等教育贸易，但它们中有许多虽然倾向于扩张甚至对高等教育贸易施加规制，但却并不必然主张要对 GATS 做出承诺。国内学者们为此意见纷呈，有的强调加入 GATS 带来的问题，有的要求重建国内规范，有的突出高等教育全球化的障碍，有的强调它带来的机遇。[②]

在 2009—2010 学年，大约有 21800 名外国留学生在印度的大学和其他高等教育机构中学习。[③] 此外，大多数外国留学生在少数几个大学就读，其中排名前 10 的大学中就读的留学生超过了所有人数的 2/3。总的来说，留学生人数相比于在印度高等教育机构中注册的总学生数来说只占了很小的比例。大多数留学生来自亚

---

① P. Agarwal, *Indian higher education: exploiting the future*, New Delhi: Sage, 2009, pp.333-334.

② See S.Y. Deodhar, Educational services: Issues for India in WTO negotiations, *Economic and Political Weekly* 37 (19), 2002, pp.1791-1795; A. De. Raychaudhuri, Barriers to trade in higher education services in the era of globalization, *Economic and Political Weekly* 43 (25), 2008, pp.51-60; M. M. Armin, Higher Education under WTO regime: An Indian perspective, *Journal of Educational Planning and Administration* 22 (1), 2008, pp.45-58.

③ B. Shah and U.R. Negi, *International students in Indian universities: A trend analysis (2004-2009)*, Bew Delhi: Association of Indian Universities, 2011, p.3.

洲国家尤其是南亚（尼泊尔和孟加拉国），紧接着是非洲，而来自西方国家的非常少。因此印度高等教育的出口潜力限于亚非发展中国家。[①]印度也采取了一些措施来吸引外国留学生，像简化入境/签证的手续，为有意于来印度学习的海外学生提供个性化的咨询服务，对外国留学生的代理人进行培训并登记，在大学中建造国际留学生中心。总之，政府意图将印度打造为全球知识中心。[②]但是与出口相比，印度更是一个高等教育输入国。尽管与世界知名研究型大学的合作并不罕见，近年来数量也一直在增长，但这些学术合作项目并不被归于贸易之下。就教育贸易而言，最流行的模式是外国机构来印度组织教育展以招募印度学生去国外的高校学习。在印度大约有 300 家外国教育服务机构招募学生去它们本国的校园学习，它们中超过 1/3 来自英国，此外还有美国、澳大利亚、新西兰等。[③]许多国外高校也请地方的代理机构来为代表它们招募学生而打广告。2008 年，有超过 17 万名印度学生出国留学，其中 10 万名在美国，此外，澳大利亚、英国、新西兰、德国、中国也是主要的留学国。在 2006 年，在印度有 438 家外国教育提供机构，它们中许多都提供结对项目（twinning programmes），即在印度国内高校学习一段时间后去国外高校学习一段时间，毕业时拿一方或双方的文凭[④]。

印度在教育国际化中面临的问题主要来自教育的输入过程中。其问题主要集中在以下几个方面。（1）涉及国际化教育的专业过于集中。这一方面体现在到国外求学的大部分印度学生选择管理和工程专业，极少数学生会选择社会科学等专业。例如，根据印

---

① Philip G. Altbach, Globalization and the university: Myths and realities in an unequal world, *Tertiary Education and Management* 10, 2004, p.4.

② Planning Commission, *Faster, sustainable and more inclusive growth: An approach to the 12th five year plan*, New Delhi: Government of India (draft), http://planningcommission.nic.in/plans/plantel/12appdrft/appraoch_12plan.pdf，2015 年 12 月 31 日访问。

③ K. B. Powar and V. Bhalla, Foreign providers of higher education in India: Realities, implications and options and directory of foreign providers of higher education in India, 2006 Position Paper 1/2006, Pune: Dr. D. Y. Paul University and Edupro Foundation, 2006.

④ Ibid.

度 2008 年的统计，在法国读书的 1757 名学生中的 60% 学习管理专业，30% 学习工程专业。而在印度国内与国外大学的国际合作办学中，管理专业的设置也是最多的。（2）外国教育提供者的学术水平整体偏低，提供的教育质量参差不齐。根据印度国家教育规划机构在 2004 年对 131 个由国外教育提供者运行的教育项目统计，59 个项目合作者来自英国，66 个项目合作者来自美国，而来自这两个国家的合作者在其国内均只处于二流或三流学术水平；在所有的结对项目中，82% 的项目提供的是职业教育，15% 是技术性项目，而只有 4% 是一般教育[①]。（3）外国教育投资者鲜少对印度的教育市场进行直接投资。尽管根据印度的法律，允许外资 100% 进入到教育领域，但事实上鲜少有外国的教育提供者对学术的长期研究或科学实验设备在印度直接投资。例如，外国服务提供者和印度国内机构合作中最大数目的项目类型就是结对项目，因为它是成本相对较小的选择。项目的一部分将在印度本国得以实施，也不需要外国服务提供者进行巨额的额外投资。相反，作为在教育领域的外国直接投资流入印度和建立机构的表现，外国大学在印度设立校区的做法却最不被重视，因为开设一个分校区需要大量的固定资产投资。上述提到的 131 家外国教育服务提供者中，没有一家在印度开设了自己的校区，虽然有的是通过合作办学的方式进来的。[②] 总之，一般来说外国服务提供者只想用最少的投入获取最大的利益。盈利导向十分明显，质量难以保证。[③]

此外，对于印度的立法者和政策制定者来说，教育国际化的快速发展为规制教育国际化带来诸多矛盾和问题。从印度国内层面，教育国际化层面规制的压力主要来源于地区贸易承诺，因此，其重点问题在于如何在不违反承诺规定的前提下解决国内教育规

---

① Jandhyala B. G. Tilak, Trade in Higher Education: the Role of the General Agreement on Trade in Services, UNESCO, 2011, p.104.

② 迄今为止，外国直接投资在印度设立校区的情形只有 1 例，即美国的私立商业机构希尔文研究所（Sylvan institute）在印度城市海德拉巴（Hyderabad）设立了南亚国际研究所，但仅仅一年之后就关闭了。G. Blumenstyk, Sylvan closes college in India after just a year, citing hostile regulators, *Chronicle of Higher Education*, 3 February 2004.

③ Jandhyala B. G. Tilak, Trade in Higher Education: the Role of the General Agreement on Trade in Services, UNESCO, 2011, pp.103–106.

制的问题。印度目前规制教育国际化的政策和法律框架非常复杂，这也成为印度进一步发展教育国际化的障碍。外国高等教育机构提供的许多项目都没有被它们自己所在的国家鉴定和认可。一方面，有许多这些外国教育提供者及其项目的法律地位是有疑问的，但它们却利用了学生及其家长对于国外教育的跟风心理和盲信来赚钱。例如，据报道，有 46 家外国提供者未获得所在国的认可和鉴定，在 26 家印度合作伙伴中有 23 家不附属于任何印度的大学。许多国外机构及其印度合作伙伴不是被正式认可的高等教育机构。目前高等教育市场的繁荣在很大程度上来自信息的不对称和不完善。印度的许多高等教育机构也与国外大学合作，据报道有大约 150 家高等教育机构与国外大学合作并颁发学位，但它们中大多数是并没有被大学拨款委员会或全印度技术教育协会认可的私立机构，因而它们颁发的学位是没有法律效力的。与国外公立大学与学院之间的合作非常少。因此，这种形式的高等教育国际化被“全然不清楚高标准和教育质量”的外国和印度教育机构所把持。① 虽然盲信外国学位的热度最终会消退，这类外国服务提供者也会被市场所淘汰，但只要继续存在信息不对称和规制机制不完善的情况，这种低质量的服务贸易就一直会存在。另一方面，法律框架的复杂也为对于不同机构和项目的法律定性带来了困难。在许多情形中，外国服务提供者设立的究竟是它的海外校区、特许机构、结对项目还是独立运作的机构并不清楚。

可以说在印度，缺乏清晰而统一的政府政策来规制跨境教育贸易。目前印度的高等教育输入仍呈现上升趋势是有其现实原因的。例如，钻国内规范不健全的空子、能获得高额利润、贴有国外标签的学历容易被用人单位认可，以及学生需求的功利化（更容易去国外深造或更容易就业）等。但这些现实原因会随着市场的逐渐成熟、信息的充分化而慢慢消失。要保持高等教育输入的可持续和健康发展，就要在制度架构上着力。但迄今为止印度政

① S. Paul, Internationalisation of higher education: Strategic implication, *Economic and Political Weekly* 44（9）, 2009, p.37.

府在规制问题上显得犹豫不决、磨磨蹭蹭。在国际层面上，高度仿照GATS框架下所作的（地区贸易协议）承诺显得有些模糊（见表6），这可能是因为高等教育主导部门之间在这一问题上的意见也不一致。人力资源发展部认为应当撤销教育承诺，在这一方面就可能会对出现的问题采取审慎的态度，这些问题包括低质量机构的流入和它们对于整体质量的影响、政府丧失制定自身政策的自由，以及缺乏强有力的规制机制。但商务部十分强调从教育贸易包括可能的外国直接投资中获益。在国内层面上，实际上早在1997年制定涵盖国外机构之法规的需要就出现了，随后的数年，联邦政府也准备了一些涉及外国教育服务提供者进入印度的“门槛”性法规，但并没有制止未获批准且质量可疑的外国机构在印度招徕顾客。印度大学协会曾提出基本赋予外国学位以同等承认的方针，而全印度技术教育协会曾在技术教育领域为外国教育服务提供者制定另一套法规。数年之前，印度政府曾准备了一份关于对外国教育机构准入和运作进行规制的法律草案。据此，所有的外国机构都必须在大学拨款委员会那里登记为准大学，必须在来源国合法设立并得到鉴定。它们应受由来自大学拨款委员会、全印度技术教育协会和其他组织、学术机构之官员组成的咨询委员会的管理。它们被要求必须维持不少于1亿卢比的本金。对于违背法律条款的行为施加制裁，包括撤销准大学的法律地位、扣押本金以及处以不超过500万卢比的罚款等。所有适用于准大学的法律都适用于外国机构，所有的国内法也适用于外国机构。这部法案的目的在于维系国家高等教育的标准，并保护学生群体的利益，检验和控制亚标准或短期操作者，防止高等教育的商业化。但有论者依然担心这同样会造成外国教育机构的涌入、国内公立教育机构过多参与结对项目、政府监管不力导致情况失控，因信息不对称导致优质大学被劣质大学所包围（劣币驱逐良币）等不利后果。[①] 并且在这部法案及其他组织制定的有关法规中，并没有

① Jandhyala B. G. Tilak, Trade in Higher Education: the Role of the General Agreement on Trade in Services, UNESCO, 2011, pp.114-115.

从教育的角度来仔细检验那些重要的问题：印度社会中哪些科学领域的需求是“冗余”的，哪些领域印度拥有比较优势因而要避免让外国机构涉入，哪些领域是短缺的，（多边与双边）教育贸易的替代性措施是什么，高等教育贸易化的积极和消极影响是什么，等等。就此而言，还有待政府去创制出广泛的规则和法规体系。

总的来说，印度的高等教育国际化呈现出增速迅猛但开放无序的状态。政府的态度似乎是将教育贸易视为既成事实，并以某种松散的规则和程序框架予以回应。它有时会对学生们提出忠告，让他们不要参加由未获大学拨款委员会或全印度技术教育委员会承认的国内或外国机构运行的项目。全印度技术教育委员会也会劝导外国机构尽量依据它的法规来登记。整体而言，政府没有对教育的贸易实践采取清晰的立场。即使它有时表现出并不倾向于高等教育商业化的态度，也没有制定国内层面和国际层面上的任何机制来防止这一点。

三、印度实践的原因分析

印度并非 OECD 的成员方，而只是它的强化伙伴会员，也未参与它的评估项目（如“国际学生评估项目”），所以并无直接证据来证明 OECD 是否以及多大程度上通过政策导向或压力对印度的高等教育产生了影响。就印度参与 UNESCO 和 GATS 的活动而言，可以体现出一种“高追求低规制”的特点。一方面，印度自认为是教育大国，很是为自己的传统、文化、哲学而骄傲，也认为在 UNESCO 的框架下自己一直在发挥，也应当继续发挥领导性的角色（至少是地区性的领导性角色），而在 GATS 的框架下国内多元化的高等教育组织形式也为多样化的教育贸易角色提供了便利，因而呈现出繁荣的局面。但另一方面，印度没有在 GATS 下做出一般性承诺的事实，以及国内多元而松散的政策规则又使得这种“繁荣”成为一种无序的繁荣。如果说因为 UNESCO 只是一个在高等教育的公益化领域促进合作的组织，这种规制方面缺失的结果尚显得不明显，那么在 WTO 这种贸易体系的框架下，如果长期缺乏明确而统一的规制机制必然将带来利益冲突和流失，最终必将危及高等教育贸易化本身。印度高等教育领域“高追求低规制”特点的成因同样可以从理念、现实与制度方面去寻找。

首先，在理念上，印度高等教育体系传统上将教育视为一种公共产品和社会领域。促进高等教育的重要目标在于为所有人提供平等的入学机会。[①]印度传统文化，包括教育理念中的许多要素与UNESCO的精神都是相符的，这也成为印度能在这一组织中发挥重要作用并对其项目和活动旗帜鲜明地加以鼓吹的思想基础。圣雄甘地就曾说过：“除非根植于真理和非暴力之中，否则就没有真正的教育。”这与UNESCO宪章的精神是一致的。联合国秘书长最近也说：“教育是建构持久和平和可持续发展的最为根本的基础。”[②]印度的哲学家、诗人和自由战士圣者奥罗宾多（Sri Aurobindo）的雕像矗立在UNESCO的巴黎总部，他的哲学思想经常在执委会与大会的关键性决议中被引用。印度曙光村（Auroville）是UNESCO的长期试点项目，旨在不同种族、文化、语言、观念的融合。相反，面对WTO带来的全球自由化浪潮，印度国内对于高等教育国际化的态度可以归纳为三种立场：第一种立场支持培育高等教育国际化的公共政策，并以学术、文化、社会和政治理由来捍卫一切形式的跨国教育；第二种立场认为高等教育不能被视为可交易的商品，主张跨国教育所产生的创收倾向会对发展中国家不利；第三种立场确信高等教育在全球范围内的贸易化在可预见的将来是不可避免的，因此国家要做好准备努力从新的全球市场中获益。[③]而迄今为止，印度政府的态度是一方面承认教育贸易的既成事实，另一方面也不明确主张教育自由化，立场含混很不鲜明。如何在便利和发展高等教育国际化的同时不

---

① Sudhanshu Bhushan, Trade in Education Services under GATS: Implications for Higher Education in India, *Economic and Political Weekly*, Vol. 39, No. 23, 2004, p.2399.

② Amb. Bhaswati Mukherjee, *India and UNESCO: The dynamics of a historic and time tested friendship*, April 08, 2015, http: //www.mea.gov.in/in-focus-article.htm?25040/India+and+UNESCO+The+dynamics+of+a+historic+and+time+tested+friendship, 2015 年 12 月 31 日访问。

③ Antony Stella and A. Gnanam, Cross-border Higher Education in India: False understandings and true overestimates, *Quality in Higher Education*, Vo.11, No.3, p.228.

损害国家、民族文化和主权者的利益，平衡传统理念与经济利益之间的冲突，并不是一件轻松的事。这是印度政府迟迟不对 GATS 做出一般性承诺和对跨国教育活动采取明确规制的内在原因。

其次，印度政府采取放任自流的现实原因很大程度上是因为现实的经济和社会考量。一方面是国内高等教育市场需求旺盛。尽管印度的教育国际化程度以其前所未有的速度快速发展，但国内对外国学历的需求仍然不断增长。根据 UNESCO 的注册项目统计，到 2020 年，印度在册大学生人数将达到 4400 万人，从而超越中国（3600 万人）和美国（2600 万人）位居第 1。[①] 可以预见，其中有相当大一部分属于外国学位的潜在顾客。当然，印度本身在一定程度上受益于教育国际化。印度的传统优势领域（如瑜伽、印度传统药物）和新兴优势领域（软件、技术）都在教育国际化的大势下成为输出的重要商品。另一方面，国外学位在劳动力市场中的认可度更高。相比较国内学位，具有国外学位的人更容易获得更好的职位和薪金报酬，这一点直接导致了印度学生的国外教育消费和外国教育提供者可以相对轻易地进入印度提供学位服务。概言之，印度之所以在观念上并不明确认可教育作为私有化商品地位的同时默认教育贸易的事实，还是因为其大体处于高等教育输入国的地位，在国际压力和国内需求的双重结构中不得不如此。

最后，印度在国内层面对教育（尤其是涉及外国教育机构进入印度）的规制存在瑕疵，也是由现有的管理体制决定的。印度也是联邦制国家，教育领域的政府权力分配为印度宪法所规定。维系高等教育的标准属于联邦的权力范围，而设立大学则属于联邦和各州共同的权力范围。与此相应的是印度对高等教育的多头管理和规制冲突。按照印度现有的管理体制，涉及对高等教育活动进行管理的机构有三类：一是政策制定机关，包括人力资源发展部高等教育司（主管部门）、印度大学联合会、中央教育咨询委员会、国家高等教育协会；二是规制机构，包括大学拨款委员会、

① CHEA International Commission, *UNESCO and Quality Assurance: Progress and Issues*, Washington D.C., 27 January 2011, p.19.

全印度技术教育协会、印度医学协会、印度药业协会、印度律师协会、国家师资教育协会、印度农业研究协会、印度社会科学研究协会、科学和产业研究协会以及各州的规制机关等；三是鉴定机构，包括国家鉴定委员会、国家评估和鉴定协会。[①]一方面，不同类型的高等教育机构可能受不同机构的管理。例如，邦立大学并不需要遵守大学拨款委员会的规章，后者作为法律上的主体，其职责在于“协调、决定和维系印度大学教育的标准”。另外，全印度技术教育协会的职责只在于对附属于大学的学院的技术教育（包括工程和管理）的计划和协调负责，而大学的其他方面却要受制于其他相关行政机构的管理。所以高等教育的复杂结构反映出一个规制性的法律框架，其中中央和各州层面的各个机构都有自己的议程和地盘。[②]另一方面，现有的规章制度并不清晰，甚至矛盾。例如，2010 年 12 月，全印度技术教育协会允许特定类型的公司成为技术研究所的赞助者，但同时不允许对这类公司进行任何（直接或间接的）外国投资。但根据印度“外国投资促进委员会”的规则，在教育领域进行 100% 的外国直接投资都是被允许的。这里存在的冲突就妨碍了外国投资进入受全印度技术教育协会规制的技术研究所领域。[③]与冲突相反的是，许多允许外国直接投资的高等教育领域却不存在清晰的法律规制。政策监管的矛盾和缺失已成为印度高等教育国家化的重要制约因素。

正因为意识到了这一点，印度前人力资源发展部部长卡皮尔·西巴尔（Kapil Sibal）曾在 2011 年提出过一个“高等教育和研究法案”，建议将各个特殊的规制主体都包含在一个顶层的规制主体

① See India：Higher Education sector–Opportunities for Foreign Universities，Price water house Coopers Private Limited，2012，p.6.

② Rahul Choudaha，Partnerships in India：Navigating the Policy and Legal Maze，in：Laura E. Rumbley，Robin Matross Helms，Patti McGill Peterson and Philip G. Altbach（eds.），*Global Opportunities and Challenges for Higher Education Leaders*：*Briefs on Key Themes*，Rotterdam/ Boston/ Taipei：Sense Publishing，2014，pp.147–148.

③ See India：Higher Education sector–Opportunities for Foreign Universities，Price water house Coopers Private Limited，2012，p.6.

（“高等教育和研究国家委员会”）之下，可惜并未通过。[①]2013年，在印度商会和工业联合会（FICCI）于高等教育峰会上形成的《印度高等教育2030年展望》中，就提出了高等教育规制框架改革的三个主要目标：其一，简化规则和规章，以使得规制机构更透明和无歧义；其二，对可以被所有高等教育机构采纳来用以自我管理的管理框架提出建议；其三，引入通过独立组织对所有高等教育机构进行强制性鉴定的机制。[②]但可惜这只是一份不具有法律效力的建议书，因为FICCI并非法定的规制主体。所以在未来，印度只有在联邦制的宪法框架内强化联邦层面对于涉外高等教育进行统一而清晰的法律政策规制（包括规制主体、规制措施、规制程序等），才能保证高等教育国际化的有序健康发展。[③]

第四节　小结：高等教育国际化的国家义务

一、国际组织与主权国家在高等教育政策规制方面的关系

在今天，国际组织在高等教育之新理念和制度性指令的全球流动中扮演着重要角色。[④]这些组织越来越被视为高等教育政策的

① Rahul Choudaha, Partnerships in India: Navigating the Policy and Legal Maze, in: Laura E. Rumbley, Robin Matross Helms, Patti McGill Peterson and Philip G. Altbach (eds.), *Global Opportunities and Challenges for Higher Education Leaders*: *Briefs on Key Themes*, Rotterdam/ Boston/ Taipei: Sense Publishing, 2014, p.148.

② FICCI, *Higher Education in India*: *Vision 2030* (*FICCI Higher Education Summit 2013*), PDF version, p.52, available at http: //www.ey.com/IN/en/Industries/India-sectors/Education/EY-Higher-education-in-India-Vision-2030，2015年12月31日访问。

③ 也有建议同时应培育高等教育领域的社会责任（See Planning Commission, *Fostering Social Responsibility in Higher Education in India*, PDF Version, available at http: //unescochair-cbrsr.org/pdf/resource/Fostering%20Social%20Responsibility%20in%20Higher%20Education%20in%20India.docx，2016年1月1日访问）。

④ J. Spring, *Globalization of education*: *An introduction*, New York: Routledge, 2009, p.2.

制定者，而不仅仅是政策的咨询者和协调者。[①] 通过改变国家教育政策和政治，国际组织影响着国家计划中教育争论的内涵。[②] 但是，这并没有完全消除民族国家的角色，只是促使了国家形式的转型。[③] 总的来说，国际组织对于各国的高等教育政策的影响呈现出动态复杂的色彩，影响的过程也是各不相同且与内容密切相关的。这毋宁被看作各个国际组织与各个主权国家之间的复杂博弈过程。这种博弈既是权力关系的博弈，也掺杂着价值关系的博弈。就本书所涉及的 UNESCO、WTO（GATS）和 OECD 和以美国、德国与印度为代表的主权国家而言，我们可以发现主权、人权与市场三个要素在教育国际化背景下一国法律政策的制定过程中发挥着相互牵制的关系。有时，是以主权（国家）为一方，而以人权（UNESCO）或市场（GATS 和 OECD）为另一方之间的博弈，这是一种权力关系的博弈，集中表述为前面提及的国家主义的主权观与普遍主义的主权观之间的紧张关系，涉及对主权及其限度的理解。有时，特别是在将高等教育视为公共产品的思想比较深厚的国家，又呈现出以人权（以及支持这种观念的主权国家）为一方面，而以市场（GATS 和 OECD）为另一方之间的博弈，这同时体现的是一种价值关系的博弈，涉及对高等教育之本质的理解。

（一）权力关系：国家主义 VS 普遍主义

教育（包括高等教育）在传统上原本是一国国内的排他性事务。在现代形式的国家兴起之后，一国政府就将教育吸纳进了它的公共产品（public good）的范畴之中：它开始活跃地规制私人行为，给予财政支付，在广泛的社会经济领域——从卫生保健到社会保险，从劳动力市场到教育——提供服务。作为其结果，教育

---

① Lingard M.Henry, F. B.Rizvi and S. Taylor, The OECD, *globalization and education policy*, Oxford: Pergamon Press, 2001, p.3.

② K. Leutz, T. Brand, A.P.Jakobi, K.Martens and A. Nagel, *Analysing The Two-level Game: International and National Determinants of Change in Education Policy Making*, TranState working papers, No. 72, Bremen: Collaborative Research Center 597, Transformations of the state, 2008, p.2.

③ S.L. Robertson, X. Bonal and R. Dale, GATS and the Education Services Industry: the Politics of Scale and Global Reterritorialization, *Comparative Education Review*, 46(4), 2002, p.472.

变成了现代国家的一种“规范性的善”（normative good）。[①] 在今天，是民族国家自己主要决定着该国教育体系的结构，为国民教育提供资助，通常也为与这一领域相关的任何成就和困境负责。国家与教育之间的这种紧密联系甚至是在世界社会层面上也成了支配性的现象，被几乎认为是理所当然之事。但另一方面，众所周知的是，随着资本、产品、服务、信息的大幅度跨境流动，尤其是金融市场和大公司的活跃行为，国家组织生产并控制其财政政策的能力受到了很大的限制。通信技术的广泛传播很大程度上是因为信息和知识的传递打破了领土的疆界。经济全球化伴随着政策制定的全球化。UNESCO、WTO 和 OECD 等组织在第二次世界大战之后就已经出现，但在 20 世纪 90 年代之后它们政策议程的范围、角色和幅度得到了极大的扩张，表达也界定着全球化的过程。这也同样适用于高等教育政策。用学者贝克（Beck）的话说，政策制定现在已是跨境的（trans-national）了，即国家界限一定程度上被消除和融合了，权力从全球领域流动到民族国家的权力场域。跨国政策包含着民族国家的政策，而民族国家的政策变成了跨国政策细致化的场域。在这方面 UNESCO、WTO 和 OECD 等组织发挥着中枢性的作用。因为正是在这里而不是国家、公共领域或组织那里，“全球政策的元权力游戏规则被谈判、记载和重述，这些规则从根本上改变着一国的国家政策和社会”[②]。国际组织如今已越来越成为高等教育领域的独立行动者了。[③] 尽管如此，民族国家在一国高等教育事务上依然起着关键性的角色，即使是规制力最强的 GATS 框架中，也不否认一国政府在此一领域的作用，并

① Achim Hurrelmann, Stephen Leibfried, Kerstin Martens and Peter Mayer, The Golden Age Nation State and its Transformation - A Framework for Analysis, in: Achim Hurrelmann, Stephen Leibfried, Kerstin Martens and Peter Mayer (eds.), *Transforming the Golden Age Nation State*, Houndsmill and Basingstoke: Palgrave Macmillan, 2007, p.3.

② U. Beck, Power in the Global Age: A new Global Political Economy, London: Polity, 2005, p.162.

③ Kerstin Martens and Klaus Dieter Wolf, PISA als Trojanisches Pferd - die Internationalisierung der Bildungspolitik in der OECD, in: Selbastian Botzem, Jeanette Hofmann, Siegrid Quack, Gunnar Folke Schuppert and Holger Strassheim, *Governance als Prozeß: Koordinationsformen im Wandel*, Baden-Baden: Nomos, 2009, S.357.

将政府为达成公共目标而予以运行的教育机构排除在适用范围之外。[①] 所以，即使国际组织的政策在今天对于各成员方的影响力日益加大，也不能说各成员方政府就成为前者高等教育政策的单纯的应和者和执行者，它们在面对这些政策时同样有自己的独特考量，会相应采取不同的应对措施。正因为如此，作为同一国际组织成员方的不同国家也会对同样的国际政策做出不同的处理方式。所以准确地说，一国高等教育政策最终的确定是一种“双层游戏”的结果：国际组织对教育的政策规制是驱动因素，而国家对教育政策的独特考量（国家转化能力）是中介因素。[②]

在这种双层机制的运作下，如果一国对教育政策的独特考量与国际组织对教育的政策规制大体相吻合，国际组织的规制政策在国内的实现就会比较顺畅，而此时国家就会秉持一种“普遍主义”的主权观；如果一国对教育政策的独特考量与国际组织对教育的政策规制相冲突，国际组织的规制政策在国内的实现程度就较低，甚至无法实现，此时就显现出“国家主义”的主权观。这一方面取决于国际组织的运作模式，另一方面也受到国家独特考量的影响，后者又包括了一国的价值理念、现实考量与体制结构。

例如，UNESCO 的性质、运作、规制模式与其他两个组织都不相同。虽然它的规范性文件对于其成员方都具有直接的法律拘束力，但由于其只是一个“致力于全球合作”的国际组织，其目标并不在于直接向成员方下达明确的指令，所以它发挥作用的方式主要是对一系列涉及高等教育的标准进行定义和阐释（规范模式）并提供各种技术和经济支持（其他运转模式）。它的政策规制如果要在成员方中取得实效，主要依靠成员方与它在价值理念上的一致性。德国和印度之所以都是 UNESCO 高等教育领域的积极参与者，在很大程度上是因为这两国传统上都将高等教育视为

① 即使是积极鼓吹教育贸易自由化的美国，也在其谈判提议书中指出，“政府保留规制权以吻合国内政策目标的原则应得到尊重”（Jane Knight, Trade in Higher Education Services: the Implications of GATS, *The Observatory on Borderless Higher Education*, 2002, p.22）。

② 参见第二章第一节图 1 信息。

应首先由政府来负责提供的公共产品，是培育一国国民之素养、提高国家人力资源实力的重要途径（尽管具体理念可能会有所不同）。从公民的一方讲，是将高等教育作为公民权利和人权的一部分来看待。作为人权，就是人之所以为人的构成要件，从而不能完全用市场化的原理（等价支付、有偿获得）去理解，而是必须保障的公共产品。UNESCO 长期以来在全球范围内确立和传播一种普适性的人权观念，其中就包括教育权，它通过资金和技术对发展中国家的倾斜性支持也使得对于地区性的教育政策产生了重要影响。此外，现实原因是德国和印度积极参与 UNESCO 活动的另一个重要考量。第二次世界大战以后，德国将高等教育获得国际认可作为重返政治大国地位的重要一环，而德国作为德语区高等教育领导者和印度作为地区性（亚洲）教育大国的地位也促使两国积极谋求与 UNESCO 的合作，以继续保持和发挥在此一领域的影响力。相反，美国之所以能与 UNESCO 采取不太合作的态度（二次退出 UNESCO、不交会费），同样有其价值理念和现实原因。从价值理念上讲，美国深受新自由主义思想的影响，即将高等教育视为可交易的商品，并且由于一直以来就存在的人权双重标准的影响，仅仅将教育权保障的关注点放在本国，对于将高等教育作为人权推广到世界其他地区缺乏动力，更何况 UNESCO 后来发展出的人权观与美国自己的并不一致。从现实原因看，作为 UNESCO 创始国的美国开始只是想将它作为推进国际文化战略与对外政策的工具。一旦当这个工具不好用时，它自然会舍弃不用。这当然也与美国作为超级大国的地位有关。另外，UNESCO 与其他经济组织的一个很不相同之处在于，尽管其会费是按照各成员方的经济实力来按比例分摊的，但投票权却并不是按照会费比例来分配的，而是一国一票，以贯彻各国平等的原则。这样一种机制无疑对于分摊会费较多的超级大国美国不利，而对于分摊会费较少的国家而言却同样有机会来影响国际教育政策的出台，自然为它们所欢迎。从而对于 UNESCO 的规制政策，德国和印度表现出的是一种普遍主义的主权观，而美国呈现出的却是一种国家主义的主权观。

与此不同，GATS 框架下权力关系的不平等性显现得更加明显，这与它们的政策制定模式有关。有学者将这种政策制定模式称为网络状的或“网制”（netocratic），而不是“民主制”（democratic）。[①] 网络制结构基于共同的价值、目标和行为标准将成员 / 节点包容进来或排除在外；它们拥有政治、组织、物质和知识的能力去使得资源流动以满足其任务和“解决问题”；它们通过在执行某些功能和达成具体任务方面所展现出的效力获得广泛的正当性，它们具有一种“威权主义”（authoritatianism）。民族国家通过参与跨国网络结构和通过将它们的决定对于其公民合法化来支持这种模式的政策制定。这里所借助的机制是“网制”的表达和参与者、跨国政策制定的不对称和不透明的程序。就 GATS 的结果、过程及其大量附随的协议而言，WTO 就是一种极不对称的经济网。形式上，WTO 的决议是由所有成员方的贸易部部长和代表来一起参与的。但能导向正式决议的关键性谈判却是由少数代表在小范围的非正式会谈中确定的，而许多国家，特别是贫穷的国家并无实质性的发言权。就像针对 WTO 的研究所显示，谈判的透明度非常低。[②] 该机制并不要求各国政府对外表明它们的立场。谈判代表无须向本国的议会汇报谈判的基本情况，因而对于谈判缺乏公共控制。在实践中，WTO 的决议是由来自经济强国的代表们的私下会谈决定的，他们维护的是本国及其大公司的利益。WTO 中不平等的权力关系随处可见，这尤其体现在 GATS 框架下达成的协议无须以互惠为前提。因而通过 WTO，富裕国家可以对贫穷国家施压，让其取消贸易壁垒，但前者却可以维系自己的贸易壁垒——通常是保留关税和补贴特殊商品，以至于后者无法出口自己的产品。[③] 依照 WTO 和 GATS 的运作方式，如果一个国家不愿意将它的某个经济领域开放以加入国际竞争，它依然有权就自身对他国市场的准入进行个别的谈判。所以来于强国的

---

① M. Castells, *the Rise of the network society*, 2nd ed, Oxford: Blackwell, 2000, p.15.

② Susan L. Robertson, WTO/GATS and the Global Education Services Industry, *Globalisation, Societies and Education* 1, No.3, 2003, p.259.

③ J. Stiglitz, *Globalisation and its Discontents*, London: Penguin Books, 2002, p.57.

投资者可以进入外国市场，即使它们的政府并不接受来自境外的投资者。正是这种内在的不对称的权力，再加上美国作为经济大国的地位，使得美国可以大肆鼓吹和推广 GATS。因为它可以一方面要求发展中国家移除保护性壁垒，另一方面却拒绝取消资金的关税壁垒和对特殊产品进行补贴。美国可以从这种机制中获益良多。相反，德国之所以对于 GATS 并不热衷，是因为它并不将高等教育作为盈利的部门，其每年在这一领域输入和输出的贸易总额并不大，基本上相对平衡。因而尽管作出了相对广泛的承诺，却没有强大的动机去参与。再加上价值理念的冲突和维系传统高等教育制度的考虑，因而置身于事外。而印度作为高等教育输入国，尽管每年有较大额的教育贸易往来，但却迟迟没有作出正式承诺，也有因加入这种不对等机制而过度损害本国教育产业的担心。总的来说，很大程度上是因为 GATS 框架所内置的国家间权力关系的不平等性，使得各国根据自己的实情采取了不同的选择。

OECD 的工作尽管主要是发布量化的数据和报告（信息模式），从而具有“研究”的表象，但是区分政策与研究从来就不是轻易的事，政府选择来支持哪些研究、选择哪些人来实施这种研究本就是政策性的。[①] 专业知识的生产和运用是非常重要的政策制定过程和工具。而从几十年来 OECD 对教育活动的参与来看，选择、监管、维系和决定研究和政策方向的并非 OCED 委员会的成员方代表。这里所存在的权力关系的不对等性是与成员方对组织的财政资助（由各国的经济规模来决定）的不相等带来的。7 个国家（G8 中除了俄罗斯）贡献了组织经费的近 80%，其中美国独自占了 25%。财政上的不平等导致了作出涉及研究和政策的决定时权力的不平等。例如 20 世纪 80 年代，美国和英国的代表对这一组织施加了很大的压力，使得它在研究议程中赋予“基本技术”这一项很高的优先性，并强化了美国正在发生的“返回基础知识

---

① G. Papadopoulos, *Education 1960-1990: The OECD Perspective*, Paris: OECD1994, p.16.

运动”（back to basics movement）以及英国在那段时间引入的国家课程表。此外，在同一时间，美国还要求 OECD 进行基于表现指数的比较研究，并对该组织施加了直接的压力。[①] 尽管如此，但由于一方面英、美在当今的高等教育领域占据着高端的地位，其理念和措施被其他国家所仿效和追随；另一方面这些指数和要求虽然是“有目的、有选择的”，但也在一定程度上代表着普遍性的要求，所以这些数据和比较研究对于成员方的决策事实上产生了很大的影响。德国一方面出于现实原因——想要在这些“国际化的”指标体系中获得更好的表现，以重新树立自己在欧盟和世界范围内教育强国的地位；另一方面也由于“合作联邦主义”的体制传统，德国能够在联邦和各州的层面比较好地达成一致，迅速推进同一套教育政策。相反，美国基于自己一贯的双重标准（价值理念）和优势心理，也由于复杂分散教育体系带来的应对迟缓，这些数据和比较研究对于美国反而看不到有什么显著的影响。这种对抗式联邦主义和这种去中心化的教育体系也是美国一方面积极鼓吹教育贸易自由化，另一方面却在各地利益集团的支持下保护主义盛行的一个原因。

综上所述，国际组织对高等教育的政策规制在多大程度上塑造着国家最终的高等教育政策，受到该国的价值理念、现实考量和体制结构的影响。关于教育人权（保护和自由化）的双重标准、作为超级大国和教育强国的地位以及对抗式联邦主义和分散化的教育体系使得美国采取了单边主义和国家主义的主权观念。而关于教育作为公共产品的价值观念、将高等教育作为提升国际地位而非盈利工具的现实，以及合作联邦主义的特点促使德国面对 UNESCO 和 OECD 的规制采纳了普遍主义的主权观念，而对 GATS 也更多呈现国家主义的观念。至于印度，同样由于其将教育视为和平和可持续发展的力量以及作为教育输入国的地位，使得它对于 UNESCO 持普遍主义的观念，而对于 GATS 作出正式承

① Stavros Moutsios, International Organizations and Transnational Education Policy, *Compare*（*A Journal of Comparative and International Education*）, Vol.39, No.4., 2009, p.473.

诺则显得犹豫不决。

（二）价值关系：人权（公共产品）VS. 市场（商品）

现实考量和体制结构都是客观的存在，其需要随着客观条件的变化而变化。与此相比，价值理念属于主观因素，但由于它与一国历史传统、文化心理的密切联系，它的改变反而可能更加困难。在高等教育国际化的过程中，一直有两种观念在相互纠缠和抗争：一种将教育作为基本人权（需要由国家提供并管制以保障其实现的公共产品）；另一种将教育视为市场上可交易的商品（应当被私有化、自由化、去管制化）。

支持将教育视为基本人权的主要是以 UNESCO 为代表的政治组织。在国际人权法上，人权被认为两类：一类是公民与政治权利；另一类是经济、社会与文化权利。教育权一开始被归类为经济、社会和文化权利，但现在则被认为同时属于这两者。它的公民与政治维度在于它要求对自由的尊重，而它的社会和经济维度要求国家为教育提供必需品和 / 或资助，作为文化权利的教育通常则要被认为一项集体权利。[①] 教育权是一项"授权权"（empowerment right），因为它"本身是人权，同时也是实现其他人权必不可少的手段"[②]。教育不仅是经济、社会、文化权利，更多的是一种全球性概念，它反映了人权的不可分割和相互依赖性。[③] 事实上，教育权被认为是"国家所能做的最佳投资"[④]，因为它允许个人卷入社会，参与共同体的政治和经济生活，与贫困或压迫相抗争，最重要的是从"人之存在的乐趣和回报"中获益。[⑤] 因而教育权是一项基本权利，是实现政治、公民、经济、文化和社会权利

---

① Katarina Tomasevski, Manual on Rights-based Education: Global Human Rights Requirements Made Simple, 2004, p.3.

② General Comment No.13 on the Right to Education, Committee on Economic, Social and Cultural Rights, 21 st Sess., U.N. Doc. E/C.12/1999/10 (1999), at para.1.

③ General Comment No.11 on the plans of action for primary education, Committee on Economic, Social and Cultural Rights, 20 th Sess., U.N. Doc. E/C.12/1999/4 (1999), at para.2.

④ General Comment No.13 on the Right to Education, Committee on Economic, Social and Cultural Rights, 21 st Sess., U.N. Doc. E/C.12/1999/10 (1999), at para.1.

⑤ Ibid.

的工具。西方的人权观念一直以来强调的是对公民和政治权利的保护，因而一开始阻碍了教育权作为基本权利的出现。它最初是由社会主义国家作为“第二代人权”提出来的，直到“冷战”结束后才成为国际层面实施的严肃努力。但通过当代国际人权法的发展，尤其是通过联合国人权组织的努力，教育权的重要性已经获得了广泛认同。

虽然教育权具有广泛的适用领域，是对所有人教育的权利，但对这一权利的精确和恰当适用取决于特定成员方中盛行的条件。[①] 像其他人权一样，教育权依赖于国家的行为和政策。但与其他人权相比，教育权更多依赖于国家的行动而不仅仅是国家的回应。教育权无法被简单地“践行”或“享有”。个人是这一权利的接受者，国家则是有提供这一权利的义务承担者。所以，一套以人权为基础的教育的概念框架既包括教育权的内容体系，也包括国家的责任体系。[②] 一方面，对教育权规范性内涵的实施依赖于某种机制和原则，它们保障着这一权利的整体性及其基本特征。教育策略对于确保学校体系的有效运作和容许教育权可行、被认可和可调适而言是必要的。教育策略必须要能够减少事实上歧视弱势群体的机会，确保教育质量的改进，限制实质教学条件的恶化等。就高等教育权而言，有两个原则是非常重要的。一是非歧视与平等对待原则，它要求国家采取一切必要的措施来消除实践中的歧视。这一原则可以用来证立某些歧视措施或平权行动（affirmative actions），即国家对于某个特定的群体采取优越对待以避免其处于不平等的境地。二是学术自由与机构自治原则，它保护教学人员的创造性与表达自由，要求机构管理中存在特定程度的自治。[③] 另一方面，教育权是一种进展性的权利，受制于国家的进展性实施，它有具体和持续的义务去迅速有效地充

---

① General Comment No.13 on the Right to Education, Committee on Economic, Social and Cultural Rights, 21 st Sess., U.N. Doc. E/C.12/1999/10 (1999), at para.6.

② 框架可参见 *A Human Rights-Based Approach to EDUCATION FOR ALL*, United Nations Children's Fund (UNICEF) / United Nations Educational, Scientific and Cultural Organization (UNESCO), 2007, pp.29–35。

③ General Comment No.13 on the Right to Education, Committee on Economic, Social and Cultural Rights, 21 st Sess., U.N. Doc. E/C.12/1999/10 (1999), at para.32.

分实现这种权利。国家不仅有行为义务，也有保障其结果的义务。[①]具体来说包括两个方面。一是国内义务，包括尊重（不干涉教育权的享有）、保护（确保第三方不干涉教育权的享有）和满足（为教育权的享有提供必要的条件）。[②]二是国际义务，一方面是与其他国家合作来满足其教育领域义务的国家义务，如《联合国经济社会文化公约》第2条和第13条就一起创设出了不同国家在国际层面相互合作来充分实现教育权的团结义务；另一方面是国家的警惕义务，它们必须确保作为国际组织（包括国际经济组织）成员方的行动对教育权予以恰当的考量，并不得以其能力来干涉其义务的履行。国家不得因为将其部分权力或主权转让给了国际组织就无须承担它们保障教育权的责任。这种责任尤其是针对GATS这类组织而言的。

将教育与市场联系起来的观点可以分为两种。一种是将教育部门作为一项贸易产业，将教育（教学）作为市场上可交易的商品，这是GATS的态度。在GATS谈判中，占主导地位的是商业语汇、发展策略和管理技术等商业策略。例如，在贸易术语中，国家是“进口者（国）”和“出口者（国）”，教育是通过“模式”来提供的。而高等教育领域的很多活动与这种贸易术语可能原本并不融洽。[③]这一策略与作为公共产品的人权概念是相冲突的。事实上在GATS之下本就存在将人权转化为服务贸易的风险，因为市场在其政策中是支配性要素。诚如有学者所言，“教育被纯粹作为商业性的、可交易的商品来对待。这里并不认可这些观念：教育是作为建构民族的手段、知识的储备、传递文化和语言的工具，富有活力的民主和观念竞争的前提、革新和变革的来源，是一种本身值得追求的活动”[④]。所以，GATS的一般性质及其固有的精神

① M. Nowak, The Right To Education – Its Meaning, Significance and Limitations, *Netherlands Quarterly of Human Rights*, Vol.9, No.4., 1991, p.442.

② General Comment No.13 on the Right to Education, Committee on Economic, Social and Cultural Rights, 21 st Sess., U.N. Doc. E/C.12/1999/10(1999), at para.48.

③ Julie Nelson, *U. S. Update on GATS: January 2004*, American Council on Education, http: //www.acenet.edu/programms/international/gats/2004-update.cfm，2016年1月4日访问。

④ Jane Kelsey, *Ten Reasons Why the GATS is Bad for Public Education*, Association of University Staff of New Zealand, November 22, 1999, at para.2.

倾向于蕴示，GATS 的一切例外都具有暂时性。协议没有涵盖的领域明天将被包含进来。只要想一想个别承诺表的结构就可以清楚这一点。教育部门被分为四个子部门。具体承诺表是以子部门，甚至子子部门的方式来作出的，国家有权使用额外的区分。此外，国内教育市场的结构处于永恒的变更之中，所以 GATS 下“教育服务”的定义会变化。[①]将教育分解为活动与子部门本身就说明 GATS 谈判的经济路径，也暗示固有的议程可能会一点一点、一个子部门一个子部门地涵盖所有教育活动。

另一种将教育与市场联系起来的观点是将教育作为培育人力资本的手段，这是 OECD 的倾向。追求人力资本之发展是 OECD 政策的核心。事实上，除了 20 世纪 60 年代中期到 70 年代中期的短暂中断（由于西方国家兴起要求教育民主化的社会运动），OECD 从未停止过将教育主要视为生产人力资本以回馈其成员方之经济发展的观点。[②]在 20 世纪 80 年代，与流行于西方国家的经济理念完全吻合，OECD 开始力推这样一些议程：教育的成本与效率、基本技巧和对学生成绩的监控。在 1990 年以后，新技术、终身学习、高等教育、指数建构和就特定主题周期性颁布行为数据等被添加到了议程上。这一整个政策领域都受到 OECD 关于人力资本的主要意识形态的驱使，这种态度可以在各个关于当代教育改革应当追求之主要目标的官方陈述中被找到。[③]所有教育阶段，包括高等教育阶段，都被视为有助于生产力的发展，因而所有类型的教育资助都应该向这一目的去努力。像“国际学生评估项目”（PISA）就被认为是 OECD 测量人力资本的手段，这一组织现在已

---

① *Education services*, *Background Note by the Secretariat*, Council for Trade in Services, WTO, S/C/W/49, September 23, 1998, at para.3, 4.

② G. Papadopoulos, *Education 1960-1990*: *The OECD Perspective*, Paris: OECD1994, p.18.

③ 例如参见 OECD, *Progress and output results of the Programme of Work 2002 to 2006*。*Meeting of OECD education chief executives*, 22-23 September 2005, Copenhagen: OECD：“国家的繁荣在很大程度上要从它们的人力资源中获得，为了在一个迅速变迁的世界中获得成功，个人需要终其一生提升他们的知识和能力。教育体系需要通过培训知识和能力、通过强化承认在校外继续学习的能力与能力，来为此提供强有力的基础。”

在促进“高等教育国际学生评估项目”（PISA for higher education）的观念了。[①] 此外，按照后来提出的理念，通过教育体系提升人力资本应当与强化“社会资本”与“社会聚合”相伴随。这指的是分享规范和价值的个人整体，它能在一个运行良好的市场社会中有利于经济增长。[②] 为此，教育的目标在于个人学会发展出“协作生活”的模式以便帮助他们获得经济资源。所以，与将教育视为直接能带来利润的商品不同，将教育视为人力资本之手段的观点注重的是个人教育与社会经济增长之间的间接联系。但不管怎么说，将教育与市场并列的主张，其背后的理念是一样的，即一种新自由主义的价值观。它要求国家教育政策的自由化、私有化和去管制化。

在当代国际化背景下，保障人权的国际法律体系与促进教育贸易的法律体系之间对立明显，但难以彼此取代。实践也证明，像某些学者所建议的那样，保护教育免受经济一体化的影响，将它放逐于 GATS 和 WTO 的活动领域之外，[③] 变得越来越不可能了。但反过来，我们也并没有看到国际经济组织的法律体系全面压倒人权法律体系及其话语的现象发生。同样，在国家的层面上，很少有国家会在上述人权与市场的对立中偏执一端，而总是试图作出某种协调。当然，协调的结果可能是以人权为原则而以市场为例外（如德国），也有可能是以市场为原则而以人权为例外（如美国）。这说明，一国需要确立其关于高等教育的主要基调，如果需要在特定条件下偏离这一基调则需作出细致的限定，并提供充分的理由。这是中国在相关国际组织的前提下，应对国际组织的政策规制时尤其需要注意的。

---

① OECD, *Quality, equity and efficiency: Meeting of OECD education ministers higher education - Chair's summary*, Athens, June 27–28, http://www.oecd.org/dataoecd/62/21/37032873/pdf., 2016 年 1 月 4 日访问。

② OECD, The well-being of Nations: the Role of Human and Social Capital, Paris: OECD, 2001, pp.9–13.

③ Pierrick Devidal, Trading Away Human Rights? The GATS and the Right to Education: a Legal Perspective, *Journal for Critical Education Policy Studies*, Vol.2, No.2, 2004, p.29, 54.

二、国家承担高等教育国际义务的一般准则

在以上阐述的基础上，本书对国家如何承担高等教育国际义务做一些准则性的总结。从最为一般的角度而言，国际组织都是基于一定的公约和条约而设立的，这些公约和条约就是主权国家之间基于平等自愿原则而签订的“契约”。因而基于“有约必守”的契约精神，作为国际组织成员方的主权国家必须要遵守这些契约以及国际组织的政策规则，因为它们同样是参与作出这些规则的主体，遵守它们是一种自我约束，也是一种道义义务或政治义务。但是，由于高等教育国际化领域的典型国际组织的规制方式——UNESCO 形硬实软的条约条款和规范模式（及其他运转模式）、GATS 需经特殊承诺才能产生法律拘束力（且有适用范围的限制）、OECD 用信息模式的软影响——为主权国家的选择留下了不小的空间，而主权国家也可以凭借自己的特殊考量在这一空间内作出自主的应对。基于价值理念、现实原因和体制结构三方面的考量，我们可以归纳出三个一般准则。

准则一：国家与国际组织关于高等教育的价值理念越接近，它就越可能承担国际组织政策规制下的国际义务；反之，则承担义务越不可能。

作为文化遗产，价值理念被包含在制度性结构和对国家的集体解释图式之中，它在某种程度上预先决定着一国的发展，因为它使得某些路径比其他路径更为可能。关于高等教育的理念对国家体制性行动者（如政府、立法机关或其他有影响力的组织）的偏好和利益具有长久的影响。在阐述价值理念对于高等教育政策制定过程的影响时，可以区分为三个具体性程度不同的层面。（1）世界观（world views）。它指的是深植于文化之中的理念，包括关于世界的某种界定。上面关于高等教育属于公共产品和关于高等教育属于市场上可交易的商品的观点其实就属于最流行的两种关于高等教育的世界观。所以，世界观可能涵盖高等教育的终极目标或正当化对高等教育本身的叙述。（2）原则化的信念（principled beliefs）。它指的是什么是对的、什么是错的，或者什么是规范意

义上的正当行为与不正当行为。义务教育与免费高等教育就是原则化信念的例子，它与更广泛的世界观即教育属于公共产品相吻合。(3)因果信念(causal beliefs)。它是关于手段—目的之关系的信念。因果信念与行动者的知识或关于如何达成既定目标的假定相关。例如，旨在引入更多基于高校表现的资助措施的政策改革策略就说明了有关公立高等教育的因果信念。两个国家之间因果信念的差异可以说明为什么它们会采取不同的政治策略，尽管可能两者的顶层目标是相同的。[①] 在以上三个层面中，世界观包含着关于高等教育的顶层目标，原则化信念和因果信念界定着为了达到这一顶层目标，什么样的选择是正当的和因果上是充分的。在三个层面中，世界观是根本性的，协调起来比较困难，世界观不同的国家对于同一国际组织的政策规制可能会采取截然相反的应对措施；世界观相同但原则化的信念或/和因果信念不同的国家对于同一国际组织的政策规制可能会采取有差异的措施，但协调起来却相对容易。

现代社会是一个多元社会、现代国家是理念多元的国家。在一个国家之内，不可能只存在一种关于高等教育的世界观。但是，不同国家可能对于不同观念的强调程度是不同于其他国家的，这是因为不同国家的决策体制或者说决策者是有倾向性的，因而必然存在“主流”世界观。美国的高等教育世界观与德国、印度的高等教育世界观就必然存在主流倾向上的不同。此外，即使不同国家的价值理念大体一致，高等教育领域为达成同一顶层目标的具体政策手段也可能存在很大的差别。德国和印度尽管在将高等教育视为公共产品上大体一致，但在原则化信念和因果信念的层面上并不相同，如德国注重精神和学术教育，而印度注重职业教育，德国基本提供免费的高等教育，而印度则实施收费教育。我们在分析和规范化中国的高等教育政策时亦要注意这些层面的

① See Judith Goldstein and Robert O. Keohane, Ideas and Foreign Policy: An Analytical Framework, in: Judith Goldstein and Robert O. Keohane (eds.), *Ideas and Foreign Policy: Beliefs, Institutions, and Political Change*, Ithaca, London: Cornell University Press, 1993, pp.3–30.

区分。

准则二：国家关于高等教育的现实考量与国际组织的任务越吻合，它就越可能承担国际组织政策规制下的国际义务；反之，则承担义务越不可能。

一国的现实因素总的来说就是该国的国情。一国的国情从长期的角度看是可以改变的，但在短期上却可能影响国家的决策，甚至成为政治决策的主要影响要素。就高等教育领域而言，影响国际组织规制政策在一国内落实的国情主要包括两个方面。一是该国高等教育的整体实力（输出国抑或输入国）。美国之所以可以无视 OECD 的数据和研究成果，可以在 GATS 框架下作出很少的承诺但却利用它来继续获利，归根结底是因为该国强大的教育实力（及其背后的社会、经济、政治实力）。即使很强势，在国际谈判中条件定得很苛刻，美国的高等教育机构依然有其充足的生源。相反，印度虽然表面上仍不肯明确承认教育贸易自由化，但实际上却采取放任高等教育贸易的大量发生，也是因为其作为教育输出国的整体地位决定的。所以，是一国在教育市场上的地位（买方市场抑或卖方市场）在很大程度上影响了该国对于国际规制的态度。二是一国如何看待高等教育对于其政治目标的作用。美国尽管一开始将 UNESCO 作为推进外交政策的工具，但后来该组织关于高等教育的定位与美国并不一致，更兼它主要将教育视为商品来作为盈利手段，并不与特定政治挂靠，所以没有动力承担更多国际义务。相反，由于特定的历史传统和原因，德国与印度都意图将高等教育作为实现自己这一领域领导者的地位，作为在国际政治舞台上发挥影响力的平台，因而积极应和 UNESCO 的政策。

准则三：国家的高等教育体制越是强调合作与统一，它就越可能承担国际组织政策规制下的国际义务；反之，越是强调对抗与分散，则承担义务越不可能。

一国的体制结构对于国际组织政策规制在国内实施的影响可以通过“否决者”（veto player）这个概念来把握。否决者描述出了国家通过政治体系的正式结构及其政治行动者来进行政策变迁的潜在能力。政治决策的制度性框架旨在说明政治体系的某种正式特征，如联邦制，是如何可能来促进或阻碍高等教育领域的政策变迁的。因为如果某个行动者拥有否决权，它（本书中在“组织”的意义上来理解行动者）就会运用这种权力来促进它的利益，也会否决有违其利益的决策。[①]而如果这个行动者的意见对于改变现状来说是必要的，那么它就是否决者。换言之，一国体制结构中的否决者（否决权的拥有者）对于阻碍或促进国际组织作出的政策建议起着不可替代的作用。否决者可以被分为两类：[②]一类是制度性否决者，指的是那些被一国宪法及相关法律所特定化的政治行动者，如总统、议会（上议院、下议院）或联邦主义。在此意义上，只有拥有正式否决权的主体才是制度性否决者。例如，在高等教育领域，从2007年的联邦主义改革之后，联邦德国政府就不再拥有正式的否决权了。自此开始所有的否决权都掌握于联邦州政府（通过联邦参议院）之手。前已述及，联邦制之下，教育（高等教育）领域事务的主要否决者是联邦各州的政府。但由于美国的对抗式联邦主义与德国的合作联邦主义在实际运行中有着很大的不同，前者即使在联邦层面上加入的国际组织条约也会在州层面上被否决，而后者经常通过联邦与州共同的非宪法合作与协调机构达成一致见解（也是在这种机制中平衡好了各自的利益），所以两国的制度性否决者所起的作用并不相同。印度的情形更为复杂，同样在联邦制下，政策制定权却分散在联邦和州的政府机关以及各个联合会、协会和委员会手里，这就造成了否决者众多而难以有效改变现状的事实。另外一类是非制度性否决者。例如，美国的“国家国际教育贸易委员会”、印度的“外国投资促进委员会”等。这类机构虽然并非高等教育领域法律上的政策决定者，但它们可以游说制度性否决者或通过其他方式影响政策制

---

① Steffan Ganghof, Promises and Pitfalls of Veto Player Analysis, *Swiss Political Science Review* 9, 2003, p.2.

② 参考了 George Tsebelis, Decision Making in Political Systems: Veto Players in Presidentialism, Parlimentarism, Multicameralism and Multipartyism, *British Journal of Political Science* 25, 1995, pp.302–309。该作者所认为的两类否决者包括制度性否决者和党派否决者，但由于本书的语境，第二类否决者改为非制度性决策者更为合适。

定，从而对否决发挥实际作用。此外，高等教育机构本身虽然并非任何意义上的否决者，但它们的类型和特点（多样化还是单一化、去中心化还是与政府关系密切）都会影响国际组织规制政策的实施。这些都构成了一国教育体系的构成要素。

不同的否决权构成样态能用以说明为何某些国家对于国际组织的规制反应迅速，而有些国家则进展缓慢或没有显现出任何政治回应。总的来说，参与高等教育政策制定过程的否决者数量越多，它们的原则化信念或因果信念的差别越大，政策变迁的难度就越大，因为政策改变需要获得所有否决者的赞成，而可接受的妥协的达成会更困难。只有当政治体系中各个否决者关于教育的理念与国际层面意图促进的理念高度一致，特定政策改革才会被推进。但反过来说，一旦改革成功，其成果将会比否决者较少的体系更为稳定。[①] 所以相比于联邦制和分散化的教育体系，单一制和拥有集中管理的教育体系的国家中否决者数量更少，而应和国际组织规制政策的难度更小，政策推进更加容易。这是在处理中国的高等教育政策时的显著特点。

最后要指出的是，以上三条准则并非只要吻合其一就可构成一国应对国际组织高等教育政策规制的充分依据。一国采取何种应对政策往往是复杂因素考量的结果，因而需要尽可能地满足所有这三条准则。当然，这三条准则之间本身可能就存在内在紧张关系，这就取决于决策者的权衡，有时这条、有时那条准则会超过其余两条准则发挥主要的决定作用。

① K. Leutz, T. Brand, A.P.Jakobi, K.Martens and A. Nagel, *Analysing The Two-level Game: International and National Determinants of Change in Education Policy Making*, TranState working papers, No. 72, Bremen: Collaborative Research Center 597, Transformations of the state, 2008, p.21.

第四章　中国高等教育的国际化：背景、制度与路径

第一节　中国高等教育国际化的历史与现状

要明确在高等教育国际化进程中中国做出路径选择时要考量哪些因素，就必须对中国高等教育国际化的历史与现状有所了解。价值理念和现实因素都不是无本之木、无源之水，而必须在历史的进程中去发掘。事实上，中国高等教育的国际化并非只是改革开放后出现的新事物。这一历程从近代中国被迫打开国门，卷入世界现代化的进程后即已开始。要对中国高等教育国际化存在的问题及其规制作出准确的判断，首先就要对其历史与现状进行总体把握。后文的阐述将同时涉及高等教育国际化的“走出去”“请进来”和本国高等教育的国际化三个方面，随后对存在的问题进行分析时将以“中国高等教育市场的国际化”为重心。

一、中国高等教育国际化的历史发展

（一）高等教育国际化的开端（1840—1894 年）

从客观条件上说，西方列强武力侵略中国的

后果之一是带来了中国近代高等教育的国际化开端，从主观上讲，它又是中国精英阶层和统治者意图实现文化自强和文明对接，推动西学东渐的结果。在闭关锁国的封建制度时代，中国并不存在西方近代意义上的高等教育组织和制度。高等教育与初等教育之间并无明显的分界，内容均以儒家经典为主，主要在私塾、书院中进行。教育以学而优则仕为终极目标，以通过科举考试（乡试、省试、会试、殿试）作为取得准官员与官员身份的标准。在鸦片战争之后，中国为了回应西方在各个方面的强烈冲击，不得不"睁眼看世界""师夷长技以制夷"。随之兴起的洋务运动在内容上不仅包括兴办招商局、造船厂等实体工商业组织，而且标志着我国高等教育市场国际化的开始。

洋务运动采取了多方面的具体措施来促使中国高等教育市场的国际化。其一，创办新式学堂。最早的一家是 1861 年成立的京师同文馆。随后开办了三类学堂，即方言学堂、军事学堂和技术学堂。也就是以学习外国语为主的外国语学堂，培养能使用洋枪、洋炮的士兵和军官的学堂，以及以培养会使用和维修洋机器的人员和通信人员为主的学堂。[①] 此外，不少省份也开设了培养法律与外教人才的法政学堂，如京师法律学堂、直隶法政学堂、湖北法政学堂、山东法政学堂等。[②] 当时，日本著名学者松冈义正、志田甲太郎等，他们作为修订法律馆的法律顾问不仅参与清末民律、商律的起草，而且也直接参与法律学堂的授课。[③] 其二，合资办学。如成立于 1873 年的上海格致书院就是经英国驻沪领事麦华陀倡议，由中外人士共同创立，并由向中外人士共同募捐来维持的一所教育机构。它的管理方式采取董事会管理制，教学内容包括科学技术、政治、经济、时务、文化、教育等，教学方法以自学为主、讲授为辅，以科学实验及演示为重要教学手段，同时举办公

---

① 参见张萱：《封建社会时期中国教育国际化发展历程初探》，载《文教资料》2010 年第 23 期。

② 参见张萱：《封建社会时期中国教育国际化发展历程初探》，载《文教资料》2010 年第 23 期。

③ 参见张志坡：《中国民法学百年：著作梳理与评述》，载梁慧星主编：《民商法论丛》（第 59 卷），法律出版社 2015 年版，第 23 页。

共讲座，聘请外国教师，在西学东渐过程中发挥了重要作用。[①]其三，开办教会大学。1879 年上海圣约翰书院成立，它是近代以来外国教会在中国创办的第一所大学。虽然由于传教士创办教会大学一定程度上涉及政治信仰和意识形态，其初衷和结果一直以来备受教育界争议，但不可否认，它们将西方大学教育的理念、体制、管理、课程、内容等移植到中国，在客观上促进了中国教育市场的国际化。[②]

作为中国高等教育市场国际化的起步阶段，这一阶段显现出鲜明的初始性色彩。在指导思想上，贯彻“中体西用”。在内容上较为生搬硬套。在方法上，以移植与模仿为主，急功近利、盲目性明显。在主体上，倡导和参与国际化进程的主要是洋务派官员与社会上层人士，范围还有限。在对象上，学习国别较多，但国际视野还不开阔、国际意识也不敏锐。[③]

（二）初步发展（以日为师）时期（1895—1914 年）

明治维新后，日本倡导“脱亚入欧”，迅速崛起为亚洲最先与国际接轨的国家。甲午战争中中国的失败以及日俄战争中作为西方帝国的俄国被日本打败强烈地刺激了中国，也掀起了学习日本的热潮。这一时期，中国高等教育国际化主要表现在以下方面。其一，倡导与奖励留学日本。据统计，截至 1911 年，赴日本的中国留学生总计达到 38307 人。[④]日本法政大学法政速成科在法律人才培养方面发挥了重要作用。1904—1908 年，政法速成科招收五班，共 1885 名学生，培养了一大批清朝和民国时期的政法精英。[⑤]时至今日，我国法学中使用的大量术语都来自日译西文。其二，仿效日本的教育制度，确立中国近代高等教育制度。在办学理念

① 参见郝秉键：《上海格致书院及其教育创新》，载《清史研究》2003 年第 3 期。

② 参见田正平：《教会大学与中国教育现代化》，载《文史哲》2007 年第 3 期。

③ 参见粟高燕：《近代中国高等教育国际化的历史考察：一个比较的视野》，载《黑龙江高教研究》2007 年第 5 期。

④ 参见李喜所：《清末留日学生人数小考》，载《文史哲》1982 年第 3 期。

⑤ 参见朱腾：《清末日本法政大学法政速成科研究》，载《华东政法大学学报》2012 年第 6 期。

上，注重通才教育，即“中西并重、观其会通”[①]。在课程设置上，几乎全部模仿日本；[②]在教学内容上，大量引入日本原版或翻译教材，形成了在课程体系与教学内容方面移植西方的第一个高潮。其三，在高等学堂中，大量聘请日本籍教师。[③]

在这一阶段，中国高等教育由前一段时期不加选择地盲目性模仿、移植转变到较为自觉地向国情较为相似、西化效果比较明显的日本进行移植与模仿。[④]

（三）教育全面开放与民族化探索阶段（1915—1949年）

辛亥革命的爆发结束了封建帝制，其副产品之一是为中国高等教育国际化的发展提供了更加适宜发展的土壤。这一时期，中国高等教育的发展不再秉持“以日为师”的单一价值取向，而是博采众长。这一阶段中国高等教育的国际化主要表现在以下方面。其一，中国近代高校的革新。最突出的一点是收回庚款留学主权。典型代表是1928年，留美预备学校，也就是清华学校转变成中国自己的清华大学，直属教育部管辖，其后各国庚款留学主权也陆续得到收回。[⑤]另外，博取其他国家先进的教学理念。其典型代表是蔡元培，他采用德国的大学理念即学术自由和大学自治对北大进行全面改造，影响深远。其二，教会大学的中国化。如前文所述，由于教会大学在一定程度上涉及政治目的和价值取向的西方基督化，这逐渐引起国人的不满。反抗的结果之一是在1925年之后，绝大部分教会大学在中国政府注册登记，并在政府的监督下调整了学校的课程体系、管理体制等方面，大大减少了宗教课程。[⑥]其三，传统书院的再造。第一次世界大战的发生促使许多知

① 陈学恂：《中国近代教育史教学参考资料（上册）》，人民教育出版社1986年版，第438页。

② 比如，这一时期设立的课程包括政治学、法学、教育学、哲学、心理学、经济学等西方近代社会科学的各个门类。

③ 汪向荣：《日本教习》，生活·读书·新知三联书店1988年版，第66页。

④ 参见粟高燕：《近代中国高等教育国际化的历史考察：一个比较的视野》，载《黑龙江高教研究》2007年第5期。

⑤ 参见粟高燕：《近代中国高等教育国际化的历史考察：一个比较的视野》，载《黑龙江高教研究》2007年第5期。

⑥ 参见粟高燕：《近代中国高等教育国际化的历史考察：一个比较的视野》，载《黑龙江高教研究》2007年第5期。

识分子开始反思西方文明的未来，中国思想界的全盘西化论也开始被质疑。传统书院所体现的教育精神和教育方法再次回到人们的视野。这一时期形成了中西方教育理念融会贯通的局面。[①]

这一阶段提倡的“去中西之见”“学贯中西”“古为今用，洋为中用”的口号充分体现了这一时期我国高等教育发展的锐进精神，我国大学高等教育在这一阶段向西方各个国家全面开放，多种不同的理念和模式相互碰撞、相互借鉴。[②]

二、中国高等教育市场国际化的现状

1949 年之后，由于政权的交替与国际政治环境的改变，中国高等教育市场国际化的既有进程不得不被打断。欧美国家在很长一段时间不承认新生的政权和中华人民共和国国籍，大规模的留学和交流活动基本停滞，只保留了与社会主义国家，主要是苏联的交流渠道。在高等教育体制上也开始全面师法苏联。1952 年，国家对于全国高等学校进行了院系大调整，对于原有的综合性大学纷纷进行裁撤、合并和调整，设立了大量的专科性大学，只保留了为数不多的综合性大学。同时聘请苏联专家来华任教，派遣留学生赴苏联留学。后来与苏联关系恶化，苏联专家分批撤走，与苏联仅有的交流也趋终止。

改革开放之后，在国际化战略的大趋势下，中国对于教育市场国际化的参与从无到有，并呈明显加速的状态。随着 20 世纪 70 年代末期向世界开放，与国际组织的多边合作成为中国教育领域外交政策的重要组成部分。在过去的 30 余年中，中国尤其与联合国教科文组织、世界银行、欧盟、经合组织、亚太经合组织、东盟以及世界贸易组织协作甚多。1971 年，中国恢复在联合国合法席位。从 1980 年开始，中国与联合国开发计划署（UNDP）开

① 参见粟高燕：《近代中国高等教育国际化的历史考察：一个比较的视野》，载《黑龙江高教研究》2007 年第 5 期。

② 参见［加］许美德：《中国大学》，许洁英译，教育科学出版社 2001 年版，第 66 页。

展了教育领域的合作。联合国开发计划署为中国提供了急需的技术和财政资助，以使得中国可以聘请外国专家来华，并组织中国学者与官员进行海外访问。合作主要聚焦于基础教育与职业教育，尤其是提供包括英语能力在内的技术培训、高等教育机构的研究与管理、学校的教学与管理和在职职业培训。此外，中国还与联合国儿童基金会（UNICEF）在直接涉及儿童与学校的方面展开合作，尤其是儿童的健康保护项目。[①]

（一）UNESCO 对于中国高等教育国际化的推动

作为 UNESCO 的 20 个创始成员方之一，中国与 UNESCO 的合作也包含了广泛的议题。1979 年 2 月 19 日，中国联合国教科文组织全国委员会（China National Commission for UNESCO，以下简称全委会）成立。全委会是一个跨部门机构，由国家部委有关单位共 28 家组成，秘书处设在教育部。全委会要为我国政府、有关部门和出席联合国教科文组织大会的代表团提供有关联合国教科文组织的情况和咨询，负责协调我国有关部门涉及联合国教科文组织的工作，并负责与该组织秘书处和会员国全国委员会的联络工作。[②] 目前全委会已在四个方面与 UNESCO 展开了高等教育方面的合作：一是通过项目引进国际先进的高等教育理念、经验及资源；二是参与 UNESCO 组织的各类国际会议和研讨会，派遣我国的高等教育管理人员和学者介绍中国经验；三是在国内落实国际公约与国际政策，推动中国高等教育获得国际认可；四是利用 UNESCO 作为国际信息和交流的平台，如与国际机构合作出版重要的教育报告与研究成果、推荐中国学者在该组织获得不少奖项，通过这些方式提高中国的影响力。[③]《国家中长期教育改革和发展规划纲要（2010—2020 年）》是高等教育领域的重要文件。2010 年 11 月，为配合这一文件的实施，全委会秘书处组织召开了与

---

① 具体参见田正平主编：《中外教育交流史》，广东教育出版社 2004 年版，第 1042—1091 页。

② 参见 http：//history.zwbk.org/hisshowhis.aspx?hid=944，2016 年 4 月 2 日访问。

③ 参见周一、熊建辉、邓明茜：《中国联合国教科文组织全国委员会：搭建世界与中国教育的桥梁——访中国联合国教科文组织全国委员会副秘书长杜越》，载《世界教育信息》2009 年第 6 期。

UNESCO 合作开展重点教育研究课题工作研讨会。这次会议提出了五方面的建议："（1）明确中国'教育国际化'侧重的是向国外学习，与世界融合；（2）推广'全纳教育'的理念，采取具体行动（尤其是针对教育发展的薄弱环节）加以落实；（3）在推进教育国际化主题下，提高质量、发展公平，考虑建立三级质量标准体系、评估体系和教育质量保障机制，设立教育改进行动计划；（4）展开对国际组织规则的深入研究；（5）与 UNESCO 开展双向合作，与其他国家和地区交流先进的教育理念和方法。"①

中国一直积极参与 UNESCO 组织的各类常规性活动，参加教育国际大会，开展与教育有关的各个层次的合作，尤其是扫盲运动，翻译和传播联合国教科文组织的各类出版物，传播中国曾取得很高成就的领域，如降低农村文盲率的经验。②此外，中国还加入了 UNESCO 的姊妹大学网和教席计划，这些活动的领域不断涉及高等教育的改革。③

应当说，中国与 UNESCO 的关系是中国作为成员方身份参与国际组织中最为和谐的。④因为 UNESCO 并不是一个强调交付会费与提供援助对等的组织，它更关注强调对发展中国家的援助，提高其能力建设水平。而其他的合作，像与 WTO 的合作，则兼具极端重要性和根本挑战性的色彩。

（二）WTO 对于中国高等教育市场国际化的影响

中国的经济改革使得中国有资格成为许多国际经济组织的一员。它于 1952 年成为世界关税与贸易总协定（GATT）的观察员，并于 1986 年 7 月正式成为 GATT 的成员方。1986—1994 年乌拉圭回合的谈判使得 WTO 取代了 GATT，也使得国际贸易从货

---

① 中国联合国教科文组织全国委员会秘书处：《借力联合国教科文组织平台 推进中国教育规划纲要实施——与联合国教科文组织合作开展重点教育研究课题工作研讨会综述》，载《世界教育信息》2010 年第 12 期。

② 参见于富增、江波、朱小玉：《教育国际交流与合作史》，海南出版社 2001 年版，第 311 页。

③ 张衡：《联合国教科文组织对世界高等教育发展的影响机制刍议》，载《教育学术月刊》2013 年第 6 期。

④ 张衡：《联合国教科文组织对世界高等教育发展的影响机制刍议》，载《教育学术月刊》2013 年第 6 期。

物领域扩展至贸易领域，GATS 成为 WTO 的三大支柱之一。2001 年 12 月，中国加入 WTO。2002 年 2 月，中国对于在 GATS 框架下开放教育服务作出特殊承诺。自此，更多的外籍教师来到中国高等学校任教。例如，南开大学于 2004 年开始在全球招聘教席教授，2006 年从全球招聘学院院长。① 而随着国际学者在华机构工作人数的增多，更多的国际留学生也进入中国的大学学习。根据教育部的统计，2009 年有近 230000 名国际留学生在中国高校学习。② 而同一年份世界各国接受留学生人数超过 10 万人的国家中，美国接受人数为 596859 人，英国为 364271 人，德国为 260314 人，法国为 231547 人，澳大利亚为 199284 人，日本为 117903 人 ③ 中国位列第 5。2014 年，共有来自 203 个国家和地区的 377054 名各类外国留学人员在中国 31 个省、自治区、直辖市的 775 所高等学校、科研院所和其他教学机构中学习。其中，接受学历教育的外国留学生总计 164394 人，占来华留学生总数的 43.60%。④ 自费生 340111 人，占来华留学生总数的 90.20%。三大国际留学生的来源国是韩国、美国和泰国。⑤ 近年来，来华外国留学生的增长速度超过了中国留学生赴海外留学的增长速度。

2003 年 3 月，国务院颁布了《中外合作办学条例》，鼓励合乎资质的外国教育机构与中国教育机构合作办学。政府尤其鼓励中国大学与外方机构在管理、金融、法律和技术等领域开展合作。而许多发达国家也看中了中国高等教育的巨大市场。例如，截至 2007 年，有 1100 多名学生通过各类合作协议在中国学习但获得英国的学位，有 200 多家英国机构在中国开展项目。美国的很多

---

① Guan Naijia, The Strategy for Internationalization of Universities in China. Presentation Given at the International Association of Universities Conference: Internationalization of Higher Education, October 15, 2006, Beijing, China. Retrieved December 4, 2015, http: //www.unesco.org/iau/conferences/china/pdf/IAU-CEAIE_JointSession 01 Naijia Guan.pdf.

② “在华学习的外国学生总数近 23 万人”，http: //www.moe.gov.cn/edoas/website18/52/info1259926034882452.htm，2016 年 1 月 6 日访问。

③ 资料来源于《联合国教科文组织统计年鉴（2010）》。

④ 赵素萍：《来华留学生经济学课程教学实践与改革》，载《科教文汇》2015 年 7 月中旬刊。

⑤ http: //www.moe.gov.cn/jyb_xwfb/gzdt_gzdt/s5987/201503/t20150318_186395.html.

教育机构，像约翰·霍普金斯大学、密歇根大学及许多其他机构，包括一些小的学院在中国都很活跃。当时有1000多家外国高等教育机构在中国具有某种形式的合作协议，包括英国两家大学的分校区。[①]仅2015年上半年就批准了中国农业科学院研究生院与荷兰瓦赫宁根大学合作举办农业与生命科学博士教育项目等32个本科以上中外合作办学项目。[②]

中外合作办学机构目前已有58所（包括《中外合作办学条例》生效后经复核合格的机构），集中在上海、辽宁、北京、江苏、浙江等地区。2004年9月，作为中国与外国大学合作办学的第一例，宁波诺丁汉大学的新生入学。诺丁汉大学是具有独立法人地位和独立校园的大学，核物理学家杨福家教授任校长。宁波诺丁汉大学依循英国诺丁汉大学的课程设计和评价程序，由后者为宁波诺丁汉大学选聘教师，全英文授课。毕业后学生将被授予中国本科毕业证书和诺丁汉大学学士证。2006年9月，西安交通大学与英国利物浦大学合办的西安交通—利物浦大学在苏州招入学生。继而成立的有对外经济贸易大学卓越国际学院、北京航空航天大学中法工程师学院、中国政法大学中欧法学院、北京工业大学北京—都柏林国际学院、中国传媒大学国际传媒教育学院、中国科学院大学中丹学院等[③]。

2011年3月，华东师范大学和纽约大学合作设立了国内第一所中美合作的国际化大学上海纽约大学。[④]同年8月，教育部召开中外合作办学工作座谈会，中外合作办学的审批逐步走向常态化。[⑤]2015年3月，中国农业大学和格罗宁根大学合办的“烟台格罗宁根大学”合作办学备忘录三方签约。此外，省市教育国际合

① Philip G. Altbach, The Giants Awake: The Present and Future of Higher Education Systems in China and India, in: *Higher Education to 2030*, Volume 2, Globalisation, PDF Version, p.188, available at http://dx.doi.org/10.1787/9789264075375-en,2016年1月6日访问。

② 《教育部关于公布2015年上半年中外合作办学项目审批结果的通知》，http://www.moe.gov.cn/s78/A20/A20_gggs/s8479/201508/t20150819_201492.html，2016年1月6日访问。

③ 参见 http://www.crs.jsj.edu.cn，2015年1月6日访问。

④ 《2011年度中国教育国际化十大事件》，载《世界教育信息》2012年第2期。

⑤ 《2011年度中国教育国际化十大事件》，载《世界教育信息》2012年第2期。

作与交流改革与发展试点项目也全面展开。2011 年，上海市创新中外合作办学机制，建立上海中外合作办学质量保障机制。浙江省探索省部联合审批合作办学项目模式，广西壮族自治区探索建立具有区域特色的国际教育合作与交流平台等①。可以说，至少从表面看，中国教育市场的国际化已经迈上了一个新台阶。

（三）OECD 对于中国高等教育国际化改革的导向

中国与印度一样并非 OECD 的正式成员方，而是其强化伙伴会员。但近年来中国比较积极地参与了 OECD 的各类评估项目和数据、指数的提供。例如，OECD 每年出版的《教育一瞥》就涵盖了亚洲地区（包括中国），这份出版物被视为教育指数最重要的来源之一，在亚洲（包括中国）具有广泛的影响力。又如，“国际学生教育评估项目”（PISA），已有越来越多的亚洲国家加入了这一项目，也包括中国。总的来说，OECD 对于中国高等教育国际化改革发挥了非常重要的导向性作用，可以说成为改革的衡量指标。中国加入国际共同体的初衷在于克服现有教育体系中的不均衡和不公平，②而 OECD 的项目向参与国施加了推进改革以改进其教育体系之质量、效率和公平的压力。③具体来说，OECD 对于中国高等教育的施加和导向体现在以下三个方面。

其一，OECD 对中国的高等教育进行考察、提出建议。例如，2002 年 OECD 专家小组对中国进行了访问研究，并在 2004 年召开的“高等教育发展与财政政策国际研讨会”上公布了《关于中国高等教育质量评估与财政拨款考察的报告》。该报告着重就高等教育的财政和教育质量提出了建议，认为中国应当该建立一个质量管理和审计制度，一个保证教育过程一致性的质量管理系统，由第三方组织认证。报告建议中国高等教育学费应大幅度地增加，应该改变政府拨款的比例，修改贷款方案，制定学费标准，继续

---

① 生建学：《当前教育国际交流与合作领域的新形势——2012 年高职院校领导海外培训项目工作会议讲话（节选）》，载《世界教育信息》2012 年总第 8 期。

② OECD, Strong Performers and Successful Reformers In education: Lessons from PISA for the *United States*. Paris: OECD, 2010, p.2.

③ X Pons, What do we really Learn from PISA? The Sociology of its Reception in Three European Countries (2001–2008), *European Journal of Education*, Vol.46, No.4, 2011, p.540.

支出特别财政和投资项目，推进地区性发展等。[①] 这些建议引起了中国媒体的广泛关注，而事实也证明有许多建议正是中国教育部门目前正在推进的。

其二，中国政府（尤其是地方政府）以 OECD 指数作为高等教育改革的指针。不仅中央政府关注宏观指标和政策调整，而且许多地方政府，尤其是经济和教育发达地方的政府也积极参与了 OECD 的项目评估。例如 2009 年，上海市第一次参加 PISA，地方政府将参与的原因归纳为两方面：一方面是去暴露中国现存教育体系的问题；另一方面是通过引入 PISA 来对上海教育改革的成效予以检验，建立国际化的评估标准体系以及对教育质量的监控体系。由于翌年颁布的评估结果中上海的得分很高，超过了世界上 75 个国家和地区，地方政府认为这代表着政府领导下的教育改革的成功，但同时也不否认上海作为教育发达地区之于中国的非典型性，以及与发达国家的发达城市相比的差距与继续改进的可能。[②]

其三，中国智库（高等教育研究者）以 OECD 数据为政策建议的根据。OECD 对于中国教育政策的另一种“隐性影响力”体现在，作为知识精英的中国高等教育研究者自觉或不自觉地将它的相关数据和标准作为中国高等教育改革的评价根据，而这些智库的共识很有可能在未来会影响中国高等教育政策的制定。例如，有论者比较了 OECD 成员方与中国在高校科研投入、教育机构科研类型、高校科研人员状况、科研成果、高校与产业界的科研合作等方面的数据，指出近年来我国高校科研取得了很大进步，但从现状来看依然与发达国家有不小的差距，从而提出政府调控与市场调节结合的科研创新体系之路。[③] 有学者依据 OECD《关于中国高等教育质量评估与财政拨款考察的报告》，一方面就高等教育

---

① 参见［西］伊万·韦特曼：《OECD：给中国高等教育的政策建议》，载《中国教育报》2004 年 10 月 15 日。

② Chenjian Zhang and Alexander Akbik, *PISA as a Legitimacy Tool during Education Reform: Case Study of Shanghai*, TranState Working Papers, No.166, Bremen, 2012, p.14f.

③ 参见谭敏：《我们离高等教育强国有多远——基于经合组织成员国高校科研的比较》，载《教育发展研究》2008 年第 21 期。

质量管理的范围、管理的控制、管理的机构逐条提出了应对和改革措施，[①]另一方面结合中国国情和高等教育成本补偿的现状，考察了贷款修订方案和学费修订方案，指出应该全方位多角度、科学地制定和改进高等教育财政政策以及学费修订方案。[②]除了分块研究，亦有地区性研究。如苏州大学的三位学者就依据 OECD 发布的《教育一瞥》，通过比对 OECD 成员方人口的高等教育成就、高等学校生均经费、高等教育毛入学率、高等学校生师比与江苏省相应数据的比较，以及 OECD 成员方人均 GDP、居民可支配收入、产业结构等社会经济数据与江苏省相应数据的比较，得出结论认为江苏省高等教育现代化与 OECD 成员方相比差距明显，但有基础能率先在全国实现高等教育现代化。[③]

除此之外，大学排名与 OECD 的数据排名的思路如出一辙，OECD 的一些高等教育发达的成员方（如美国、英国、荷兰等）各自都有大学排名榜单。在此影响下，上海交通大学于 2003 年也设立了世界大学学术排名（Academic Ranking of World University，ARWU）[④]，并于当年发布了第一次排名结果。其后每年公布一次。且不论该排名的权威性和效力如何，其设立初衷是通过排名反映中国大学的学术科研水平，从而找到差距，并加以改进。该种排名、比较的方法是受 OECD 国别报告和比较视角下进行研究影响的典型例证。

三、中国高等教育市场国际化的问题

尽管如此，在中国高等教育市场国际化的进程中依然存在一些难以回避的问题。它们主要可以被概括为如下三对紧张关系。

---

① 参见陈磊、肖静：《我国高等教育质量的控制与保证——对 OECD〈报告〉的思考》，载《高等工程教育研究》2006 年第 3 期。

② 参见陈磊、肖静：《我国高等教育质量的控制与保证——对 OECD〈报告〉的思考》，载《高等工程教育研究》2006 年第 3 期。

③ 参见许庆豫、俞冰、刘标：《江苏省与 OECD 高等教育现代化比较》，载《教育与经济》2012 年第 3 期。

④ 滕珺、屈廖健：《反思高等教育排名 重塑世界学术格局——联合国教科文组织〈高等教育排名与问责：善用与滥用〉述评》，载《比较教育研究》2014 年第 7 期。

首先，跨国高等教育的公益性与营利性（主权／人权与市场）之间表面上的紧张关系。长期以来，我国将包括高等教育在内的教育定位为公共产品，将包括高等学校在内的学校都视为事业单位。不仅对高等学校实行免税政策，并且由于大部分高校属于公立高校，还给予全额财政拨款。而在这背后更有教育决策权，包括教育的目标、内容、方式、管理等应当归属于国家，教育主权作为国家主权不可抛弃的一部分这样的理念在起支持作用。我国《高等教育法》第 3 条、第 4 条、第 5 条其实都体现了教育主权与高等教育的公益性。长期以来，高等教育被视为中国的国内事务，有自己的定位与追求，不受外国的干涉。

另外 WTO 市场本位的观念也越来越为中国高等教育圈所接受。市场意识形态在中国高等教育领域成长迅速，在这种意识形态下公立大学似乎转变为生产商品的企业。[①] 现在在中国，为市场驱动的教育改革辩护在政治上是正确的。中国政策制定背后的主流观点是，它尊重“市场经济的自然规律”，包括商业化的管理、市场导向的运作和具有商业利益的产品。[②] 高等教育市场国际化实际上相当于认可高等教育可以作为一种消费品来购买。在 GATS 的框架下，一切收费的教育活动都可以被视为服务贸易。正因为如此，它将高等教育等同于商品，也要遵循市场经济的规律和规则。随着中国高等教育领域涉外规模的增加，教育主权的潜在丧失就成为一个很大的关切点。[③] 尽管教育主权的问题从未停止过对中国教育政策制定者、理论者和相关机构的困扰，而这种困忧也不是中国独有的，但中国教育机构在同一套规则之下与不同国家教育机构之间的合作与竞争的确构成了对中国作为主权国家在捍

① 里柯夫斯基称之为公立大学的“资本化”，参见 Glenn Rikowski, The Business Takeover of Schools, *Media active: Ideas Knowledge Culture* 1, 2003, p.92。

② Rui Yang, International Organizations and Asian Higher Education: The Case of China, in: Roberta Malee Bassett and Alma Maldonado-Maldonado (eds.), *International Organizations and Higher Education Policy: Thinking globally, Acting locally?* New York and London: Routledge, 2009, p.187.

③ 参见王剑波、薛瑞莉：《中外合作办学教育主权问题的理性思考》，载《山东师范大学学报（人文社会科学版）》2004 年第 5 期。

卫教育主权的同时去遵守这些规则的挑战。[①] 中国加入 WTO 意味着它同意 WTO 对其国内教育政策的潜在干预。这也是为什么中国政府要在 2003 年颁布《中外合作办学条例》的原因。[②] 因为它需要放松对教育市场的管制，将权力让一部分给教育机构。这就对中国长久以来的主权观念和教育观念构成了挑战。事实上，中国政府也呈现出相当矛盾的态度，一方面它不得不默认外方教育机构来华合作办学的营利性动机，另一方面它又不想放弃长久以来的观念。这种矛盾的心态反映在 2006 年 2 月教育部颁布《关于当前中外合作办学若干问题的意见》规定了各省教育厅在与外国教育机构合作时要遵守的一些原则，其中有一条要求任何机构在与外国教育机构合作时都必须将公共利益放在首位。而 2007 年 4 月进一步下发了《关于进一步规范中外合作办学秩序的通知》，要求要坚定不移地坚持中外合作办学的公益性原则，要端正办学指导思想，抵制和纠正将中外合作办学当作学校创收手段的错误认识和做法，但由于教育产业化的影响，事实上这一点很难保障。

其次，政府管理越位与政府监管缺失之间的紧张关系。在我国社会主义市场经济建设过程中，与其他领域的市场化进程相比，高等教育市场的发展相对缓慢。这里有历史惯性思维的延续：计划经济体制下，办学全部依靠政府，市场机制作用被排斥。[③] 这种思维很突出的一个体现就是政府在某些方面对于高校管得太多太死，行政审批的种类和名目繁多。这同样也体现于中外合作办学等高等涉外教育机构的管理方面。例如，直到 2015 年 9 月，中外合作办学机构聘任校长或者主要行政负责人仍须由教育部核准的规定，直到最近才取消。[④] 此外，目前主要是由中央政府在制定相关的法律和政策，但实际上管理那些涉外高等教育机构和项目的是地方

---

① 参见王建香：《开放教育市场与维护教育主权》，载《河北师范大学学报（教育科学版）》2002 年第 6 期。

② R. Garrett, Foreign Higher Education Activity in China, *International Higher Education* 2004, pp.21–23.

③ 石天煜：《浅谈中国高等教育国际化存在的问题和对策》，载《黑龙江教育（高教研究与评估版）》2005 年第 6 期。

④ 《本届政府取消的教育行政审批目录》，http: //www.moe.gov.cn/s78/A02/A02_ztzl/ztzl_xzsp/201509/t20150906_205198.html，2015 年 1 月 9 日访问。

政府，后者也需要有一定的自治权来满足地方的特殊需求。[①]

另外政府在审批之后的监管环节却并没有做到位，致使一些跨国高等教育服务的质量低下。越来越多的证据表明，在许多情形中跨国提供高等教育是受到市场机会的驱使，对于教育质量的妥协广泛存在。[②]而随着跨国教育项目的兴起，质量保障将成为针对提供这些项目的教育机构的主要议题。在目前的阶段，对于跨国教育质量和监管的标准尚缺乏统一认识，所以在这些方面仍需要国家来肩负起更有力的规制责任。不受监管的市场会导致境外盈利行为提供劣质高等教育服务的恶果。这个问题在中国已经显现出来。在2007年《关于进一步规范中外合作办学秩序的通知》中就表达了对中外合作办学机构和项目质量的严重关注，提出“将以外国教育机构是否为外国知名的高等教育机构或知名学科专业及著名教授等作为主要依据”，且决定2008年底之前，原则上暂缓受理高等职业教育阶段中外合作办学机构和项目的备案编号申请。实际上，它甚至强制结束了上海的64个合作项目。但是，教育部的主要精力其实放在了对项目和机构的审批方面，即使是对教育质量的关注也主要放在“审批入口关”。但是问题恰恰在于在审批后缺乏持续的监督，从而使得质量保障的责任几乎全部落在了相关教学人员和项目协调人的身上。[③]而现实中，中外合作的方式往往是由中方提供资金和教学场地，外方派遣教学人员。这些教学人员通常并不常驻中国，只是短期来中国承担教学任务，任务结束即回国，这使得教育质量难以保证。因而在这种情形中，中国政府既有的针对普通高校的监管框架似乎越来越没有效率。当然，情形最近已有改变。[④]

最后，高等教育国际化的普遍要求与发展不均衡之间的紧张

---

① Li Xiaobin, General Agreement on Trade in Services and Higher Education in China, *Canadian and International Education* 39 (2010), p.34.

② See M. Lieven and G.Martin, Higher Education in a Global Market: the Case of British Overseas Provision in Israel, *Higher Education* 52 (2006), p.52.

③ See F.-T.Huang, Internationalisation of Higher Education in the Developing and Emerging Countries: A focus on Transnational Higher Education, *Journal of Studies in International Education* 11 (2007), p.428.

④ 参见后文第五章第三节有关中外合作办学的质量保障部分相关论述。

关系。高等教育的国际化应当是一个全覆盖和全地域的进程，它的理想目标是使得一国的所有教育分支领域和所有地区的社会成员都受益。但由于教育资源和需求的极端不平衡，在中国高等教育市场国际化的进程中显现出了发展不平衡的局面。一方面，跨国教育项目的学科分布不均衡。英语语言项目在20世纪70年代十分流行，科学与技术在80、90年代需求旺盛，而最近十几年则显现出对于商务和管理类项目的需求。[①] 笔者根据教育部中外合作办学监管工作信息平台公布的最新数据进行统计，目前，在中外合作办学活动中61.02%的课程属于广义上的商务和管理，IT占13.56%，工程类占7.91%，教育占7.34%，法律占2.26%，体育管理和房地产各占1.69%，英语语言占1.13%，心理学、建筑和其他一些专业各占0.56%。另一方面，大多数项目集中于东部沿海地区，这是中国经济最繁荣的地区。《中外合作办学条例》生效的第二年，即2004年，具有本科合作项目和海外合作伙伴的47家高等教育机构中，有32家（68.1%）在东部沿海，只有2家（4.3%）在西部。类似地，47家具有高等职业教育和技术教育合作项目的机构中有35家（74.5%）在东部，只有4家（8.5%）在西部。[②] 具体地区分布为：北京（28.92%）、上海（19.28%）、天津（7.83%）、浙江（7.23%）、江苏（6.02%）、江西（4.82%）、辽宁（4.22%）、广东（4.22%）、黑龙江（3.01%）、湖北（2.41%）、云南（2.41%）、陕西（1.81%）、吉林（1.81%）、四川（1.81%）、河北（1.2%）、福建（1.2%）、河南（0.6%）、山西（0.6%）和贵州（0.6%）。

而根据2015年6月29日公布的《关于公布中外合作办学机构和项目相关信息的说明》，截至当时，依法批准设立和举办的实施本科以上高等学历教育包括58家中外合作办学机构和1045个项目。其中在北京和东部地区的机构有32家（55.17%），项目有

---

① C.-C. Zhang, Transnational Higher Education in China: Why Has the State Encouraged its *Development?* (Unpublished Master's dissertation) . School of Education, Stanford University 2003, p.5.

② 参见覃美琼：《中外合作办学现状分析与对策建议》，载《高等教育研究》2006年第5期。

523 个（50.05%）；而在西部地区的机构只有 3 家（5.17%），项目 69 个（6.6%）。机构的地区分布为：上海 11 家（18.97%）、辽宁 8 家（13.79%）、北京 7 家（12.07%）、江苏 7 家（12.07%）、山东 4 家（6.7%）、浙江 3 家（5.17%）、吉林 3 家（5.17%）、广东 2 家（3.45%）、四川 2 家（3.45%）、河北 2 家（3.45%）、湖北 2 家（3.45%）、山西 2 家（3.45%）、河南 1 家（1.72%）、湖南 1 家（1.72%）、重庆 1 家（1.72%）。项目的地区分布为：黑龙江 176 个（16.84%）、上海 103 个（9.86%）、江苏 97 个（9.28%）、北京 89 个（8.52%）、河南 81 个（7.75%）、山东 71 个（6.79%）、湖北 58 个（5.55%）、浙江 54 个（5.17%）、吉林 42 个（4.02%）、辽宁 37 个（3.54%）、天津 34 个（3.25%）、江西 25 个（2.39%）、河北 23 个（2.2%）、湖南 22 个（2.11%）、广东 20 个（1.91%）、重庆 18 个（1.72%）、福建 16 个（1.53%）、广西 14 个（1.34%）、安徽 14 个（1.34%）、四川 12 个（1.15%）、陕西 10 个（0.96%）、云南 10 个（0.96%）、内蒙古 10 个（0.96%）、贵州 3 个（0.29%）、海南 2 个（0.19%）、山西 2 个（0.19%）、甘肃 1 个（0.09%）、新疆 1 个（0.09%）。迄今，宁夏、青海、西藏既无机构也无项目。① 中外合作办学比较少甚至没有的地区都属于经济、社会发展比较滞后的地区。

由于本书仅限于从法律政策的规制层面来探讨应对中国高等教育市场国际化的问题。因此，在以上三对紧张关系中，如何平衡跨国高等教育的公益性与营利性（主权、人权与市场）之间的关系构成了进行规制之认识性前提的理念维度，而处理好政府管理越位与政府监管缺失之间的关系则构成了制度维度。理念是制度的向导。只有把握好跨国高等教育之营利性的限度，才能在制度设计中对跨国高等教育的方式、内容、设立、监管等方面做出

---

① http：//www.crs.jsj.edu.cn/index.php/default/news/index/59，2015 年 12 月 11 日访问。统计包括两部分：一部分为根据《中外合作办学暂行规定》依法批准设立和举办，经复核通过并补办中外合作办学许可证和中外合作办学项目批准书的中外合作办学机构和项目；另一部分为《中外合作办学条例》和《中外合作办学条例实施办法》施行后依法批准设立和举办的中外合作办学机构和项目。

有的放矢的明确规定。所以，目前在制度维度中产生的问题在很大程度上是理念定位不明造成的后果。另外，高等教育国际化领域与地域发展不均衡固然有其经济环境、市场需求、社会条件等各方面的因素存在，因而属于实现维度，但作为制度设计者同样可以通过法律政策的导向来适当加以协调。尽管《中外合作办学条例实施办法》第 3 条第 2 款规定，“国家对中外合作办学实行扩大开放、规范办学、依法管理、促进发展的方针”，但是并未对采取哪些鼓励措施作出明确规定。从这个角度讲，发展不均衡同样也与制度层面有一定的关系。那么，我国目前在这一领域的制度框架究竟如何？为此，在大体了解了中国高等教育市场国际化的历史与现状之后，接下来我们就将来考察高等教育市场国际化的国际与国内制度环境问题。

第二节　中国高等教育市场国际化的制度环境

一、国际层面的法律和政策

UNESCO、GATS 和 OECD 的规范与政策构筑出了中国高等教育市场国际化的国际制度环境，但它们的规范性质所有不同。就 UNESCO 而言，由于它的法律文件条款规定的宽泛性、原则性和模糊性，表现出表面上“刚性”、实际上的“柔性”。在这些法律文件框架下发布的各类规范、标准和准则虽相比较为具体，却是建议的，并不具有法律效力。因此，中国政府一直以来都认真对待 UNESCO 的法律规范、标准和准则，但由于这些条款的原则性决定了中国承担的事实上是“原则化的法律义务（加建议）”。与此类似，OECD 的数据、指数背后所体现的政策或价值同样是原则性的，对于追求提供高等教育国际化水准的中国而言，只负有尽可能去实现的义务，并且这种义务并非法律义务，而仅仅是政治义务。这可称为“原则化的政治义务模式”。相反，GATS 框架下的承诺决定了一国的法律义务，中国的承诺决定了中国在GATS框架下国际层面的制度与义务，这些制度与义务是刚性的，也即是必须完全被满足的，可相应称为“规则化的法律义务模式”。我们先来考察后者。

（一）GATS的规范

在GATS框架之于我国的法律制度或者说我国在高等教育领域应承担的义务包括三个方面，即一般义务、特殊义务（部门承诺）与水平承诺。

首先，一般义务即是高等教育领域的最惠国待遇和与透明度相关的各种原则和程序，这是任何WTO的成员方都必须承担的，我国亦不例外。

其次，在特殊义务（部门承诺）方面，我国加入GATS对教育服务的承诺是部分承诺，承诺的具体内容如下：在项目上不包括军事、警察、政治和党校等特殊领域的教育和义务教育，即以上领域不对外开放。除上述特殊领域和义务教育外，我国在初等、中等、高等、成人教育及其他教育服务等各项目上作出承诺，许可外方为我国提供教育服务。在高等教育方面所作的承诺可以用表9来展示。①

表9　中国在GATS下关于高等教育的具体承诺减让

	市场准入限制	国民待遇限制
跨境交付	未作承诺	未作承诺
境外消费	无限制	无限制
商业存在	允许合作办学，且外方可获得多数拥有权	未作承诺
自然人流动	未作承诺，除非符合水平承诺及如下要求： 境外个人教育服务提供者应中国学校或教育机构邀请或聘用，可以来中国提供教育服务	资格限定如下： 拥有学士及以上学位；合适的头衔或资格证及两年的专业经验

① 此部分内容和表9、表10中的内容均来源于WTO官方网站，http：//i-tip.wto.org/services/default.aspx，2016年1月21日访问。

与 WTO 的其他成员方相比，中国在服务贸易领域相对是比较开放的，承诺也比较多。如果进行数量化（“未作承诺”计为 0，“无限制”计为 1，“特殊承诺”计为 0.5）的对比，那么 51 个成员方对服务贸易的平均承诺值为 21.9。分值越高，就代表教育服务市场越开放，反之亦然。中国的承诺值为 17.5，高于美国（10.5）、日本（9.5）和澳大利亚（15）。[①]

最后，水平承诺适用于包括教育服务（高等教育）在内的一切领域，但中国所作的水平承诺仅适用于“商业存在”和“自然人流动”这两种模式，具体见表 10。

表 10　中国在 GATS 下关于水平承诺减让

	市场准入限制	国民待遇限制
商业存在	在中国，外商投资企业包括外资企业（也称为外商独资企业）和合资企业，合资企业有两种类型：股权式合资企业和契约式合资企业。[②] 由于关于外国企业分支机构的法律和法规正在制定中，因此对于外国企业在中国设立分支机构不作承诺，除非在具体分部门中另有标明。 允许在中国设立外国企业的代表，但代表处不得从事任何营利性活动，在 CPC861.862.863.865 下部门具体承诺中的代表处除外。 对于各合同协议或股权协议，或设立或批准现有外国服务提供者从事经营或提供服务的许可中所列所有权、经营和活动范围的条件，将不会使之比中国加入 WTO 之日时更具限制性。 中华人民共和国的土地归国家所有。企业和个人使用土地需遵守下列最长期限限制： （a）居住目的为 70 年； （b）工业目的为 50 年； （c）教育、科学、文化、公共卫生和体育目的为 50 年； （d）商业、旅游、娱乐目的为 40 年； （e）综合利用或其他目的为 50 年	对于给予视听服务、空运服务和医疗服务部门中的国内服务提供者的所有现有补贴不作承诺

① See Xingde Zhu, Regulating Higher Education Services in The People's Republic of China, in: Christopher Findlay, Hildegunn Kyvik Nordas and Gloria Pasadilla, *Trade Policy in Asia: Higher Education and Media Services*, New Jerzy u.a. World Scientific, 2014, p.105.

① 股权式合资企业中的外资比例不得少于该合资企业注册资本的 25%。

续表

	市场准入限制	国民待遇限制
自然人流动	除与属下列类别的自然人的入境和临时居留有关的措施外，不作承诺： （a）对于在中华人民共和国领土内已设立代表处、分公司或子公司的 WTO 成员的公司的经理、高级管理人员和专家等高级雇员，作为公司内部的调任人员临时调动，应允许其入境首期停留 3 年； （b）对于被在中华人民共和国领土内的外商投资企业雇佣从事商业活动的 WTO 成员的公司的经理、高级管理人员和专家等高级雇员，应按有关合同条款规定给予其长期居留许可，或首期居留 3 年，以时间短者为准； （c）服务销售人员，即不在中华人民共和国领土内常驻、不从在中国境内的来源获得报酬、从事与代表服务提供者有关的活动、以就销售该提供者的服务进行谈判的人员，如： （a）此类销售不向公众直接进行，且 （b）该销售人员不从事该项服务的供应，则该销售人员的入境期限为 90 天	除与市场准入栏中所指类别的自然人入境和临时居留有关的措施外，不作承诺

注：依照中国法律、法规及其他措施订立的设立“契约式合资企业”的合同条款，规定诸如该合资企业经营方式和管理方式以及合资方的投资或其他参与方式等事项。契约式合资企业的参与方式根据合资企业的合同决定，并不要求所有参与方均进行资金投入。

需要指出的是，在我国高等教育领域，目前商业存在的主要形式是中外合作办学，即采取表 10 中“契约式合资企业”的形式，因而对于“股权式合资企业”的外资比例不作限制。

（二）UNESCO 与 OECD 的规范

作为联合国和 UNESCO 的成员方，《联合国宪章》《世界人权宣言》《联合国经济社会文化权利公约》《联合国教科文组织宪章》中涉及教育和高等教育的原则性规范对于中国高等教育都具有直接的法律效力。中国国内的法律政策规制在宗旨上应该明确反映它们，而在具体措施上也应当尽量去实现它们。UNESCO 其他规范和标准尽管不具有法律效力，但对于中国高等教育市场国际化来说也是很重要的参考。其中比较重要的有《亚洲和太平洋地区承认高等教育学历、文凭与学位的地区公约》(以下简称《亚太学历学位公约》),以及 UNESCO 与 OECD 联合制定的《跨境高等教育质量指导准则》(以下简称《跨境质量准则》)。此外,OECD 专家组发布的《关于中国高等教育质量评估与财政拨款考察的报告》(以下简称《教育报告》)对于中国高等教育质量改革也有指导意义。

1.《亚太学历学位公约》

《亚太学历学位公约》于 1983 年 12 月 16 日在泰国曼谷通过,中国于 1984 年 9 月 25 日批准该公约。该公约除序言外,分为定义,目标,立即实施的义务,资料,与国际组织的合作,一国以上管辖的高等院校,批准、核准、接受、加入和生效七部分。其中涉及中国高等教育市场国际化的重要条款有:[①] 序言第 5 自然段(加强合作,改善教育质量)和第 11 自然段第 2 点(促进人员和知识交流)、第 2 条第 2 款(a)项(1)—(3)目(尽力密切合作)、第 3 条(证书和文凭的承认)、第 9 条第 2.3 款和第 12 条第 2 款(合作收集、共享信息)。

2.《跨境高等教育质量指导准则》

2005 年 10 月,UNESCO 第 33 届大会发布了与 OECD 合作制定的《跨境高等教育质量指导准则》。OECD 理事会于 2005 年 12 月批准了指导准则并在官方网站上公布。准则分“导言”和“面向高等教育相关利益者的准则”两部分。“导言”介绍了出台准则的目的、理由和适用范围,即“面向高等教育相关利益者的准则”分别针对政府、高等教育机构、学生组织、质量保障和认证机构、学术互认机构和职业性机构提供了相关准则。本书只涉及政府、高等教育机构和质量保障和认证机构三部分。[②]

---

① *Regional Convention on the Recognition of Studies, Diplomas and Degrees in Higher Education in Asia and the Pacific*, Adopted at Bangkok, 16 December 1983 (UN Treaty Series No. 32021), http://www.unesco.org/education/studyingabroad/tools/conventions_apa_cover.shtml,2016 年 1 月 9 日访问。

② UNESCO, *Guidelines for Quality Provision in Cross-border Higher Education*, Paris, 2005, PDF Version, pp.13–16, 18–20, available at http://unesdoc.unesco.org/images/0014/001433/143349e.pdf,2016 年 1 月 9 日访问。

其一，面向政府的指导准则。准则认为，“在大多数高等教育体制中，政府在高等教育的质量保障和认证机制以及资格互认机制的建设方面具有重要影响，负有直接责任”。因此向各国政府提出 7 条具体建议。[①]

其二，面向高等教育机构的指导准则。准则认为，所有高等教育机构或提供者对质量的承诺是必要的。为此，教学人员作出积极而有建设性的贡献必不可少。高等教育机构要对质量、教育的社会文化语言相关性以及以其之名提供的资质标准负责，无论其是在何处、如何发布的。因此向高等教育机构提出 9 条建议。[②]

其三，面向质量保障和认证机构的指导准则。准则指出，除了高等教育机构内部的质量管理，60 多个国家拥有质量保障和认证的外部机制，负责对高等教育的质量进行评估。质量保障和认证机构负责对高等教育服务的质量进行评估。其中有部分为政府

---

① 面向政府的 7 条具体建议如下：（1）为希望在本国开展活动的境外高等教育机构建立或鼓励建立一个完全公平和透明的批准及许可机制；（2）建立或鼓励建立一个完全可信的跨境高等教育质量保障和认证机制；（3）保证全国和国际范围有关质量保障和认证机构之间的协调与合作；（4）为广大公众提供有关跨境高等教育活动的登记、批准、质量保障与认证之标准，所提供之奖学金及项目、机构资助的结果（如果可能还要说明是自愿还是强制的）详细、准确、易得的信息；（5）批准认可并完善和更新 UNESCO 有关资质互认的地区协议并根据协议建立相应的国家信息中心；（6）在必要时鼓励签订双边或多边条款，促进资质的互认或等值；（7）在国际层面向公众提供有关得到承认的高等教育机构的完整、可信和最新的信息。

② 面向高等教育机构的 9 条具体建议如下：（1）保证在本国和国外所提供的教育质量相同，并意识到当地的语言和文化特性。（2）承认高质量的教学研究取决于教师和工作条件的质量，所有高校应自觉遵守联合国教科文组织有关高等教育工作条件的建议及其他旨在促进良好的工作和服务条件，集体管理和学术自由的官方文件。（3）发展、保持或修改现有的质量管理内部机制。在面向潜在生源进行宣传时，应承担全部责任，保证向广大公众提供真实的信息和可靠的建议。（4）咨询相关的质量保障和认证机构，在提供包括远程教育在内的跨境高等教育时遵守对方国家有关质量保障和认证的规定。（5）在全国和国际范围内积极参与学科和校际合作网络，分享好的实践。（6）发展和保持合作网络与伙伴关系，以便通过承认彼此平等而又可比较的资质来推动认可的进程。（7）在必要时参考 UNESCO 和欧洲委员会有关跨境高等教育的行为准则（“跨境教育服务的良好行为守则”），有关在外国学习期间资质评估程序与标准参考建议（“外方资质评估的标准与程序建议”）等相关文件。（8）向公众提供有关高校内部、外部质量保证程序与标准，有关高校授予学术头衔以及职业资格，有关取得文凭所需条件的准确可靠信息。高等教育机构或高等教育提供者应与质量保障和认证机构及学生团体密切合作，保证以上信息的传播。（9）保证教学机构或教学项目经费条件的透明性。参见安延：《经合组织与联合国教科文组织跨境高等教育质量保证项目简介》，载《世界教育信息》2006 年第 8 期。

部门，但也有非政府部门，各自的职责范围也大相径庭。为了应对高等教育跨境服务带来的挑战，在尊重这种多样性的同时，加强教育提供国与接收国在地区和全球层面上的协调与合作十分必要。因此向质量保障和认证机构提出七条建议。[①]

3.《关于中国高等教育质量评估与财政拨款考察的报告》

前文已述及，OECD曾于2002年以美国纽约州立大学教授温得海默和英国阿伯丁大学前任校长伯格为首的OECD专家小组对中国进行访问研究，并于2004年召开的“高等教育发展与财政政策国际研讨会”上发布了“教育报告”。报告涉及质量评估的部分包括如下四点：（1）中国高等教育应该建立一个质量管理和审计制度，并为此工作提供专项资源。这项制度将贯彻到教育部法律、法规允许范围内整个教育的规划和实施过程，包括根据需要确定教育目标、确定教学大纲、设计课程，确定适当的教学方式途径，选择教育方法、实施教学、评估整个教育过程。（2）评估教育质量必须要关注教育的结果，即教育作为人力资源之手段的成效，比如高校毕业生的就业情况、毕业生在工作和生活中潜能的发挥率、他们对于社会与国家的贡献等。（3）中国高等教育需要建立一个保证教育过程一致性的质量管理系统，保证教育质量不应因

---

① 面向质量保障和认证机构的七条具体建议如下：（1）保证高等教育机构各种形式的跨境教学活动。在评估时注意参考标准与程序的透明性、统一性，适用于各种形式的高等教育并能够适应跨境教育的发展变化。（2）支持加强现有的地区或国际型网络，在空白地区建设这样的网络。这些网络可以作为平台促进信息的交流，宣传了解国际发展动向，完善质量保证和评估人员的能力。这些网络还能够帮助人们辨别不良分子，防范他们的欺诈行为。（3）建立联系，加强与国外同类机构的合作，加强不同保障和认证体系之间的相互了解，以便根据本国有关规定，在对国外机构所进行的教学项目质量进行核查时得到及时准确的信息。（4）向广大公众提供有关质量评估参考条件和程序的详细信息，并在必要的情况下提供有关质量保障机制对奖学金资助、高校、教学项目以及评估结果影响的信息，密切与其他部门，特别是与高等教育机构或提供者、教学人员、大学生组织和学位互认机构之间的合作，促进以上信息的传播。（5）实施国际组织有关跨境高等教育的文件，如联合国教科文组织和欧洲委员会有关跨境高等教育的行为准则。（6）在彼此信任和理解的基础上与其他类似机构达成相互承认的协议，制定内部质量保障机制，定期进行外部评估，并在可能的情况下进行国际性评估或同行评议。（7）邀请国际专家参与同行评估专家组，对评估参考、标准和方法进行国际比较，承诺参与联合评估项目，以完善不同质量保障和认证机构之间评估活动的可比性。参见安延：《经合组织与联合国教科文组织跨境高等教育质量保证项目简介》，载《世界教育信息》2006年第8期。

个体不同而有别。质量保证不只服务于学校管理的需要，也要符合学生和社会的需要。（4）为了保证质量管理系统的完整性和可信度，最好选择第三方机构认证，ISO10015 认证体系是较好的选择。①

二、国内层面的法律和政策

对高等教育市场国际化的国内规制是一个多层次的体系，它由（狭义上的）法律、行政法规与部门规章、政策性文件组成。至于地方性法规和地方性规章，由于各地情形不一，且仅涉及由地方政府主管的大学和高等研究机构，这里不作统计。本部分有关国内层面法律的介绍以法律层级为维度首先进行宏观背景简介，为了进一步了解具体法律法规中涉及高等教育国际化的重要条款，本书围绕主题进行梳理，最终形成表 10，以期对现行国内层面法律和政策有一个较为完整的呈现。此外，需要特别说明的是，“中外合作办学”为我国高等教育市场国际化的主要形式，涉及众多法律法规和政策，也是我国目前高等教育国际化过程中问题集中体现的部分，因此在下一章对中外合作办学进行集中、细致的法律梳理和问题讨论，此处不再涉及。

（一）法律

1.《教育法》

《教育法》自 1995 年 9 月 1 日施行，共有 84 条，涉及对我国教育基本制度、学校及其他教育机构、教师和其他教育工作者、受教育者、教育与社会等事宜的详细规定。2015 年 12 月 27 日，第十二届全国人民代表大会常务委员会第十八次会议决定对该法进行了第二次修正，修正案自 2016 年 6 月 1 日起施行。修改后的新法也涉及高等教育市场国际化的相关内容。

① 参见［西］伊万·韦特曼：《OECD：给中国高等教育的政策建议》，载《中国教育报》2004 年 10 月 15 日。

2.《高等教育法》

《高等教育法》于1998年8月29日通过，2015年12月27日，第十二届全国人民代表大会常务委员会第十八次会议进行了第一次修正。它共有69条，涉及高等教育基本制度、高等学校的设立、高等学校的组织和活动、高等学校教师和其他教育工作者、高等学校的学生、高等教育投入和条件保障等各个方面。“高教法”的许多规定与世界银行在20世纪90年代两次调研的基础上所作的建议保持了较高程度的一致性。[①]其一，中国高等教育的结构改革的基础在于世界银行的建议，即中央政府通过制定政策和规划进行宏观调整、逐步放权于省级政府，清晰界定中央政府与高等学校的各自的角色；其二，合并高等学校以提高效率以及资源利用率；其三，高等学校在管理学生方面被赋予更多的自治权；其四，迅速实施学生贷款的政策以分担高等教育大众化后带来的成本；其五，允许高等学校提出自己的发展规划；其六，改变资助模式以提高效率；其七，改善学术与研究环境以防止人才流失；其八，更多关注质量保障与教学评估。[②]

3.《民办教育促进法》

由于《中外合作办学条例》将《民办教育促进法》明确作为

① 应中国政府的邀请，世界银行做了两件对于中国高等教育政策深具影响的事情。一是在1993年至1994年，一个由世界银行官员与顾问组成的代表团对中国高等教育进行了现场调研，并于1995年发布了《中国：高等教育改革》的报告。基于对中国高等教育发展中存在的主要问题的分析，报告重点给出了某些政策意见，建议中国应当鼓励高等教育机构的多样化发展，建立鼓励公立大学资料来源多元化，重新界定国家在高等教育领域的角色，在政策制定中优先考虑质量与平等原则。二是1998年5月和1999年7月世界银行专家对于中国高等教育的调研。基于1995年的那份改革方案，世界银行于1999年公布了《21世纪中国教育的战略目标》报告。报告界定了中国高等教育的一些原则，如将国家在高等教育中应定位为政策制定、任务设定、监督和管理者的角色，为高等教育创造享有更多财政与管理自由的环境等。它还为中国高等教育的发展提供了一些具体的建议。See Y. Wang, *Higher Education reform in China* (Unpublished doctoral dissertation), Baylor University 2001.

② 具体参见 Strategic goals for Chinese education in the 21st century. Retrieved December 4, 2015, from http://www-wds.worldbank.org/external/default/WDSContentServer/WDSP/IB/ 2000/02/28/000094946_0002140531528O/Rendered/PDF/multi_page.pdf。

制定的依据，所以它也构成了前者的上位法。[①]这意味着中外合作办学这种高等教育类型也要依照和遵守《民办教育促进法》的规范。该法于 2002 年 12 月 28 日第九届全国人民代表大会常务委员会第三十一次会议通过，自 2003 年 9 月 1 日起施行，2013 年 6 月 29 日第十二届全国人民代表大会常务委员会第三次会议对它进行了修改。《民办教育促进法》共 68 条，涉及设立、学校的组织与活动、教师与受教育者、学校资产与财务管理、管理与监督、扶持与奖励、变更与终止、法律责任等。

4.《教师法》

《教师法》涉及外籍教师来华（自然人流动）教学的问题。该法于 1993 年 10 月 31 日第八届全国人民代表大会常务委员会第四次会议通过，1994 年 1 月 1 日起施行，2009 年 8 月 27 日中华人民共和国主席令第十八号第十一届全国人民代表大会常务委员会第十次会议对它进行了修正。该法共 43 条，涉及教师的权利和义务、资格和任用、培养和培训、考核、待遇、奖励、法律责任等。其中与外籍教师最为相关的是涉及资格和监督的条款。

5.《出境入境管理法》

该法于 2012 年 6 月 30 日经第十一届全国人民代表大会常务委员会第二十七次会议通过，自 2013 年 7 月 1 日起施行，共 93 条，包括中国公民出境入境、外国人入境出境、外国人停留居留、交通运输工具出境入境边防检查、调查和遣返及法律责任。其中涉及的主要是外国学生（境外消费）对外籍教师和研究人员来华（自然人流动）的签证。

（二）行政法规与部门规章

1.《民办教育促进法实施条例》

2004 年 2 月 25 日，根据《民办教育促进法》，国务院第四十一次常务会议通过《民办教育促进法实施条例》，自 2004 年 4 月 1 日起施行。《民办教育促进法实施条例》共 54 条，涉及民

① 事实上，根据《中外合作办学条例》，另一部构成它上位法的是《职业教育法》。但由于本书所谓的“高等教育”不包含“高等职业教育”，只指普通高等教育，所以在此不考虑《职业教育法》。

办学校的举办者、民办学校的设立、民办学校的组织与活动、民办学校的资产与财务管理、扶持与奖励和法律责任。

2.《学位条例暂行实施办法》

《学位条例暂行实施办法》于1981年5月20日由国务院批准实施，共25条，涉及学士学位、硕士学位、博士学位、名誉博士学位、外籍学生等多个方面。

3.《普通高等学校学生管理规定》《外国留学生管理办法》与《高等学校接受外国留学生管理规定》

《普通高等学校学生管理规定》于2005年2月4日经教育部部长办公会议讨论通过，自2005年9月1日起施行。该规定共69条，分为学生的权利与义务、学籍管理、校园秩序与课外活动、奖励与处分等部分。其中第3条[①]体现了高等教育的公益性。而根据第67条，[②]规定的所有条款都可参照适用于留学生。1985年10月14日，国务院批准国家教育委员会[③]、外交部、文化部、公安部和财政部制定的《外国留学生管理办法》。该办法共43条，包括接受外国留学生工作、教学工作、专业实习和社会调查、思想政治工作和政治活动管理、学籍管理、生活管理和社会管理、组织领导。2000年1月31日，教育部、外交部、公安部令第9号发布《高等学校接受外国留学生管理规定》。该规定共50条，包括管理体制，外国留学生的类别、招生和录取，奖学金制度，教学管理，校内管理，社会管理，入出境和居留手续。

4.《外国文教专家工作试行条例》与《高等学校聘请外国文教专家和外籍教师的规定》

《外国文教专家工作试行条例》于1980年10月由国务院颁布

---

① 《普通高等学校学生管理规定》第3条原文如下："高等学校的主要任务是为社会主义建设培养合格人才。要不断提高教育、教学质量，从严治校，优化办学环境，保证培养目标的实现。健全管理制度应同加强思想教育相结合，对学生以正面引导为主，警惕并抵制国外敌对势力的思想政治渗透和国内资产阶级自由化思潮的侵袭，做好教育和管理工作。"

② 《普通高等学校学生管理规定》第67条原文如下："对接受成人高等学历教育的学生、港澳台侨学生、留学生的管理参照本规定实施。"

③ 需要注意的是，负责我国教育事业的国家行政机构在1985年至1998年的名称为"国家教育委员会"，现在已更名为教育部。

实施。《中外合作办学条例》共 40 条，规范了聘请外国文教专家工作的意义、原则、程序、管理及相应的接待、安保等要求。教育部、国家外国专家局 1991 年 10 月 4 日颁布《高等学校聘请外国文教专家和外籍教师的规定》。该规定共 37 条，涵盖专家、外教的聘用，来华专家、外教的条件，聘请专家、外教院校的条件，聘请专家、外教的审批原则，专家、外教的管理工作。

5.《外国人入境出境管理条例》

该条例于 2013 年 7 月 3 日国务院第十五次常务会议通过，自 2013 年 9 月 1 日起施行，共 39 条，涉及签证的类别和签发、停留居留管理、调查和遣返等。其中涉及外国学生（境外消费）、外籍教学与科研人员（自然人流动）的主要是涉及签证和拘留证的部分。

（三）政策性文件

政策性文件并不具有法律效力，但对于同样具有不容小觑的价值导向意义。事实上，在中国的实践中，政策性文件往往先于相关法律规范出台，待证明行之有效之后可能被转化为立法。对于我国高等教育市场国际化具有规制和导向作用的重要政策性文件有如下几部。

1.《2003—2007 年教育振兴行动计划》

2004 年 3 月，国务院转批教育部《2003—2007 年教育振兴行动计划》。“计划”第十一部分为“进一步扩大教育对外开放”，“提出加强全方位、高层次的教育国际合作与交流。把扩大教育对外开放、加强国际合作与交流作为国家教育战略的关键环节”。实行“政府与民间并举、双边与多边并行、兼顾战略平衡、保证重点、注重实效”的方针，推进教育国际合作与交流向全方位、多领域、高层次发展。完善教育涉外政策法规和监管体制。“与有关国家建立稳定的工作磋商机制，促进与外国的学历学位互认。进一步推动与境外高水平大学强强合作、强项合作，尤其在科研和高层次人才培养方面的实质性合作，贯彻《中外合作办学条例》，积极引进境外优质教育资源，促进高等教育和职业教育方面的合作办学。

继续加强与联合国教科文组织等国际组织的合作。”[①]

2.《国家教育事业发展“十一五”规划纲要》

2007 年 5 月，国务院转批教育部制定的《国家教育事业发展“十一五”规划纲要》。“纲要”主要任务部分第（八）点为“加强教育国际合作与交流，提高教育对外开放水平”。这一部分提出“一方面坚持教育对外开放，积极开展教育国际合作与交流，增强我国教育的国际竞争力。另一方面推动中外合作办学，全面落实《中华人民共和国中外合作办学条例》，积极引进国外优质教育资源。加强管理与引导，办好若干具有示范作用的中外合作办学机构和办学项目”。推动我国高校与世界知名大学和科研机构进行“强强合作”和“强项合作”。[②]

3.《国家中长期教育改革和发展规划纲要（2010—2020年）》

2010 年 7 月，国务院正式颁布《国家中长期教育改革和发展规划纲要（2010—2020 年）》。专辟“扩大教育开放”一章，提出加强国际交流与合作的总体目标：“坚持以开放促改革、促发展。开展多层次、宽领域的教育交流与合作，提高我国教育国际化水平。借鉴先进的教育理念和教育经验，促进我国教育改革发展，提升我国教育的国际地位、影响力和竞争力。其中提出要引进优质教育资源，吸引境外知名学校、教育和科研机构以及企业，合作设立教育教学、实训、研究机构或项目。鼓励各级各类学校开展多种形式的国际交流与合作，办好若干所示范性中外合作学校和一批中外合作办学项目。探索多种方式利用国外优质教育资源。此外也要提高交流合作水平，扩大政府间学历学位互认，支持中外大学间的教师互派、学生互换、学分互认和学位互授联授。加强与国外高水平大学合作，建立教学科研合作平台，联合推进高

---

① 该部分内容来源于教育部网站，http://www.moe.edu.cn/publicfiles/business/htmlfiles/moe/moe_4/200501/5323.html，2015 年 1 月 21 日访问。

② 该部分内容来源于教育部网站，http://www.moe.edu.cn/publicfiles/business/htmlfiles/moe/moe_1778/200710/27737.html，2015 年 1 月 21 日访问。

水平基础研究和高技术研究。"[①]

4.《统筹推进世界一流大学和一流学科建设总体方案》

2015 年 10 月，国务院《统筹推进世界一流大学和一流学科建设总体方案》颁布，改革任务的第 13 项为"推进国际交流合作"，提出："加强与世界一流大学和学术机构的实质性合作，将国外优质教育资源有效融合到教学科研全过程，开展高水平人才联合培养和科学联合攻关。加强国际协同创新，积极参与或牵头组织国际和区域性重大科学计划和科学工程。营造良好的国际化教学科研环境，增强对外籍优秀教师和高水平留学生的吸引力。积极参与国际教育规则制定、国际教育教学评估和认证，切实提高我国高等教育的国际竞争力和话语权，树立中国大学的良好品牌和形象。"[②]

为了便于更直观地了解国内法律政策体系，我们可以以表格的形式将上述内容作一归纳，详见表 11。

第三节　高等教育市场国际化进程中中国的路径选择

一、路径选择的考量因素

正如第三章第四节所归纳的，影响国家承担高等教育国际化义务的因素主要包括一国关于高等教育的价值理念、现实考量与体制结构。[③]就体制结构而言，中国属于单一制国家，中央政府的政策与法令一直以来就具有很高的权威性。从高等教育体制的角

① 该部分内容来源于教育部网站，http：//www.moe.edu.cn/publicfiles/business/htmlfiles/moe/moe_176/201112/128730.html，2015 年 1 月 21 日，并具体参见［印度］阿比曼纽·辛格：《教育国际化：中国的参与及其对学生的准备》，载《世界教育信息》2011 年第 4 期。

② 该部分内容来源于中华人民共和国中央政府网站，http：//www.gov.cn/zhengce/content/2015-11/05/content_10269.htm，2015 年 1 月 21 日访问。

③ 参见前文第三章第四节相关内容。

表 11　涉及中国高等教育市场的国内法律和政策

法律	《教育法》	《高等教育法》	《民办教育促进法》	《教师法》	《外国人境出境管理办法》
主权原则市场规定	第 8 条第 2 款	第 4 条、第 7 条	第 4 条		
均衡发展	第 10 条第 1 款、第 2 款	第 8 条、第 9 条第 2 款	第 52 条		
公益性、营利性	第 8 条第 1 款、第 26 条第 4 款	第 24 条、第 63 条第 2 款	第 3 条、第 37 条第 2 款、第 51 条		
监督管理	第 24 条、第 29 条		第 38 条至第 42 条	第 11 条、第 13 条第 2 款、第 22 条第 2 款、第 42 条（外教的资格和监督）	第 16 条第 2 款（外国学生、外教等的签证规定）
办学方式（对外交流、办学主体、经费来源等）	第 67 条第 1 款、第 2 款、第 69 条、第 70 条、第 83 条	第 12 条第 2 款、第 60 条第 1 款、第 67 条	第 67 条		
行政法规部门规章	《民办教育促进法实施条例》	《学位条例暂行实施办法》	《普通高等学校学生管理规定》《外国留学生管理办法》（简称“办法”）与《高等学校接受外国留学生管理规定》（简称“规定”）	《外国文教专家工作试行条例》（简称《中外合作办学条例》）与《高等学校聘请外国文教专家和外籍教师的规定》（简称“规定”）	《出境入境管理条例》
主权原则市场原则	第 2 条第 1 款、第 4 条、第 6 条第 1 款、第 3 款		“办法”第 5 条、“规定”第 14 条、第 16 条、第 17 条、第 33 条		

续表

法律	《教育法》	《高等教育法》	《民办教育促进法》	《教师法》	《外国人境出境管理办法》
均衡发展	第40条				
公益性、营利性	第37条、第38条、第44条、第45条第1款		《普通高等学校学生管理规定》第3条、“办法”第2条、“规定”第5555条		
监督管理	第7条、第22条、第23条、第32条、第46条	第3条、第21条（外国学生的学位授予规定）	“办法”第25条、第35条、“规定”第6条第1款、第8条第1款、“规定”第23条	《中外合作办学条例》第9条第2款、第11条、第33条至第36条、“规定”第22条	第6条、第7条、第9条第2款、第15条（外国学生、外教等的签证规定）
市场准入			“办法”第6条、“规定”第6条第2款、第7条、第9条第1款、“规定”第11条、第12条		
奖学金制度			“规定”第19条第1款、第22条		
外国专家的聘任				《中外合作办学条例》第3条、第5条、第34条、第36条、“规定”第12条、第13条、第18条、第19条第1款	
政策	《2003—2007年教育振兴行动计划》	《国家教育事业发展“十一五”规划纲要》	《国家中长期教育改革和发展规划纲要（2010—2020年）》	《统筹推进世界一流大学和一流学科建设总体方案》	
时间	2004年	2007年	2010年	2015年	

度看，中国的高等教育改革经历过 20 世纪 80—90 年代的放权和分权到 90 年代末开始的重新收权的过程。如今的高等教育体制可以说是在中央统筹下发挥地方政府作用的体制：一方面是教育系统财政自主的地方化；另一方面则是课程标准和教学评估严格由中央设定严格的统一标准。①但无论如何，尽管高校自治和发挥地方的积极性是一直以来改革的主流，但这仅限于高校内部的管理和经费资助。相反，对中国高等教育进行法律政策规制的大框架依然是中央确定的，我国的政治体制并不允许地方有权对此进行挑战。所以，我国的体制结构与联邦制国家和分散的教育体制不同，这决定了它对于承担国际组织政策规制下的国际义务并不存在制度障碍。接下去我们只考虑价值理念和现实考量这两个因素，而这两个因素在中国高等教育市场国际化进行中相互交织。

（一）高等教育的市场化 / 营利性

在改革开放与教育服务全球化的大背景下，中国的高等教育也不可避免地被卷入了市场化的潮流之中。如今，高等教育开放与教育市场化已经受到中国高等教育管理者和高校的高度关注，高校和地方政府已成为积极寻求对外合作的主要推动者。可以说，在中国越来越融入世界一体化的过程，高等教育市场化是其必不可少的一部分。在这一背景下，将高等教育视为一种可交易的商品，视高等教育作为一项具有营利性的产业的思想也随之而起，至少具有了部分正当性。例如，1999 年第三届国家教育会议提出了“教育产业”这一在国际上已被广泛接受的概念。②这是高等教育价值理念方面的变化，而这一变化亦有其现实考量。概言之，这一现实考量既包括宏观的原因，也包括微观的原因。③

宏观的原因包括政治、经济和文化方面的动机。

---

① Chenjian Zhang and Alexsander Akbik, *PISA as a Legitimacy Tool during education reform: Case Study of Shanghai*, TranState Working Papers, No.166, Bremen, 2012, p.3.

② Xiaoyang Wang and Fazal Rizvi, WTO/GATS and Issues of Trade and Cooperation in Chinese Higher Education, *Journal of Cambridge Studies*, Vol.1, No.1, 2006, p.11.

③ Peng Luo, Opening Drives and Policy Proposals for China Higher Education Service Trade, *2011 2nd International Conference on Artificial Intelligence, Management Science and Electronic Commerce（AIMSEC）*, pp.1293-1294.

关于政治动机。国际教育贸易服务受到全球政治环境的极大影响，国际教育交流和合作长期以来主要是政治方面的要求。作为发展中国家，中国必须加入人才竞争，才能以发展更多的合作伙伴并在世界舞台上拥有自己的一席之地。作为外交政策的特殊组成部分，教育可以改进国家形象。作为一项外交投资，教育合作会为未来国家间外交关系的发展提供便利。而国家间的学术合作也会为中国在相关领域的国际地位奠定基础。进一步打开中国的高等教育市场，让更多国家，尤其是第三世界国家未来的精英留学中国，对于今后中国在国际政治舞台上对这些国家发挥更大的作用不无裨益。因此，为了强化自身的竞争力，扩大国家的影响，伴随着改革开放后出现的新观念和新想法，我国的高等教育的整体姿态是面向整个世界开放，吸引外国留学生，培养能应对全球经贸关系、长于国际交流和适应变迁能力的多样化人才。有学者甚至认为，改进与促进与其他国家的相互信任与理解是中国政府发展高等教育服务优先考虑的因素。[①]

关于经济动机。从 20 世纪 90 年代末开始，经济因素成为影响高等教育国际贸易的主要因素。随着世界范围内经济一体化的发展，中国的经济增长无疑将取决于它对世界贸易市场的参与程度。国际合作与竞争主要反映在经济方面，包括但不限于技术、知识和人才。[②] 因而经济因素是推动中国高等教育服务贸易发展的重要动机，它主要表现为：（1）直接收入。也就是通过高等教育贸易直接带来的收入，这种收入的获益人一般并非出口国的政府，而是吸引留学生的教育机构。但国家教育财政的改善将减轻政府的教育财政负担，所以政府是间接受益人。（2）其他的收入。这主要指的是包括留学生花费的生活费用在内的间接收入。留学生的生活、交通和旅行花费很大程度上影响着我们的缴费需求和雇

① Xingde Zhu, Regulating Higher Education Services in The People's Republic of China, in：Christopher Findlay, Hildegunn Kyvik Nordas and Gloria Pasadilla, *Trade Policy in Asia：Higher Education and Media Services*, New Jerzy u.a：World Scientific, 2014, p.113.

② 孙晓音：《我国高等教育服务贸易开放研究》，东华大学 2007 年硕士论文，第 54 页。

佣水平。此外，商业存在（中外合作办学）的繁荣会从侧面降低中国教育对外交流的成本，也在一定程度上可以促进外商投资持续和稳定地发展。

关于文化动机。教育是文化的传承方式，由于不同国家存在不同的历史、地理、政治和经济体系，世界上存在大量各具特色的传统文化。教育服务贸易通过教育资源的流动促使国家能吸收不同的文化，将其他国家的新的优秀文化和文明注入地方文化之中。中国一直强调文化交流，历史上也曾踊跃参与世界上其他国家和地区的文化与文明。中国高等教育向国际市场开放将有助于达成文化资源国际流动的目标。中国致力于在传统文化的基础上创造多元化的氛围，为来自不同国家的学生提供相互理解和学习的便利。因此，文化动机带动了中国高等教育的开放。

微观的原因包括人力资源和消费需求方面的动机。一方面是人力资源的动机。未来的劳动力市场对人才的要求将不再限于知识和专业技能，而开始更多地强调眼界开阔、思维活跃和复合型技能。增强国家竞争力的本质在于培养人才。只有深化国际化才能有利于培养大量高水平的高级技术人才和参与国际竞争与合作复合型人才，因此中国需要参与国际顶尖高等教育领域的竞争。但中国的许多行业都面临人才短缺问题。① 人才的短缺和再造的急迫性同样促进了我国高等教育服务贸易市场的开放。另一方面是消费需求的动机。家庭收入的持续增长必然相应带来了文化需求的增长。在中国现有的经济收入水平下，仅靠国家投入无法满足许多富裕家庭高等教育的要求，如此，它们就会通过各种途径来满足自己高等教育消费的需求。为了获得供求的最好平衡，许多发展中国家强调通过引入优质的国外教育资源以缓解国内教育资源供给不足的压力。随着国民经济、生活质量的发展以及市场经济的不断改进，越来越多的人认同自我文化发展的重要性，意识到教育可以改变他们的社会地位，这有力地驱动了对高等教育的

---

① 以金融领域的人才为例，主要国家金融人才在国民人口中的比例分别为：中国 2.7%、美国 11%、日本 8.67%、德国 9.9%、英国 13.7%、法国 11%、加拿大 12.6%、韩国 8.5%。

巨大需求。中国政府虽然认识到了教育投入的重要性，但依然落后于国民经济的增长率。教育资源的匮乏加剧了高等教育需求与供给的矛盾，而这一矛盾成为中国高等教育贸易发展的推动力。政府则希望通过教育市场的开放引入更多的海外资本，以改进国内的教育环境，提升教育服务能力，提供更多的教育机会。在某种程度上，吸引海外资本和优质教育资源可以弥补中国教育资源的匮乏，满足多层次和灵活的学习要求。

（二）高等教育的公益性

但以上只是事情的一个方面。在上述现实考量中，对教育的价值理念的思考也是重要因素之一。我国主流观点长期以来将高等教育视为公共产品，即主要由政府来提供并致力于一定的人格塑造、文化和知识养成的渠道。一方面，从前文对于中国高等教育市场国际化的历史来看，我们一直将高等教育视为救亡图存、摆脱民族危机和重返大国地位的途径之一，政府主导的国家现代化进程决定了我们当时并不是在商品和贸易的意义上来看待高等教育的。另一方面，认可公益性为教育之性质，甚至是唯一的性质，迄今为止依然是我国官方的主流话语。这突出体现在我国的法律、法规中的有关规定上，如《教育法》第 8 条第 1 款、第 67 条第 2 款,《高等教育法》第 24 条,《民办教育促进法》第 3 条,《中外合作办学条例》第 3 条第 1 款,《高等学校接受外国留学生管理规定》第 5 条等，都明确规定了我国教育与高等教育的公益属性。这里面既有国家主权的要求，也有个人教育权的体现。

就国家主权原则而言，它主要包括以下三个方面。（1）在高等教育市场国际化过程中要贯彻国家的教育方针。这是国家主权在教育领域的体现，是实现国家教育目标的重要载体，涉及国家未来的教育发展与定位。不能因为高等教育市场国际化过程有涉外因素就放弃本国的教育目标。我国《教育法》第 29 条、《高等教育法》第 4 条、《民办教育促进法》第 4 条第 1 款、《外国留学生管理办法》第 2 条都有相关规定。《中外合作办学条例》第 5 条第 1 款规定了中外合作办学的三大准则，即中国的法律、教育方针和公共道德，以及否定性规定，即不得损害中国的国家主权、安全和社会公共利益。这意味着在中国的跨境教育服务同样要遵守中国国家的教育方针。（2）跨境高等教育活动要与宗教活动相分离。我国一向贯彻政教分离的国家原则，主张宗教自主，反对外国势力的干涉。如果允许在跨境高等教育活动中以授课为名进行传教活动，实则为思想文化领域的潜在入侵，也有违我国的宪法原则。所以，国外教育提供者不得在提供高等教育服务时向中国学生进行传教活动。《教育法》第 8 条第 2 款、《民办教育促进法》第 4 条第 2 款、《高等学校接受外国留学生管理规定》第 33 条都规定了教育机构不得进行宗教教育和开展宗教活动。《中外合作办学条例》第 7 条除了有相同规定，还进一步规定“外国宗教组织、宗教机构、宗教院校和宗教教职人员不得在中国境内从事合作办学活动”。（3）强调地区均衡发展，尤其是对少数民族地区、落后地区的倾向性扶持。境外教育资源的进入有助于人才的加速培养，但是由于利益机制的趋势，境外教育机构必定会将办学的重点放在经济较发达地区，这就会使得原已存在的东西部地区的不平衡性进一步加大。[①] 而国家需要考虑的是教育资源在各地区的相对均衡配置和合理流动，这就需要通过政策优惠措施引导资源向落后地区流动，这一指导思想体现在《教育法》第 10 条第 1 款、第 2 款，《高等教育法》第 8 条，《民办教育促进法》第 52 条、第 40 条上。《中外合作办学条例实施办法》第 3 条第 2 款也规定：“国家鼓励在中国西部地区、边远贫困地区开展中外合作办学。”

就教育权原则而言，它体现在两个方面。一是对受教育者权利的保障。受教育权属于社会权，这意味着它绝不仅仅限于消极的防御权，而也具有请求给付教育资源的面向。[②] 后者说明它需要由教育提供方以及国家予以保障。《教育法》第五章、第 69 条，《高等教育法》第六章，《民办教育促进法》第四章，《民办教育促进法实施条例》第 29 条，《普通高等学校学生管理规定》第二章，

---

① 陈至立：《我国加入 WTO 对教育的影响及对策研究》，载《人民教育》2002 年第 3 期。

② 参见陈国栋：《作为社会权的受教育权——以高等教育领域为论域》，载《苏州大学学报（哲学社会科学版）》2015 年第 3 期。

都对受教育者的权利进行了规定。二是对弱势群体受教育权利的保障。教育公平不仅仅要做到在入学资格、奖学金资助、教学资源分配等方面形式上的平等，也要做到对弱势群体的倾斜性保护，使得教育资源向少数民族或家庭贫困的农村地区学生有意地倾注，以保证实质公正。例如《高等教育法》第 9 条第 2 款规定："国家采取措施，帮助少数民族学生和经济困难的学生接受高等教育。"第 3 款规定："高等学校必须招收符合国家规定的录取标准的残疾学生入学，不得因其残疾而拒绝招收。"此外，《联合国宪章》《世界人权宣言》《联合国经济社会文化权利公约》和《联合国教科文组织宪章》《亚太学历学位公约》、"跨境质量准则"等对中国具有法律效力的公约和国际文件中，对于作为一项基本权利的受教育权有诸多规定。[①] 这些都要求中国在教育市场国家化过程中采取切实有力的法律政策去落实人权原则。

（三）公益性与营利性矛盾吗?

在中国语境中，高等教育包括跨国高等教育在表面上就呈现出公益性与营利性，或者说传统的保守主义与新自由主义的市场化之间的矛盾。究其根本，是因为在"公益性"与"营利性"之间作了非此即彼的理解：高等教育机构及其活动要么是公益性的，要么是营利性的。而至少在官方法律政策文件的表述中显然倒向了前者，不仅对于公立教育机构，而且对于民办教育机构和中外合作办学的性质表述中，都使用了"公益"或"非营利"的表述。而如果将《中外合作办学条例》第 3 条第 1 款"中外合作办学属于公益性事业，是中国教育事业的组成部分"和《中外合作办学条例实施办法》第 28 条第 2 款"中外合作办学机构不得从事营利性经营活动"放在一起，似乎更加说明了这一点。但笔者认为，在这里其实存在对"营利"和"公益"这对概念的误解。

在一般术语上，必须将"营利"与"赢利""盈利"区分开来。从现代汉语的基本含义上，"赢"意为"赚"，相对于"赔"，"赢

---

① 参见杨成铭：《从国际法角度看受教育权的权利性质》，载《法学研究》2005 年第 5 期。

利”指赚得利润（用作动词）或者即指利润（用作名词）。“盈”意为充满、多余，“盈利”即指利润，或者较多的利润。而“营”的意思是谋求，“营利”相应地是指以利润为目的。因而，“营利性”的含义，并不是经济学意义上的一定有利润，而是一个用以界定组织性质的词汇，它指这种组织的经营、运作目的是获取利润。在法律上，营利活动往往被视为“商行为”的一部分。如日本民法学界就认为，“商行为是一系列交易活动的总称，其中不仅包括任何主体基于任何目的而从事的绝对性商行为，如证券交易与票据交易行为；而且包括商主体专为盈利性营业目的而从事的营业性商行为，如商业买卖、商业承揽、商业服务、商业运送、商事代理与居间、商事保险等；还包括商人为其营业而进行的、附属性商行为，其范围包括商主体为从事营业而进行的一切附属性活动”[①]。综上所述，只要一个机构要通过自己的经营活动获得利润，那么它就是在从事营利性活动。从这个角度来讲，跨国高等教育不可否认地具有营利性。例如在跨境消费中，除了获得本国政府资助的留学生，留学生缴纳的学费（一般比本国学生要来得高）及其生活费用均能带来利润。在商业存在（中外合作办学）中，外国教育服务提供者（大部分为私立高等教育机构）在中国合作办学的主要目的就在于获得回报和利润（这也是为什么这些机构不愿做长期投资建设分校区，而大多选择做合作项目的原因），而办学收入除去当期成本和长期运营的维持费用外，会在中外双方之间分配（按照协议在出资人之间进行分配），正说明了合作办学机构或项目本身具有鲜明的营利色彩。对于这种结余分配于出资人的办法，作为《中外合作办学条例》依据和上位法的《民办教育促进法》其实已有所承认。《民法教育促进法》尽管坚持教育的公益性，但第51条同样规定出资人可以从办学结余中取得“合理回报”。虽然实务中对于何谓“合理回报”依然有争议，但“回报”本身其实已经说明了问题。所以，“营利”指的就是一种获得利润

① 参见MBA智库百科，http://wiki.mbalib.com/wiki/%e5%95%86%e8%a1%8c%e4%b8%ba，2016年4月2日访问。

或回报的活动。从这个意义上看，跨国高等教育无疑具备营利性。

那么，跨国高等教育活动是否能兼具公益性和营利性？这就涉及对一个一直存在误区的认识进行澄清，通常谈及公立教育往往因其具有的公益性而天生地被认为不应当营利，而私立教育的营利目的则是不言自明的。那么，教育活动中存在营利的性质就是对教育公益性的否定吗？答案是不可一概而论。事实上，就目前世界范围内的情况来看，并不能如此简单地做这种对应性评价。比如巴西的私立教育中，有 1/3 是非盈利性质的，[①] 与此相反，尽管有些国家虽然不承认公立教育的营利性，但却允许公立大学中举行以培训为目的的盈利行为，比如中国公立大学中普遍存在的创收培训项目。但无论是巴西的私立教育还是我们的公立大学，其所承载的教育的公益性是共同的。随之而来的疑问就是“公益”指的是不是不追求或不获得利润或回报的活动呢？尽管直觉上看上去是如此，但答案是否定的。公益指的并不是一种活动本身能否是追求利润或回报的，而是指获得的利润或回报的用途或目的为何。如果一种营利性活动最终的用途用于公共事业，那么这种活动就同时是营利性的，也是公益性的。例如，在我国国有企业（尤其是国有独资企业）当然是在从事营利性活动，因为它也要参与市场竞争，获得利润回报。但从性质上讲，它所赚取的利润应当用于全体国民，因为它是全民所有制企业。这说明，营利性与公益性处于不同的概念层次上：营利性指的是手段或活动本身，而公益性指的是用途或活动的目的，两者并不矛盾。中外合作办学活动本身是营利性活动，因为它要追求利润并在出资双方之间分配。但对于中方出资人而言，它从事办学活动的目的或者说所获盈余的用途并不在于分配给本机构的管理者或股东，而要将利润用于本机构的建设、运行和发展，从这个角度讲是公益性的。尤其对于参与合作办学的公立大学（实践中大部分是公立大学）而言更是如此。从这个角度来看，《教育法》最近作的修订，即以

---

① Kevin Kinser and Daniel C. Levy, The For-profit Sector: U.S. Patterns and International Echoes in Higher Education, *Working Paper for Program for Research of Private Higher Education*, 2005, p. 3.

财政性经费、捐赠资产举办或者参与举办的学校及其他教育机构不得设立为营利性组织其实已经有条件地认可了这一点，只是承认得并不彻底而已。[①]其实，与“公益性”处于同一概念层次的是“盈利性”，这个词表明了所获利润的目的或用途是用于“私”而非“公”的。所以，公益性与盈利性相矛盾，但与营利性却不矛盾。[②]

除此以外，在跨国高等教育机构的营利活动中，同样可以基于公益的目的对于该活动施加必要的约束。最明显的体现是对教育服务提供过程中的质量监管。我国《教育法》第24、29条，《民办教育促进法》第38—41条，《民办教育促进法》第7、22、23、32、46条，《外国留学生管理办法》第25、35条，《高等学校接受外国留学生管理规定》第6条第1款、第8条第1款、第23条，《外国文教专家工作试行条例》第9条第2款以及第11、33、34、35、36条，《高等学校聘请外国文教专家和外籍教师的规定》第22条等（见前文法律梳理和相关表格），都规定了对教育活动的监督和质量的保障。这是因为，一方面，监管体现了国家教育主权；另一方面，监管也是对受教育者受教育权的保障。[③]这里所谓的质量监管主要涉及对跨国高等教育活动的（广义）监管立法以及依法监督活动。国家的这种监管立法和监督活动是为了保障跨国教育质量和受教育者的合法权益而行使权力的体现，并不受到教育市场化的限制，反而是为了避免市场化和自由化所带来的盲目逐利而采取的必要约束。提高和维护跨国高等教育活动的质量从根本上讲是为了避免受教育者的权利受到侵害。由于信息不对称和盲目追求数量规模的政绩心理，许多发展中国家或国内教育机构在引入国外教育资源时未作严格审查，又缺乏后续的持续监管，导致“野鸡大学”“项目和文凭”以及“学历连锁店”的泛滥，受教育者所受的教育得不到认可，受教育权被严重侵害。为了避

① 具体批评参见第五章第二节有关中外合作办学营利性问题中的讨论。

② 从这个角度讲，《中外合作办学条例实施办法》第28条第2款的规定“中外合作办学机构不得从事营利性经营活动”并不准确。

③ 殷杰兰：《透视加入WTO后我国教育主权的维护问题》，载《广西社会科学》2004年第1期。

免这种“国际化的陷阱”，在把握好“准入关”的同时，必须对教育质量进行实时监管。

综上所述，跨国高等教育的营利性与公益性并不矛盾，后者一方面体现在所获利润之用途的公共性上，另一方面体现在基于公益目的对营利活动所施加的限制（主要为质量监管）上。

二、宏观路径选择的基本原则

在高等教育国际化和国际组织对于各国的高等教育活动规制之影响日益加大的背景下，我国对于高等教育市场国际化的宏观路径选择应包括三点：第一，对高等教育国际化的规制应跳出国家主义，从国际视角进行战略考虑，重新认识和处理与教育国际化相关的重要国际组织的关系（从国家主义到国际主义）；第二，承认教育市场化趋势，适应教育国际化的浪潮，同时防止教育过度贸易化对教育权的入侵（教育市场化基础上对教育权的保护）；第三，坚持维护主权原则，但应当从国家主权的整体利益出发（教育市场化基础上对国家主权的维护）。其中后两者其实涉及如何围绕国家利益，处理好教育市场国际化规制中的市场、主权和人权的关系问题。

（一）从单纯国家主义到兼顾国际主义

本书在第一章“基本概念”部分统一使用了“全球化”和“国际化”这两个词，强调了其同质性：全球化或国际化是一个过程，在这个过程中的个体不是孤立的，而是紧密相关的。根据罗兰·罗伯森（Roland Robertson）的理论，全球化是一个漫长而复杂的过程，不仅要求参与个体意识到并且确实存在与其他参与方的相关性，还需要参与方认清自己的特性，以及在全球化的过程中处于怎样的位置。[①] 遗憾的是，中国在教育全球化的背景下，或许已经意识到与其他国家的关联性，但并未能酝酿出在这些关联关系中

---

① Roland Robertson, *Globalization: Social Theory and Global Culture*, Sage Publications, 1992, pp. 10–29.

应当保持的态度，[①] 尤其是我国目前对教育国际化和处理与重要国际组织的做法上尚未有明确的立场。

未来在对跨国高等教育活动进行规制时，可否考虑重新认识与重要国际组织的关系。在处理与 WTO、UNESCO 和 OECD 这三个与教育全球化规制息息相关国际组织的关系时，要分别处理。其一，UNESCO 多年来一直将工作的重心放在发展中国家的扫盲教育、义务教育、全纳教育、妇女和儿童的教育等方面，致力于公益事业的发展。就高等教育而言，也多强调教育的公平与质量问题。中国高等教育的主体依然是公立教育，因此与 UNESCO 在理念上多有不谋而合之处。中国政府应当秉持一贯支持 UNESCO 的做法，并且可以期待甚至要求 UNESCO 在避免教育过分市场化中发挥更重要的作用，从而在国际层面表达作为发展中国家、教育主要进口国的愿望和诉求。其二，加入 WTO 是我国走上经济大国和全球舞台的必然选择，我们要充分意识到国内教育资源的短板和对国外优质教育资源的需求，但同时也要从一味地唯恐违反承诺规定转变为有目的地遵从，充分利用 GATS 中的模糊规定和有利规定，从而在教育贸易全球化背景下谋得国家利益最大化。其三，对于 OECD 这种通过软性的政策和价值导向影响国家教育政策的方法则应当具有客观的认识。一方面，可以积极主动地参与 OECD 的各类评估项目，将它们作为测评阶段性教育改革是否成功的风向标；另一方面，也要避免将它们作为唯一的依据，认清其中市场化导向的底蕴，避免“唯数据论”或“唯指数论”。因为 OECD 的基本态度在于将高等教育作为培育人力资本的手段，而人力资本优劣则以其对于社会经济发展的贡献为标准（如培养出了多少政治家、商界精英等）。但这种态度其实是将人仅仅作为经济社会发展的手段，并不完全可取。

无论如何，面对国际化和全球化的浪潮，视而不见和消极回

---

① Hongshia Zhang, Higher Education Reforms and Problems in China: Challenges from Globalization, in: Felix and Nick Foskett (Eds.), *Globalization and Internationalization in Higher Education: Theoretical, Strategic and Management Perspectives*, Continuum, 2010, p.135.

避既不可取，也不现实，秉持一种积极而谨慎的姿态才是应对高等教育市场国家化的正确路径选择。因此，要摆脱国家主义的立场，而去迎接国际主义的姿态。但是，国际主义的立场并不意味着无条件地服从与跟随，而是在充分了解各个国际组织之规制特点（原则化的法律义务、规则化的法律义务、原则化的政治义务[①]）的基础上，采取最为有效地维护国家和国民利益的应对措施。

（二）教育市场化基础上对教育权的保护

全球化教育贸易的趋势既然不可避免，面对这一浪潮时，我们需要迎头接受挑战，如何既在国内规范层面良好执行 GATS 中承诺的义务，又利用教育贸易化的时机提高我国教育对外交流水平是需要思考的问题。同时，为了避免中国教育市场完全沦落为外国教育进口方的“教育倾销地”，适应我国跨国高等教育的新形势，应当用发展的眼光和新的视角强调市场、主权和人权的关系。

就目前世界范围内有关教育的跨国活动而言，自从 GATS 将教育的可贸易性进行法律固化以来，教育的经济属性和促进社会经济发展的作用被不断重复，诸多国家和国际组织积极倡导教育的可贸易性，更多的国家则是被迫接受了这一理念，中国可以说也在其列。可以说，教育的市场属性已经成为一种国际趋势。正是因为认识到这种情况的必然性，中国政府在 GATS 中对教育贸易积极做出了承诺。然而，这种市场化与对受教育者教育权的保护是否存在冲突？有学者认为两者是不矛盾的，甚至在世界范围内提升人权的最佳措施就是促进自由贸易。因为贸易自由化改进了国家之间的联系，增长了它们的财富，培育了公民社会。所以政府应当从贸易实务中撤出来留给市场本身去处理。[②]这种说法有一定的道理，但带有明显的哈耶克主义和市场至上主义的色彩。我们必须认识到，市场失灵的情况永远存在，如果国家不以一定的法律框架和政策措施对跨国高等教育活动进行规制，可能会带

---

① 参见本章第二节中国高等教育国际化的制度环境的论述。

② James A. Dorn, *Free Trade and Human Rights in China*: *Trade Restriction Won't Create Political Change Abroad*, http://FEE.ORF/FREEMAN/FREE-TRADE-AND-HUMAN-RIGHTS-IN-CHINA，2016 年 1 月 10 日访问。

来恶性竞争、资源浪费、劣币驱除良币等弊端，从而最终损害受教育者的教育权。所以，市场与人权是否矛盾取决于我们如何来理解市场：如果理解为放任市场机制去调整跨国高等教育，那么就必然存在矛盾；但如果将市场理解为法律规制下有秩序的机制，则两者并不存在矛盾。

在全球化教育贸易浪潮中如何能够寻求高等教育领域的人权与贸易的平衡，还取决于对国际规范的理解和国内层面规范的执行情况。我国目前虽然已经对 GATS 作出了承诺，且这种承诺可以比作“单行道”（只可更多的开放，不可更多的限制），但由于承诺只涉及市场准入和国民待遇两方面，所以我们可以在后续的市场监督过程中确保受教育人权利的实现。此外，有论者或许会认为，高等教育市场国际化带来的实质后果是高等教育产业的私有化，而私有化必然会危及教育权。因为，“受教育权的本质是从国家那里获得公共教育资源，所以它首先是公法权利。这种公法权利性不仅是指它是由承担公共教育职能的高校所给付的，还因为它必须符合公法的规范，满足公法规定的条件，履行公法义务。因此，它本质上必定不是私法权利，也不能转让”[①]。但是，一旦高等教育被交付于私立机构（民办教育），教育权就将失去公法的属性，因为此时只存在两个私主体（受教育者与私立机构）之间的契约关系，这是无法针对国家去主张的。对此首先要指明的是，我国在全球化高等教育贸易实践中并未区分公立教育机构的国际贸易和私立教育机构的国际贸易，而是将其统一规定在“中外合作办学条例”中。无论是何种性质的机构都可以成为合作办学的主体；并且上文已经说明，公立机构参与营利活动与它的公益性并不矛盾。所以，适应 GATS 规定和遵守其承诺不等同于对公立教育的私有化改革。教育本身所承载的文化传承、社会融合属性决定了教育是任何一个社会不可缺少的公共产品，这个产品必须保持其公立和公益性，其作用决不可完全由私立教育代替。因此，

① 陈国栋：《作为社会权的受教育权——以高等教育领域为论域》，载《苏州大学学报（哲学社会科学版）》2015 年第 3 期。

我国公立教育虽然也参与到了全球教育贸易活动中，但坚持教育的公益性原则与 GATS 规定并不矛盾。对于私立教育而言，其本身的发展就是为了满足不同消费主体的需求而出现的，因此，在不违反国家相关法律、法规规定的前提下，鼓励私立教育的发展符合 GATS 的规定，并且应当允许其高度市场化。

（三）教育市场化基础上对国家主权的维护

新自由主义的全球化导致民族国家逐步将教育权让位于市场和国际组织。中国加入 WTO 意味着它同意 WTO 对于其国内教育政策的潜在干预。随着中国高等教育市场的进一步开放，有越来越多的利益当先的外国教育服务提供者与同样谋求利益的中国合作方一起合谋。[①] 很多地方政府与高等教育机构对于主权问题的认识不足，高等教育的管理者并不怎么关心外国势力对中国政府主权在教育领域的影响。[②] 这种对目前国际教育政策的盲目信任是幼稚和危险的。根据本书第一章教育国际化与国家主权的论述，尽管在认识教育国际化是否冲击了国家主权之间的关系时存在不同意见，但坚决维护国家主权的原则作为国家存在和发展的前提，可以说是亘古不变、凝聚国家意志的人类最纯朴的表现，[③] 这个原则在教育国际化背景下维护国家主权时仍然适用。在制定国内教育政策时，面对与教育全球化相关的国际组织，国家或通过参加宪章、条约或通过做出承诺，或受到其政策等“软性”规制方式，不同程度上受到教育国际化的影响，这一过程不可避免地需要让渡国家的某些权力，以获取对教育国际化活动的参与权。例如 GATS 框架下，商业存在中学位证书的颁发与认可问题、带有明显意识形态目的的教育机构的涌入问题；境外消费对我国的教育服务业严重影响和人才流失问题；跨境交付的方式

---

① Rui Yang, International Organizations and Asian Higher Education: The Case of China, in: Roberta Malee Bassett and Alma Maldonado-Maldonado (eds.), *International Organizations and Higher Education Policy: Thinking globally, Acting locally?*, New York and London: Routledge, 2009, pp.186-187.

② Li-Wen Zhang, *China's Higher Education Trade and the Impact of the WTO/GATS liberalization*, PHD Dissertation, New York: Columbia University, 2006, p.37.

③ 潘懋元、黄建如：《教育主权与教育产权关系辨析》，载《中国高等教育》2003 年第 6 期。

会改变教育主权所能控制的范围和空间；自然人流动中，外籍教育服务提供者的流动给相对脆弱的社会结构、教育方向和价值观念带来挑战性的影响等。概言之，教育全球化给教育主权带来的影响包括管理权的丧失这种显性影响，以及意识形态同化的隐性影响。①

但这种让渡也存在限制。除了国家可以采取体现教育主权的监管措施，在GATS框架下最明显的领域限制是GATS只适用于私立教育领域的贸易行为。在GATS谈判之初，美国、澳大利亚、新西兰和日本提交的提议，就均在不同程度上承认国家对教育的管理权，尤其美国声明其针对教育服务的谈判集中于私立教育范围。②GATS第1条第3款规定，“践行政府权威”的服务不得予以贸易自由化。如果一项服务被认定为政府服务，它就不得予以贸易自由化。第1条第3款c项将“践行政府权威”的服务定义为“任何即非基于商业、又非与一个或多个服务提供者形成竞争关系来提供的服务”。这意味着公立教育不在GATS的调整范围之内。事实上，大部分国家的教育体系都是混合式的，其中私立教育机构与公立教育机构相互竞争。③就此而言，公立教育服务的很多方面都可以被构造为非关税贸易壁垒：例如对教育资料进口（包括网上提供的）的限制、政府对教育规制性框架和资助框架的不透明、对教育产权的限制，甚至政府对于学生或教育机构的补贴都

① 参见殷杰兰：《透视加入WTO后我国教育主权的维护问题》，载《广西社会科学》2004年第1期；王建香：《开放教育市场与维护教育主权》，载《河北师范大学学报（教育科学版）》2002年第6期。另有学者认为，还带来了教育内容的不一致和管理机制的不一致的问题，Hongshia Zhang, Higher Education Reforms and Problems in China：Challenges from Globalization, in：*Felix Maringe and Nick Foskett, Globalization and Internationalization in Higher Education*, London and New York：continuum, 2010, pp.134–135。

② Aik Hoe Lim, Dale Honeck, GATS and Education Services：Current Commitments and Fiture Prospects, in：Roberta Malee Basset and Alma Maldonado–Maldonado（Eds.）, *International Organizations and Higher Education Policy Thinking Globally, Acting Locally?*, Routledge, 2009, p.139.

③ B. Ascher, *Education and Training Services in International Trade Agreements*, prepared for the conference on Higher Education and Training in the Global Marketplace：Exporting Issues and Trade Agreements. Sponsored by the Center for Quality Assurance in International Education and the US Department of Commerce, Washington DC, 10 May 2001.

可以这么来看待。[①] 此外，GATS 的序言规定，为了满足国家政策目标，政府有权在其领土范围内对服务提供进行规制并引入新的规制。国际层面上教育自由化带来的由私人提供教育服务的结果并不旨在于取代公共教育体系，而只是对其进行补充。所以，WTO 并不否认政府将继续作为教育服务的提供者在高等教育领域扮演重要角色。从此可以合理地假定，GATS 框架下的贸易自由化主要致力于向国外教育提供者开放私立教育市场。有学者将 GATS 是否对国家教育体系造成影响的问题用图 5[②] 来表示。

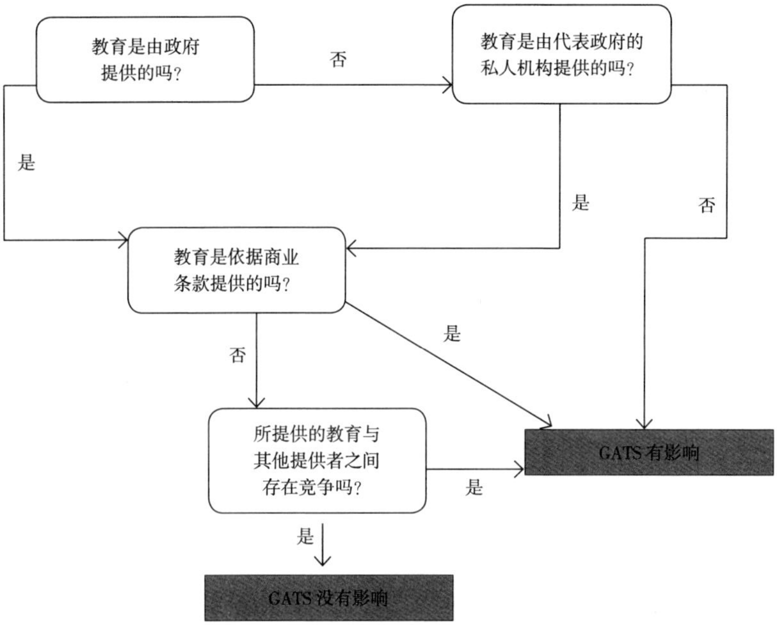

图 5　GATS 框架下的国家教育

所以在我国的 GATS 特殊承诺中所排除的军事、警察、政治和党校等特殊领域的教育，尽管可能涉及高等教育，但却因为属

① P. Sauv é , Trade, Education and the GATS：Whats In, Whats Out, Whats All the Fuss About? OECD Centre for Educational Research and Innovation (CERI)：Paris. Paper prepared for the OECD/ US Forum Trade in Educational Services, Washington D.C. May 2002, pp.23–34.

② 信息来源于 Antoni Verger, *WTO/GATS and Global Politics of Higher Education*, New York and London：Routledge 2010, p.36。

于“践行政府权威”的领域，不属于向外国教育提供者开放的私立教育市场，而不适用 GATS 的规定。这些领域是体现国际主权最明显的领域，国家在此不仅践行有关质量监管的立法权与监督权，而且行使教育行政权。

但问题的另一方面是，在私立教育市场中，国家如何在维护教育主权的同时不过度侵害市场主体的自由经营行为（高校自主权）呢？中国政府在规制跨国高等教育时对教育主权的维护保持了高度的敏感性，但有些关于教育主权的规定是否适宜却是值得商榷的。比如，对中外合作办学活动中的具体语言使用也做出详细的规定是否有必要？对中外合作办学机构中校长或主要行政负责人应当具有中华人民共和国国籍以及在中国境内定居的规定是否具有维护主权的现实意义？结合在参与中外合作办学项目和机构的法律评审的经验，笔者认为我们目前对待中外合作办学领域的教育主权观念仍然停留在教育开放的初始背景中，在很大程度上可能是一种“草木皆兵”的教育主权观。也就是说，教育主权与高等教育机构内部的行政管理权区分不清。比如教学语言使用的问题，中外合作办学的特色之一就是对国外先进教育资源的引进，使用外语是有效地接受国外新知识的最直接途径，是适应经济全球化的需求，[①] 并且当今社会掌握外语水平的高低程度是衡量一个人“软实力”的重要组成部分，用立法行为强制规定语言的使用问题不仅与现实不符，更没有执行意义。同样的道理来看待校长或行政负责人具有中国国籍的规定，外国人完全可以通过形式上具有中国国籍规避这一规定，这并不能保证中国合作方对中外合作办学行政权的掌握。综上所述，笔者认为在中外合作办学已经进入新常态的情况下，我们关于教育主权的观念也应当随着教育国际化的发展而采取新的观念。首先，承认国家主权的层次性，对于不妨碍维护核心国家主权利益的“外围权力”，有选择、有条件地将其让渡于教育国际化的浪潮中，这不是对维护国家主

---

① 易凌：《中外合作办学中面临的法律问题及解决途径》，载《教育研究》2010 年第 6 期。

权观的抛弃，而是从国际整体战略角度实现国家主权的共同利益和长远利益；[①] 其次，去除现行法律中与保护教育核心主权不相符或者并无实际意义的法律规定，从维护国家核心主权的角度调整现行法律，以便跨国高等教育活动更好地融入到教育国际化浪潮中。

总的来说，我们应当牢牢把握教育立法权与监督权，对于涉及跨国高等教育机构之内部行政和自主管理的教育行政权（外围权力）则可以留给机构本身去运行，以便在维护国家主权的同时不过分损害跨国高等教育机构的正常运作与积极性。[②]

---

① 王剑波：《跨国高等教育理论与中国的实践》，华东师范大学 2004 年博士学位论文，第 98 页。

② 类似地，有学者区分了教育主权的刚性层面与弹性层面，参见梁嘉顺：《国家主权与教育主权》，载《学术问题研究》2008 年第 1 期。

第五章　中国高等教育国际化的主要形式：中外合作办学

世界一流大学和一流学科建设（以下简称“双一流建设”），是中共中央、国务院作出的重大战略决策，也是中国高等教育领域继“211工程”“985工程”之后的又一国家战略，有利于提升中国高等教育综合实力和国际竞争力。2015年10月，国务院印发《统筹推进世界一流大学和一流学科建设总体方案》，对新时期高等教育重点建设做出新部署，决定统筹推进建设世界一流大学和一流学科。2017年9月，教育部、财政部、国家发展和改革委员会联合发布《关于公布世界一流大学和一流学科建设高校及建设学科名单的通知》，正式公布“双一流建设”高校及建设学科名单，首批双一流建设高校共计137所，其中世界一流大学建设高校42所，世界一流学科建设高校95所。“双一流建设”是国家加快建设高等教育强国的宏观战略体现，旨在提升这些高校人才培养、科研创新的国际化水平，增强一流大学对国家经济社会改革与发展的引领性与贡献力。中外合作办学作为高等教育国际化的重要组成部分，是“双一流建设”的重要内容。中外合作办学的成效直接关系到“双一流建设”的效果。不仅仅如此，中外合作办学也可能成为倒逼中国高等院校双一流各项建设的“驱动器”，对所在高校的人才培养、科学研究、国际交流合作等方面办学水平与能力建设发挥重要推动作用。在这一背景下，过去中外合作办学活动中存在的法律问题就更为清晰地显露了出来，这些问题急需得到澄清，获得共识。

第一节　中外合作办学的历史演变

一、中外合作办学的历史阶段

从历史发展角度来看，中国高等教育国际化的主要形式采取的是中外合作办学。但事实上，在中国，一方面，中外合作办学活动出现得比立法要早，因而呈现出实践先于制度的特点；另一方面，我国中外合作办学的发展是伴随着我国参加服务贸易谈判的过程发展起来的，中外合作办学制度的建立和完善也体现了谈判所达成的条约义务。这是中外合作办学的第二个特点。① 大体来说，自改革开放以来，我国的中外合作办学实践和制度经历了探索阶段、起步阶段、发展阶段和提质增效阶段等四个阶段。②

（一）探索阶段

从 20 世纪 80 年代开始，我国就出现了与外国合作办学的活动，比如 1980 年中国和法国在武汉大学合办的“中法合作数学实验班”，1983 年中国和德国政府合办的“中德建筑业培训中心”，以及 1984 年中国与加拿大政府合办的“中加大学教育管理项目”

---

① 关于我国中外合作办学制度的发展与“复关”和“入关”的关系，参见魏姝：《我国 GATS 下承诺与中外合作办学市场准入法律问题》，载《石河子大学学报（哲学社会科学版）》2018 年第 2 期。

② 这一阶段划分参考了罗婧雯、王敏：《新时代中外合作办学的发展历程、现状及展望》，载《教育教学论坛》2020 年第 21 期。

等，[1]这些活动有别于现在所说的中外合作办学，主要体现在政府间的合作，非以盈利为目的，规模较小，但这些活动是中国政府最初对外教育交流的开始。

我国政府提出“复关”申请时，正逢关贸总协定各缔约方发动乌拉圭回合谈判。从 1986 年 9 月始，我国以 GATT 观察员身份全面参加了乌拉圭回合谈判。1991 年 7 月，中国第一次向关贸总协定秘书处提交了“初步承诺开价单”（MIN.GNS/W/124），对银行等六个部门（不包含高等教育部门）的市场开放作出了初步承诺。之后于 1994 年 4 月 15 日提交了有条件出价单，即符合 GATS 原则的“服务贸易具体承诺表”（GATS/SC/19）。在这份文件中，我国仅开放了 CPC921 初等教育服务。由于中国未能在 1995 年 1 月 1 日 WTO 成立前恢复关贸总协定的缔约国地位，因此 GATS/SC/19 并未成为对我国有约束力的法律文件。

与我国“复关”谈判几乎同时发生的是我国出现了中外合作办学实践上的萌芽。1986 年 9 月，国务院批准成立南京大学—约翰·霍普金斯大学中美文化研究中心，是我国第一个中外合作办学机构。1987 年，天津财经大学与美国俄克拉荷马大学（OCU）合作举办的工商管理硕士（MBA）培训班成为我国改革开放以后首个经国务院学位办批准的中外合作办学项目。1988 年，天津财经大学与美方合作的 MBA 课程是第一个具有学位授予资格的合作办学项目。但是在此阶段，无论课程还是合作项目都非针对大学生，而是着眼于高校教师发展，主要关注语言学习或中国大学不能提供的专业课程，并且都不能授予中方或外方的学历学位。[2]从总体来看，这个时期的中国政府对于中外教育交流仍持谨慎态度。

（二）起步阶段

时至 20 世纪 90 年代初，随着中外教育交流萌芽的发展，第一个与此相关的文件于 1992 年出台，这是由当时的国家教育委员

---

① 李晓述：《关于完善中外合作办学法律体系的思考》，载《河北法学》2010 年第 4 期。

② 参见陶凯元：《国际服务贸易法律的多边化与中国对外服务贸易法制》，法律出版社 2000 年版，第 201 页。

会发布的《关于外国教育机构在华从事教育活动的通知》。这个通知反映了中国政府对中外合作办学最初的“原则上不接受”，但如有特殊情况可以通过当时的国家教委进行审批后接受。尽管这个文件所体现的教育政策与目前的教育政策大相径庭，但有学者认为这个通知可以视为“我国中外合作办学立法的雏形”[①]。1994 年，《中国教育改革和发展纲要》出台，首次提出“进一步扩大教育对外开放，加强国家教育交流与合作，大胆吸收和借鉴世界各国发展和管理教育的成功经验”“在国家有关法律和法规的范围内进行国际合作办学”，揭开了我国中外合作办学法制发展的序幕。

由于国家教委起草的法规尚需一定时间出台，为了应急处理实践中的各种问题，1993 年 6 月 30 日，国家教委下发《关于境外机构和个人来华合作办学问题的通知》，就对合作办学的范围、类别、主体等一些急需明确的原则作出了规定。在这个通知中中国政府强调要以“积极慎重、以我为主、加强管理、依法办学”的原则开展合作办学。尽管是临时性的文件、政策指向表现出慎重的态势，但其为恢复发展中外合作办学起到了推动作用。截至 1994 年底，我国共批准中外合作办学机构和项目 70 余个，标志着我国中外合作办学正式进入起步阶段。

从 20 世纪 90 年代中后期至 2000 年初的这段时间，我国的国外教育交流活动日益频繁，呈现良好发展开端。根据《教育部办公厅关于印发全国教育外事工作会议纪要的通知（2000 年）》统计，截至 2000 年，我国与其他政府签订的官方教育双边交流协议共 80 多个，与 160 多个国家建立了教育交流关系，我国与联合国教科文组织、联合国儿童基金会、联合国开发计划署、联合国人口基金开展了 30 多个教育合作项目，我国利用世界银行贷款教育项目资金 14.7 亿美元，实施了 15 个教育项目，出国留学人员总数近 32 万人，分布在世界上 100 多个国家和地区。

这一阶段正赶上我国“复关”失败，并开始加入世界贸易组

---

① 李晓述：《关于完善中外合作办学法律体系的思考》，载《河北法学》2010 年第 4 期。

织（WTO）的谈判。在此期间，我国作出了服务贸易的实质承诺，不仅将高等教育服务列入具体承诺表，并且在境外消费、商业存在、自然人流动三种方式下均作出了市场准入和国民待遇承诺。具体到高等教育部门商业存在，我国承诺在市场准入方面将允许中外合作办学，外方可获得多数拥有权，但不承诺给予国民待遇。[①]

在加入WTO谈判期间，为了适应新形势发展，规范中外合作办学行为，1995年1月26日和1996年1月22日，原国家教委相继颁布了两个部门规章:《中外合作办学暂行规定》(以下简称《暂行规定》)和《关于加强中外合作办学活动中学位授予管理的通知》。其中《暂行规定》对中外合作办学的审批和办学活动作出了比较全面的规定。这是新中国成立后首次通过部门规章的形式确认中外合作办学的法律地位。尽管这两个部门规章目前已经作废，但其是从法律层面正式规范中外合作办学活动的开始，具有里程碑的作用。1995年9月施行的《教育法》第83条正式授权国务院制定“境外的组织和个人在中国境内办学和合作办学的办法，由国务院规定”。1998年出台的《高等教育法》第36条规定:“高等学校按照国家有关规定，自主开展与境外高等学校之间的科学技术文化交流与合作。”这是法律首次赋予高校中外合作办学自主权。教育部《关于实施〈中华人民共和国高等教育法〉若干问题的意见》则明确了科学技术文化交流与合作包括合作办学。

（三）发展阶段

2001年12月，我国正式成为世界贸易组织成员，包括GATS(《服务贸易总协定》)在内的WTO“一揽子协定”对我国生效。事实上，在加入WTO之前中国政府就已经意识到需要采取积极态度，进一步加大教育对外开放。要在认真总结近些年来开展中外合作办学经验和做法的基础上，针对当前中外合作办学领域面临的热点和难点问题，从我国加入世界贸易组织的考虑出发，拟制

---

① 参见陶凯元:《国际服务贸易法律的多边化与中国对外服务贸易法制》，法律出版社2000年版，第210页。

定《中外合作办学条例》。同时，对于目前已经遇到的独立设置中外合作办学机构，采用网络合作办学，合作办学机构的营利问题等，要加强调研和指导。[①]可见当时中外合作办学一方面呈现快速发展的趋势，同时也存在诸多至今仍未解决的问题，如办学质量、办学机构营利等问题。

加入 WTO 后，我国在 GATS 中对诸多服务贸易领域做出承诺，教育承诺是其中的内容之一。当然，我国所加入的条约和作出的承诺如何在国内适用，本身就是一个问题。在国际法理论上，国际条约在一国主权范围内进行适用，可以通过“并入”或“转化”的方式来进行。直接载明我国服务贸易具体承诺表内容的 WTO 法律文件为“中国服务贸易具体承诺表”（WT/ACC/CHN/49/Add.2），这是《中国工作组报告书》的附件。《中国工作组报告书》第 343 段将“中国服务贸易具体承诺表”列为议定书（草案）的附件。此后，多哈部长第四次会议文件（WT/MIN（01/）/3/Add.2）再次重申，将具体承诺表列入议定书的附录，内容即为 WT/ACC/CHN/49/Add.2 文件。《中华人民共和国加入议定书》（WT/L/432）在其第二部分作出了同样的申明，即“具体承诺表附件是议定书的一个组成部分”。

中国《宪法》中并没有关于条约如何适用的规范。在法律层面与高等教育有关的《对外贸易法》《教育法》《高等教育法》也并没有明确规定。2004 年修订后的《对外贸易法》第 6 条、第 24 条仅笼统地规定了我国依据条约、协定及作出的承诺，给予对方最惠国待遇、市场准入和国民待遇。《教育法》中对于境外机构颁发的学位学历证书的承认这一情况，采用了“并入”的方式，即“按照缔结或加入的国际条约办理”。但是，《中国工作组报告书》第 67 段的表述——“中国将通过修改其现行国内法和制定完全符合《WTO 协定》的新法的途径，以有效的和统一的方式实施 WTO 协定”——表明我国在国内并非直接适用 WTO 规则，而是

① 本部分内容来源于教育部办公厅关于印发《全国教育外事工作会议纪要》的通知（2000 年）。

采取“转化”方式。因此，我国不直接适用世贸组织规则，而是通过修改和制定国内法律的方式实施世贸组织规则。[①]

事实上，我国高等教育仅对商业存在的市场准入和国民待遇进行了“转化适用”，即按照1995年《教育法》的授权，国务院于2003年3月1日颁布了第一个针对中外合作办学的行政法规——《中外合作办学条例》，该条例于同年9月1日起正式实施。该条例是目前调整中外合作办学行为的最高层次的专门法规，是依法规范中外合作办活动最直接的依据。[②]中国政府将规范中外合作办学的文件层级从部门规章上升到行政法规的行为；一方面是为了适应中国加入WTO，并在GATS中承诺的现实情况，另一方面也反映出中国对中外合作办学的重视程度进一步提高。《中外合作办学条例》及其配套实施办法对中外合作办学机构和项目的设立与审批、组织与管理、教育教学活动、资产与财务、变更与终止，以及法律责任等进行了比较详细的规定，并启用“中外合作办学许可证”，要求在“本条例施行前依法设立的中外合作办学机构，应当补办中外合作办学许可证”；对于不完全具备条例所规定条件的，给予两年时间，如果达不到条例的要求即予撤销。

这个阶段也是中国政府针对中外合作办学活动集中出台各种规范的阶段。针对《中外合作办学条例》在实施过程中遇到的若干具体问题，教育部于2004年发布了《中外合作办学条例实施办法》，同时《中外合作办学暂行规定》作废。随后，教育部围绕着中外合作办学活动的各个方面相继出台了若干规范性文件，其中比较重要的包括2004年的《教育部关于做好中外合作办学机构和项目复核工作的通知》和《教育部关于设立和举办实施本科以上高等学历教育的中外合作办学机构和项目申请受理工作有关规定的通知》，2006年的《教育部关于当前中外合作办学若干问题的意见》，2007年的《教育部关于进一步规范中外合作办学秩序的通知》，2012年的《教育部办公厅关于加强涉外办学规范管理的

---

① 车丕照:《论条约在我国的适用》，载《法学杂志》2005年第3期。
② 杨岭:《中外合作办学近十年政策法规分析》，载《教学研究》2011年第5期。

通知》和2013年的《教育部关于进一步加强高等学校中外合作办学质量保障工作的意见》。教育部于2004年开始对中外合作办学机构和项目进行审批和复核。另外，2016年修订的《教育法》在第67条首次提到“依法开展中外合作办学”内容，这是我国在法律层面首次明确提到“中外合作办学”这一概念。

（四）提质增效阶段

2018年，教育部“叫停”5个本科及以上中外合作办学机构、229个本科及以上中外合作办学项目。“教学评估”与“退出机制”的实施，标志着我国本科及以上中外合作办学发展到“提质增效”的新阶段。

根据教育部中外合作办学监管工作信息平台，截至2019年12月24日，我国现有本科及以上中外合作办学机构和项目共1147个，其中机构109个、项目1038个，合作对象涉及36个国家和地区，800多所外方高校，700多所中方高校，每年招生超15万人，在校生超60万人。具体分布如图6[①]所示。

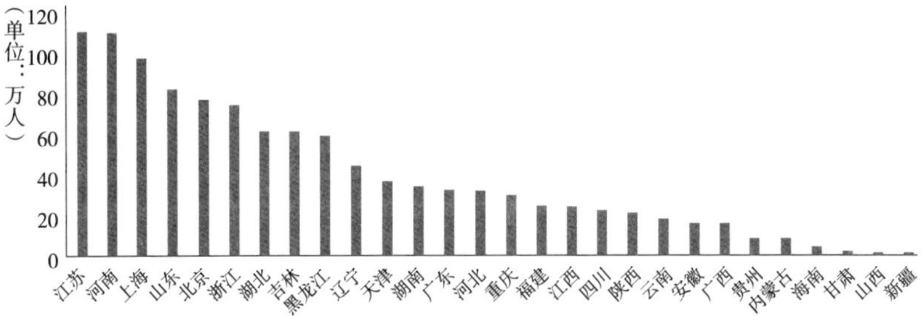

图6　本科及以上中外合作办学机构与项目的省级分布情况

就办学层次来看，涉及本科层次的机构与项目968个，涉及硕士层次的机构与项目197个，涉及博士层次的机构与项目34个。本科层次以招收本科生为主，研究生层次以硕士研究生招生为主。

综上所述，目前规范我国中外合作办学活动的直接法律依据

① 信息来源于罗婧雯、王敏：《新时代中外合作办学的发展历程、现状及展望》，载《教育教学论坛》2020年第21期。

是《中外合作办学条例》《中外合作办学条例实施办法》以及之后围绕《中外合作办学条例》及其实施办法发布的一系列政策性文件。

二、中外合作办学的新常态[①]

以认识新事物需要由浅至深的规律看待中外合作办学过去30多年的发展，中国政府对待中外合作办学活动的态度可以分为被动应对阶段和主动推广阶段。

在20世纪80—90年代，由于当时人们对中外合作办学的认识比较浅显，主管部门对其规范也处于尝试阶段，而民众对于外国教育资源开始时盲目跟风。因此，这个阶段有关中外合作办学机构或项目中确实存在若干问题。比如，史秋衡和郭华认为过度的市场化倾向使得中外合作办学项目和机构的某些学科重复率高，导致专业设置失衡；[②]黄进和李晓述认为中外合作办学中产权规定不清，缺乏可操作性；[③]李晨认为中外合作办学活动中的征税和外汇汇出的法律依据不合理；[④]赵婵在其论文中亦写到中外合作办学过程中所涉及的若干主体的合法权益也没有得到完全保护[⑤]等。这个阶段的中外合作办学处于问题集中爆发时期，政府行政机关尽管不断出台相关法律和政策，但对于不断涌现的问题往往处于被动应对阶段。

随着对中外合作办学活动的不断增多和人们对其的深入认识，在经历了主要问题集中爆发期后，教育行政主管部门通过各种调

---

① 闫炳辰：《把握新常态下的中外合作办学——加强中外合作办学质量保障体系建设》，Chinese version of MOE Director Yan Bingchen speech.pdf international education. gov.au，2015年3月27日访问。

② 详见史秋衡、郭华：《过度市场化下中外合作办学的理念调整及发展规划》，载《教育研究》2009年第9期。

③ 详见黄进、李晓述：《中外合作办学基本法律问题探析》，载《河北法学》2010年第4期。

④ 详见李晨：《高等教育国际化背景下的中外合作办学研究》，青岛大学2007年硕士学位论文。

⑤ 详见赵婵：《中外合作办学的立法研究》，湘潭大学2007年硕士学位论文。

研和研讨，逐渐掌握了中外合作办学的特征，相比较前一被动的应对阶段，这一时期行政主管部门逐渐摸索出规制中外合作办学的路径，进入主动研读阶段，在《中外合作办学条例》及其实施办法的基础上发力，集中出台了各种规范性文件，从维护主权、规范收费、保证教育质量、学科体统规划、学历证书管理以及事后监督和信息公开等多个方面对中外合作办学进行了规制。普通民众对于中外合作办学的认识也有所改变，经过中外合作办学多年的市场磨砺，人力市场对待涉外教育学历的态度从无条件追捧外国学历到有所甄别地雇用具有国外学历的人力，这一情况也倒逼学生和家长对涉外办学活动的个人选择日趋理性，而不再似外国学历最初进入中国时盲目“求洋”，一味追求外语教学和外国学历。总体而言，这一时期的中外合作办学活动已经初具规模，正在摆脱盲目求数量而忽视质量的阶段，尽管在这一时期的中外合作办学活动中还存在之前研究者提出的若干现实问题，但依然出现了区别于10年前的新常态，即中外合作办学的工作重点正在实现“三个转变”——从规模发展向内涵建设转变，从模仿复制向合作创新转变，从学生流动向能力提升、聚焦优质转变。[①] 政府部门通过加强各种行政管理建设，已经不再被动地疲于应对问题，而是从现实问题中积极解读中外合作办学活动，从而酝酿出良好的解决办法。

进入中国特色社会主义新时代以来，国内外形势进一步出现了新的变化，也给中外合作办学的法律规制的完善提供了新契机。

一是中外合作办学成为推动建构“一带一路”国际文化合作的主抓手之一。推动建构人类命运共同体成为新时代中国特色大国外交的主轴，其核心便是促进“一带一路”国际合作。2012 年 11 月，党的十八大明确提出要倡导“人类命运共同体”意识。2013 年秋，习近平总书记提出了共建丝绸之路经济带和 21 世纪海上丝绸之路重大倡议。共建“一带一路”倡议正在成为我国参与全球开放合作、改善全球经济治理体系、促进全球共同发展繁荣、推动

① 林金辉：《中外合作办学：进入质量提升新阶段和发展新常态》，载教育部教育涉外监管信息网，http://www.jsj.edu.cn/n2/7001/12107/703.shtml，2016 年 1 月 15 日访问。

建构人类命运共同体的中国方案。[①] 而在"一带一路"沿线国家积极开展中外合作办学活动，恰恰可以成为推动"一带一路"国际合作，建构人类命运共同体的抓手之一。这意味着，中外合作办学不再像以前那样单纯地由国内高等教育机构和地方政府引入国外教育资源进行合作，而也要将中国优质的高等教育资源进行输出，促进合作共赢和文化交流，不再仅是"引进来"，也要更多地"走出去"。

二是中外合作办学成为倒逼中国高等院校双一流建设的"驱动器"。中外合作办学不仅是要通过设立合作结构和运行合作项目来优化教育资源，而且也要通过优质教育理念、管理机制、课程设计、师资流动等加强高等教育领域的高端引领，提升我国教育实力和创新能力。例如，通过引进世界一流大学和特色学科，开展高水平人才联合培养和科学联合攻关，加强国际前沿和薄弱学科建设，借鉴世界名校先进管理经验，完善内部治理结构，加快建设具有中国特色的现代大学制度，助推一流大学和一流学科建设。又如，通过支持高等学校参与国际重大科学计划和科学工程，建设一批高水平国际合作联合实验室、国际联合研究中心，面向全球引进高层次科技创新人才，促进高校科技国际协同创新。从而以中外合作办学为"楔子"，引发中国高等教育创新发展的"鲶鱼效应"。

三是中外合作办学成为新时代中国特色社会主义文化建设的"试验田"。新时代中国特色社会主义文化建设要求建设具有强大凝聚力和引领力的社会主义意识形态，用社会主义核心价值观凝心聚力。社会主义核心价值观集中体现了当代中国精神，凝结着全体人民共同的价值追求，是用以反对西方的"普世价值"和"颜色革命"的思想武器。培育和践行社会主义核心价值观，要注重全方位贯穿、深层次融入，在落细、落小、落实上下功夫，要把社会主义核心价值观的要求体现到宪法法律、法规规章和公共政策之中，转化到具有刚性约束力的法律规定。[②] 这就对新时代的中

① 参见中共中央宣传部：《习近平新时代中国特色社会主义思想学习纲要》，学习出版社、人民出版社 2019 年版，第 212 页。

② 参见中共中央宣传部：《习近平新时代中国特色社会主义思想学习纲要》，学习出版社、人民出版社 2019 年版，第 144—145 页。

外合作办学提出了新的要求，那就是坚定一元化办学指导思想，明确社会主义办学方向。党建工作、社会主义核心价值观教育必须贯穿中外合作办学机构或项目申请、筹建、落实的全过程；将其融入到合作办学协议、章程、人才培养目标、课程体系、教学内容、教材建设、教学管理及评价中。[①]

2016 年 4 月，中共中央办公厅、国务院办公厅印发《关于做好新时期教育对外开放工作的若干意见》。该意见强调，要全面贯彻党的教育方针，以服务党和国家工作大局为宗旨，统筹国内国际两个大局、发展安全两件大事，坚持扩大开放，做强中国教育，推进人文交流。要坚持“围绕中心、服务大局，以我为主、兼容并蓄，提升水平、内涵发展，平等合作、保障安全”的工作原则。到 2020 年，我国出国留学服务体系基本健全，来华留学质量显著提高，涉外办学效益明显提升，双边多边教育合作广度和深度有效拓展，参与教育领域国际规则制定能力大幅提升，教育对外开放规范化、法治化水平显著提高。该意见提出了新时期教育对外开放工作六方面的重点部署，其中包括：完善体制机制，提升涉外办学水平，通过完善准入制度，改革审批制度，开展评估认证，强化退出机制；实施“一带一路”教育行动，促进沿线国家教育合作，扩大中国政府奖学金资助规模，设立“丝绸之路”中国政府奖学金，每年资助 1 万名沿线国家新生来华学习或研修。

在上述背景下，中外合作办学进入了新阶段和新常态。归纳而言，这种新常态呈现出复杂的两面性。一方面，中外合作办学活动比之以往被更多地与我国融入世界的国际战略相衔接，因而更加强调它的开放性。这必然要求我国对于中国合作办学活动的法律规制更多地与国际接轨，在某些方面更多地遵循“世界通用规则”，以便更好地参与国际教育市场的发展。因此，政府对中外合作办学活动规制的视角就需要从以前重点关注对国内诸种行为的规制扩展到全球视野，适当将规制视角从单纯的“国家主义”

---

① 参见葛晟、梁君：《中外合作办学中大学生社会主义核心价值观教育路径探究》，载《长春教育学院学报》2019 年第 10 期。

调整到兼顾“国际主义”，认清中国高等教育开放在全球化背景下的战略地位对于正确规制中外合作办学活动具有极其重要的价值作用。[①] 在此基础上，仍应当正视目前有关中外合作办学规范滞后的问题，调整规范思路，从全球教育市场发展的战略高度对国内的中外合作办学进行规制。

另一方面，中外合作办学活动比之以往被更多地纳入了国家文化战略大局和社会主义文化建设的一环，国家主权及与之相随的意识形态教育得到更多的重视，因而更加强调它的中方主导性。因为中国希望能够借此来“推进人文交流，不断提升我国教育质量、国家软实力和国际影响力”“通过把讲好中国故事、传播好中国声音作为教育对外开放的重要内容”，积极传播中国理念。这又要求我们不能与建立在西方所谓“普世价值”基础上的通行教育理念和规则做一味的妥协，而要求在不违背中国已加入之国际条约和所作之具体承诺的基础上，以新理念为依循对中外合作办学的法律制度重新进行审视，修改不符合新理念，有可能导致国家教育主导权被削弱的条款，或者根据新理念对既有的条款进行解释。

因此，中外合作办学新常态背景下法律规制的重点，即在于国家主义与国际主义、高等教育领域的市场要素和主权要素的平衡。

第二节　中外合作办学的法律性质

一、GATS 框架：商业存在

（一）中外合作办学是商业存在吗？

GATS 作为“服务贸易”方面的总协议，只规定了跨境交付、

① Xiaobin Li, General Agreement on Trade in Services and Higher Education in China, *Canadian and International Education*, 39 (2010), p.36.

境外消费、商业存在和自然人流动四种服务贸易类型。既然是在教育国际化背景下，中国为了符合在 GATS 的承诺出台了《中外合作办学条例》及其实施办法，那么根据 GATS 有关服务方式的规定，中外合作办学活动该归入上述类型中的哪一种？如果要进行归类，唯一的可能是将中外合作办学视为“商业存在”。但是这样一种归类直觉上似乎会与我们传统上关于教育事业的定位发生背离。可以笼统地认为中外合作办学就是商业存在吗？① 对此还要从 GATS 本身的规定来入手。

根据 GATS 相关规定，商业存在是指“服务的提供者在他国境内通过设立商业机构提供服务”②。从文本上看，GATS 第 28 条“定义”中，“商业存在是指任何类型的商业或专业机构”，包括法人、分支机构或代表处，并强调通常在这种方式下，不存在消费者的流动，而多为机构和资金的流动。分支机构、代表处的概念比较清晰，我国国内法中也有相似的概念。我国在水平承诺中明确表示“对于外国企业在中国设立分支机构不作承诺，除非在具体分部门中另有标明”。我国仅承诺“中外合作办学”这种中外合作经营企业的法律形式，因此，并不允许外国教育机构在我国境内设立分支机构，也不允许设立代表处。这也是我国一直以来的态度，即仅允许外方教育机构与我国教育机构以合作设立机构或项目的形式办学，且中外合作办学机构不可以再设立分支机构，

① 在有关对中外合作办学活动的定义及模式的论述较为普遍的是对其法律规定和概念的陈述性介绍。在这类文章中，李晨较为详细地分析了中外合作办学机构的定义及其六个层面的含义，这一点在这类研究中已属难得，然而当介绍中外合作办学项目时，也仅是从法律规定层面简单带过（李晨：《高等教育国际化背景下的中外合作办学研究》，青岛大学 2007 年硕士学位论文）。此外也有研究通过不同维度的划分介绍中外合作办学活动的定义和模式的，其中王剑波的论述较为深刻全面，其对中外合作办学模式的分析非常细致和具有体系化，他根据组织要素的构成及组织设置的原理，以是否为独立设置为划分标准将中外合作办学机构划分为独立设置的机构和二级学院、项目两类，并且分析了两个层面间不同模式的现状、关系以及发展趋势（王剑波：《跨国高等教育理论与中国的实践》，华东师范大学 2004 年博士学位论文）。这些论述各有所长，尤其是王剑波的论述其理论深度和实践意义非常值得学习。但这些论著都没有对中外合作办学与商业存在的关系作出直接回应。

② WTO, Guidelines for the Scheduling of Specific Commitments under the General Agreement on Trade Services, S/L/92, 2001, p.10.

不得举办其他中外合作办学机构。①

GATS“法人”概念的外延非常宽泛。GATS 第 28 条对“法人”非常宽泛地界定为“适用法律适当组建或组织的任何法人实体”，无论是否谋利、无论国营或私营、无论何种企业形式（公司、基金、合伙企业、合资企业、独资企业、协会）。根据《GATS 草案》中的定义，“考虑到缔约方的法律制度各异，对于法人可能采取的形式不可能穷尽地加以定义。为了包括商业机构所有的常见形式，该定义包括诸如合伙这样没有完全法律人格的实体”②。因此，GATS 中“法人”的内涵是非常宽泛的，涵盖了只要是“适用法律组建”的任何“实体”，本文将其称为“GATS 法人”，几乎等同于“实体”。这一点与我国法律中对“法人”的界定并不相同。《民法典》规定了营利法人、非营利法人、特别法人这三类法人组织，以及非法人组织。《企业法人登记管理条例》第 2 条列举了五类“企业法人”：全民所有制企业、集体所有制企业、联营企业、三资企业和私营企业法人。可见，GATS 所谓的“法人”不仅涵盖上述我国的各种法人组织，也涵盖了我国的非法人组织，即个人独资企业、合伙企业、不具有法人资格的专业服务机构都属于“适用法律组建的任何实体”。尽管《中外合作办学条例》第 11 条规定，外国教育机构同中国实施学历教育的高等学校设立的实施高等教育的中外合作办学机构，可以不具有法人资格，但只要满足《中外合作经营企业法》的要求，就属于 GATS 的“适用法律适当组建或组织的实体”。③

我国中外合作办学活动包括机构和项目两种方式，根据《中外合作办学条例》及其实施办法中的规定，前者指“外国教育机构同中国教育机构在中国境内合作举办以中国公民为主要招生对象的教育机构”，后者指“中国教育机构与外国教育机构以不设立

① 《中外合作办学条例实施办法》第 7 条规定，中外合作办学机构不得设立分支机构，不得举办其他中外合作办学机构。

② 房东：《WTO〈服务贸易总协定〉法律约束力研究》，北京大学出版社 2006 年版，第 48 页。

③ 参见魏姝：《我国 GATS 下承诺与中外合作办学市场准入法律问题》，载《石河子大学学报（哲学社会科学版）》2018 年第 2 期。

教育机构的方式，在学科、专业、课程等方面合作开展的以中国公民为主要招生对象的教育教学活动”。[①]通过定义可知，无论是机构还是项目，其相同特征为：（1）中外教育举办者必须为机构；（2）办学方式必须是合作方式；（3）以中国公民为主要招生对象；（4）均需得到行政许可。但机构与项目法律规定中的最大不同在于项目的运行方式以不设立教育机构的形式出现，并且项目的规定中未强调其运作必须在中国境内。对应 GATS 中有关商业存在的定义分析，中外合作办学机构应当归属于 GATS 中的商业存在，这应当没有疑义。但中外合作办学项目是否为 GATS 的商业存在方式存在一定疑义。出现这种现象的原因可以从 GATS 在对全球教育进行规制时的作用加以考虑。GATS 仅仅是规制教育国际化活动的规范之一，它的作用在于将教育贸易化的概念进行了法律化。然而，事实上在 GATS 出现前全球以及各个国家内部的教育交流活动就已经存在，[②]所以有学者认为我国中外合作办学项目不属于 GATS 的商业存在方式，因为其“并不是独立存在的实体，其性质是中国教育机构开展的一种办学活动”[③]。

而这些存在不一定是以商业存在的方式运行的，很多活动均是以项目等方式出现的。

除了以上定位，在现实实践中亦存在相关分类的困惑，以结对项目（twinning programmes）安排为例，这种活动属于中外合作办学活动方式之一。在这一方式下，一般合作办学者并不再另设机构，其一般要求中国学生在国内学校学习一定时间再到外国教育者所在地学校学习一段时间，或者国外办学者通过网络授课等方式向国内学生提供教学服务，因而这种方式不存在商业性，但因为其远距离授课和学生境外学习的现实而又具备了跨境交付和境外消费的特征，当协议安排涉及外国教师到中国的

---

① 详见《中外合作办学条例》第 2 条和《中外合作办学条例实施办法》第 2 条规定。

② Jandhyala B. G. Tilak, Trade in Higher Education: The Role of the General Agreement on Trade in Services, UNESCO, 2011, p. 67.

③ 陈大立：《中外合作办学法律问题研究》，厦门大学出版社 2014 年版，第 53 页。

授课要求时，其又具有了自然人流动的特征。[①]这种教育交流活动包含在我国中外合作办学的若干方式中，是几种服务贸易的综合体。现实是动态和灵活的，看待教育交流方式也不应一成不变，而应当将其视为一个过程，这个过程就可能如上文所述的结对项目一般，包含几种服务方式的转换。从这个意义上分析，中外合作办学活动不可一概而论地视为以商业存在的方式进行的，对其区分的最大意义在于我国在对商业存在承诺时亦有所保留，这些承诺的适用对象应当是商业存在模式下存在的中外合作办学活动，而对那些不在此列的中外合作办学活动可以根据我国的实际情况进行区分管理。当然对概念的细化区分并不应当是生搬硬套，并且中外合作办学尽管已经历时 30 年，但它仍在不断的变化和发展过程中，这是一个动态、不确定的过程，这个过程需要符合社会历史发展规律，但也离不开人为的塑造和建设，[②]其最终的目的都是对现实和未来活动的规制提供科学的理论支持。

综上所述，在 GATS 框架下的模式归类上，我们一般还是将中外合作办学视为商业存在的（中国化）形式。这只能说大体无误，从另一个角度来看，是为了类型化研究的方便。只是有一点需要明确，即如果要作进一步细致研究，则需注意中外合作办学还可能涵盖商业存在和其他三种模式。因为对于其他三种模式我们已经在第四章中进行了介绍和论述，所以在此只研究中外合作办学中涉及商业存在的部分。

（二）商业存在必然带来直接投资吗？

在有关论述 GATS 的教育承诺中，有研究者认为除了引进国外的优质教育资源，商业存在方式还与外商直接投资紧密相关，尤其是对于发展中国家而言，希望通过这种方式吸引外国教育者在本国的直接投资，从而达到减轻本国教育财政压力并引入国际

---

① WTO, Education Services, Background Note by the Secretariat, S/C/W/313, 2010, p. 7.

② 王剑波：《跨国高等教育理论与中国的实践》，华东师范大学 2004 年博士学位论文，第 143 页。

教育资源的目的。[①]但事实上这种初衷在实践中难以施行，发展中国家基本上实现不了这种期盼，因为大部分教育输出国将教育视为商品，其希望以最低的投入获取最大的利润，而对于那些不以营利为目的、以比较纯粹地进行学术交流为目的的活动基本上并不在 GATS 的规范下进行。因此，对于需要高投入慢产出的教育行业，GATS 框架下的教育输出国并不乐于进行基础设施、实验设备等方面的直接投资，而是通过各种方法从教育输入国政府或合作者那里获取这些资源，而教育输出国做得最多的是派遣师资、提供教材等所谓的智力投入。这一点在我国中外合作办学活动过程中反映得也比较明显。根据我国在 GATS 中的承诺，外国教育合作者可以拥有商业存在方式中的多数拥有权，并且《中外合作办学条例》中并未有限定外方最高出资额度的限制。[②]在具体办学实践活动中，中外合作办学双方的投入主要包括资金投入、知识产权投入、实物投入以及其他教育资源的投入，其中外方主要是以非资金投入的方式，即主要以课程设置、教材、教学软件、教师、相关文凭等无形资产作为主要投入。实际上，能实质引进外资的为数极少，甚至具有独立法人资格的两所中外合作办学机构——宁波诺丁汉大学和西交利物浦大学中的外方合作者均没有实际的资金投入，他们承受的风险仅仅是名誉风险，相对于其在办学活动中取得的利益，这种风险是值得的。[③]因此，对认为商业存在有利于吸引外商直接投资的观点应当保持客观的认识，尤其是对于那些处于教育进口方地位的国家，或者就大部分发展中国家而言，认清这一点是对现在及未来这些国家以商业存在形式引入教育贸易进口，并加以规范时有重要意义。

（三）中外合作办学是营利性的吗？

正如前一章讨论高等教育国际化的公益性与营利性的问题时

① Jandhyala B. G. Tilak, Trade in Higher Education: The Role of the General Agreement on Trade in Services, UNESCO, 2011, p. 105.

② 王剑波：《跨国高等教育理论与中国的实践》，华东师范大学 2004 年博士学位论文，第 99 页。

③ The Future is Another Country, Higher Education, *The Economics*, 3 January, 2009, http: //www.economist.com/node/12863408，2016 年 1 月 15 日访问。

所述，中外合作办学的过程中这个问题也是备受争议。这其中不乏两种观点：第一，公益性的规定与营利性的现实相矛盾。[①]第二，公益性的规定与营利性的现实并不矛盾。该观点认为公益性不意味着不营利，因为“学校和其他教育机构作为非营利性组织，不能把教育教学作为可以取得超出资本的收益并将其分配给投资人的业务来经营。也就是说，不能把获取经济利益作为追求的首要目标，但并不限制，更没有禁止其通过各种途径或形式获取经济收益”。[②]前文已述，本书同意第二种观点，并从语义、概念层次方面进行了论述。

随着 2015 年第 39 号主席令公布了《全国人民代表大会常务委员会关于修改〈中华人民共和国教育法〉的决定》，这个问题又受到人们新一轮的关注。该决定对原《教育法》做了 13 个方面的修改，其中第 7 项为将原《教育法》第 25 条第 3 款“任何组织和个人不得以营利为目的举办学校及其他教育机构”的规定修改为：“以财政性经费、捐赠资产举办或者参与举办的学校及其他教育机构不得设立为营利性组织。”修改后的《教育法》于 2016 年 6 月 1 日起施行。这一修改真可谓一石激起千层浪，讨论最多的是该条规定对民办教育的若干影响，由于《民办教育促进法》是制定《中外合作办学条例》的依据之一，尤其是在涉及其取得合理回报方面，中外合作办学活动的规定是参照《民办教育促进法》执行的，因此，此次《教育法》对原第 25 条的修改必然会影响到中外合作办学的相关规定，是研究中外合作办学最新动态中不可回避的热点问题。

---

① 持这种观点的文章可详见屈海宏《高等教育中外合作办学法律问题研究》一文，其认为中国政府有关中外合作办学公益性的规定已经与现实情况脱节，也与 GATS 将教育作为服务贸易从而营利的观点不相符。然而，在进行立法建议时，有研究者认为应当在未来的法律规定中明确承认中外合作办学的营利性，通过彻底修改法律对这种困境加以解决。详细论述见李晓述所写《关于完善中外合作办学法律问题的思考》一文，其认为尽管我国法律的现行规定存在矛盾和瑕疵，但鉴于对整个法律体系的修改具有相当难度，该观点认为对现行教育法规进行调整更加现实，将中外合作办学活动明确区分为“要求取得合理回报”和“不要求取得合理回报”两种区别对待和规制。

② 陈小红：《试解读〈中华人民共和国中外合作办学条例〉》，载《大学教育科学》2004 年第 2 期。

根据新修订的《教育法》的规定，多数讨论认为尽管这个规定仍然是从负面否定教育营利性的方式进行的，但是从负面的负面进行理解意味着政府已经承认了一定程度上教育的营利性，这是对现存教育已经出现营利性现实的承认，是立法的进步。只是鉴于政府一直强调教育公益性的宗旨未变，这一修改仍旧像“大姑娘见公婆”般扭扭捏捏。

在对这一修改进行思考时，可能会遇到以下几个困惑：（1）如何区分财政性经费和非财政性经费？（2）用国家公权力强制规定捐赠人的意志，即“不得设立营利机构”是否符合民法意思自治的原则？（3）依照此规定，公立高校可否利用“非财政性经费”进行营利活动？再进一步与中外合作办学结合思考就出现了更匪夷所思的结果：依照该修改规定，中外合作办学中的机构是非法的。因为中外合作办学中外方出于营利目的和获得收入的现实已经是不可否认的现实，从这个角度而言中外合作办学机构实际上就是营利机构。中外合作办学活动中的中方除了私立学校和机构，公办机构的教育经费主要来源于政府的财政性拨款。[①]依照该修改后的规定，这些以财政性经费举办或者参与举办的学校是不得设立营利性组织的。如此一来，公立大学举办或参与举办的中外合作办学机构显然违法了。

这个结果显然是不符合现实的，出现这一现象的原因，笔者认为有两点：第一，无论过去关于“不得以营利为目的”的规定，还是此次“禁止设立营利性机构”的规定，都没有从根本上考虑清楚营利性和公益性之间的关系，事实上教育的公益性与营利性并不矛盾；第二，尽管法律本质上是一种行为规范，但此次修改后“不得设立营利组织”的行为规范并不能达到禁止营利性的目的，或者说这种立法用语不能达到立法本意，因为不设立营利组织也可以进行营利活动，从而达到营利目的。笔者倾向于认为，法律对营利性的规定可有可无，甚至认为没有对营利性的规定反

---

① 孔峰、李志文：《浅析中外合作办学机构的法律性质》，载《山西大学学报（哲学社会科学版）》2009 年第 4 期。

而更好，理由如下。

首先，用辩证的观点看待一个事物的两个方面或许能够比较全面地得出结论。有关中外合作办学规定中的公益性与实践中的营利性之争，事实上可以将其视为一枚硬币的两个面，公益性的一面主要适合用于中方办学者和学生，而营利性可以针对外方合作办学者。从引入中外合作办学的初衷而言，政府希望满足人们多样化的教育需求，引入高质量国际教育，提高我国教育质量，可见其强调的重点更侧重于中外合作办学所承载的社会职能，这与我国一直以来认为的教育公益性思想一脉相承；而对于外国教育合作者，排除极少数的纯粹学术性合作者，大部分是为了获取回报才参与中国的中外合作办学的，没有经济利益的驱动，很难想象外国教育合作者为什么要对中外合作办学进行时间、师资和知识产权方面的投入。利益驱动是吸引中外合作办学外方合作者的重要原因。

其次，在承认中外合作办学机构是营利机构的基础上，还要判断具体收入的去向，也就是中外合作办学者如何处理其所得收入问题。营利性机构理论上可以直接将收入按照协议安排或其意愿直接分配给所有者或投资者，尽管事实上为了营利目的其通常会将一部分收入用于后续机构的发展。对外国合作者所得收入的使用在所不问，就中方合作办学者而言，除去私立机构或学校，中方合作办学者一般是为了引入国外先进教育资源、加强本校国际化建设等非营利性目的，因此，即使中方合作办学者通过中外合作办学活动取得的收入多又用于学校的后续建设和发展，以便为中外合作办学活动的发展创造更好的条件。从这一点考虑，由财政性经费举办的，或参与举办的中外合作办学者即使营利，也不违背设立中外合作办学机构的初衷。

二、国内法律制度：兼顾公益性与教育主权

作为中外合作办学活动直接法律依据的是《中外合作办学条例》及其《中外合作办学条例实施办法》。但是，这一《中外合作

办学条例》和《中外合作办学条例实施办法》又存在《教育法》《高等教育法》《职业教育法》《民办教育促进法》等上位法。所以这些法律关于高等教育的规定及其背后的思想不可避免地会对中外合作办学的法律性质定位产生影响。总的来说，一方面我国法律制度对于中外合作的办学延续了关于高等教育的基本定位，即它属于公益性事业，主要体现在关于立法宗旨和非营利性规定的方面；另一方面也强调中方，尤其是政府在中外合作办学中的主导和管理职能，从而淡化了中外合作办学的商业色彩。

（一）相关法律制度的立法宗旨

一般而言，任何一部法律法规都会在开篇点明该部法律或法规的原则和宗旨，相对于具体的规范措施，原则和宗旨的规定对具体实践工作并不具备立竿见影的规范效果，也因此往往容易被忽略。但事实上，原则和宗旨的规定奠定了整部法律法规的基调，尤其是通过对比研究，可以发现国家在规范某一领域时的立法思想的变迁。

关于对中外合作办学的管理原则和宗旨的规定一般见于总则之中，在《中外合作办学暂行规定》第 1 条中是这样规定的：“为加强对中外合作办学的管理，促进我国教育事业的发展和教育对外交流与合作，制定本规定。”第 3 条规定：“中外合作办学是中国教育对外交流与合作的重要形式，是对中国教育事业的补充。”而《中外合作办学条例》第 1 条规定：“为了规范中外合作办学活动，加强教育对外交流与合作，促进教育事业的发展，根据《中华人民共和国教育法》、《中华人民共和国职业教育法》和《中华人民共和国民办教育促进法》，制定本条例。”第 3 条第 1 款规定：“中外合作办学属于公益性事业，是中国教育事业的组成部分。”《中外合作办学条例实施办法》第 15 条进一步规定：“有下列情形之一的，审批机关不予批准筹备设立中外合作办学机构，并应当书面说明理由：（一）违背社会公共利益、历史文化传统和教育的公益性质，不符合国家或者地方教育事业发展需要的……”

通过对比，不难发现以下几点：第一，政府行政管理色彩有所减弱。从《中外合作办学暂行规定》中“加强管理”到《中外合作办学条例》中“规范活动”用语的改变，微妙地体现出政府在中外合作办学中扮演的角色从一个强化的管理者形象到仅仅加以规范的作用，其背后事实上体现出政府已经逐渐认识到中外合作办学本身所具有的市场属性，政府的角色仅应定位在对法律层面的规范，而非行政层面的全面管理。第二，中外合作办学的目的有所调整。相关规定中首先强调的是促进我国教育事业的发展，其次才是促进教育对外交流与合作，可见当时政府对待中外合作办学的视角是国内视角，态度是“国家主义”的。然而仔细阅读《中外合作办学条例》的用语，将这两者的位置进行了调整，将“加强教育对外交流与合作”的规定置于“促进教育事业和发展”之前。《中外合作办学条例》作为调整中外合作办学活动的最高位阶的法律——行政法规是政府在总结 20 多年的中外合作办学实践的基础上进行的严肃立法行为，其用语的调整背后反映出中国政府在对待中外合作办学的着眼点已经跳出狭隘的“国家主义”视角，而是将其置于国际化背景下进行规制。第三，《中外合作办学条例》的制定参照了《教育法》《职业教育法》和《民办教育促进法》，其中《教育法》是 1995 年 3 月 18 日通过，同年 9 月 1 日起施行的；《职业教育法》是 1996 年 5 月 15 日公布，同年 9 月 1 日起施行的；《民办教育促进法》是 2002 年 12 月 28 日通过，2003 年 9 月 1 日起施行的。这三部法律都是在《中外合作办学暂行规定》之后通过立法的，可见在《中外合作办学条例》正式实施前，有关中外合作办学的立法环境已经比《中外合作办学暂行规定》实施时大为好转，相关法律体系更加完备，是中国政府在规范中外合作办学的行为上法治进步的明显体现。第四，在对待中外合作办学活动的地位上，从“补充”作用转变到“组成部分”，这一改变再次显示出中国政府对于中外合作办学的重视程度加强，认为其应当是国民教育的组成部分之一。

（二）相关法律制度的非营利性规定

在我国传统的教育理念中，教育作为公益事业是不得具有营利性质的。这一理念随着教育全球化背景下我国中外合作办学实践活动的发展已经受到了越来越多的质疑，本书在此部分仍对我国过往即现存法律规范中相关规定加以梳理，不做法律评价和价值判断，以便为下一节继续论述做出基础整理工作。

早在《中外合作办学暂行规定》第 5 条中明确规定中外合作办学不得以营利为目的，不得损害国家和社会公共利益，继而在第 28 条中又规定："合作办学机构的开办资金、向学生收取的学费以及以合作办学机构名义募集的资金（包括设备），必须用于本机构经费支出或用于本机构的发展，不得挪作它用。"《中外合作办学条例》第 3 条规定，中外合作办学属于公益事业，第 39 条规定："中外合作办学机构收取的费用应当主要用于教育教学活动和改善办学条件。"然而，与《中外合作办学暂行规定》中诸如"不得以营利为目的""必须"等立法用语相比较,《中外合作办学条例》则采用了诸如"属于公益事业""应当主要用于"这样较为缓和的方式，其原因是中外合作办学的实践中事实上已经显露出其营利的目的，但是从立法者本意而言其仍然倾向于保持中外合作办学的非盈利性质。然而，在作为制定《中外合作办学条例》规范之一的，2002 年《民办教育促进法》的第 51 条中却规定："民办学校在扣除办学成本、预留发展基金以及按照国家有关规定提取其他的必需的费用后，出资人可以从办学结余中取得合理回报。"由此可知，依照《民办教育促进法》的规定，中外合作办学出资人也可以要求取得合理回报。正因为如此,《中外合作办学条例实施办法》中才出现了包括规范合理回报在内的规定，主要集中在第 28 条至第 32 条中，其重点在于一方面强调中外合作办学不得从事营利性经营活动，另一方面又承认中外合作办学者可以要求合理回报。

为什么中国的法律制度要特别强调高等教育事业的这种看上去与 GATS 的定位存在张力的"非营利性"？其中最为根本也是难以解决的原因之一来源于《教育法》中第 25 条"任何组织和个人不得以营利为目的举办学校及其他教育机构"的规定，这部法律是 1995 年颁布施行的，相比较进入 21 世纪后我国教育活动中出现的新情况，这部法律已经出现很多与现实不相适应的规定，尽管 2015 年 12 月 27 日第十二届全国人民代表大会常务委员会第十八次会议决定对《教育法》相关营利性规定做出了修改（详见第二节内容），可以预见《中外合作办学条例》会在很快的将来随之做出修改规定，但就目前而言，在涉及中外合作办学的营利性规定上，《中外合作办学条例》及其实施办法仍旧处于法律规定与现实情况相脱节的尴尬境地。

（三）相关法律规定对教育主权的体现

教育主权作为国家主权的下位概念，是国家主权在教育领域的具体体现。在教育国际化背景下，我国历来的相关法律规制中也一贯坚持了维护国家主权的原则，具体体现在国家对教育事务的立法权、行政权、司法权和监督权四个方面的具体规定。

一是教育立法权在相关法律中的规定。立法权是指国家制定、修改和废止法律的权利，立法权是行政权、司法权和监督权的前提和基础，只有将这三个权利通过法律的方式表现出来，才能有据可凭，切实实行国家主权，从这个意义而言，立法活动本身和法律文本内容均是行使国家主权的表现。教育领域的立法权主要通过国家权力机关制定、修改和废止与教育相关的法律体现出来。在规范中外合作办学活动中，从 1995 年的《中外合作办学暂行规定》到 2003 年的《中外合作办学条例》及其《中外合作办学条例实施办法》，以及教育部随后出台的一系列规范性文件，这些立法活动都是对教育主权的行使的典型表现。此外在这些规范性文件中的具体规定更加明确表明教育主权的行使，比如《中外合作办学暂行规定》在总则中强调，“中外合作办学必须遵守中国法律，贯彻中国的教育方针，符合中国的公共道德，不得损害中国的国家主权、安全和社会公共利益”。

二是教育行政权在相关法律中的规定。教育行政权的规定主要体现在国家行政机关对教育事务的组织和管理方面的规定中。无论是《中外合作办学暂行规定》还是《中外合作办学条例》及其实施办法中，有关对中外合作办学机构的活动方面的规定都占据了绝对篇幅，是立法文本的主体内容。例如，《中外合作办学条例》第二章至第六章分别围绕中外合作办学的设立、组织与管理、教育教学、资产与财务和变更与终止等活动对中外合作办学活动进行了详细的规定。其中有关中外合作办学必须以合作办学的方式出现、中外合作办学必须以机构和项目的方式活动，以及其设立资质、设立程序、审批程序等均突出地体现了国家机关在中外合作办学活动中的行政权。

三是教育司法权和监督权在相关法律中的规定。教育司法权主要指为了实践法律规定的原则和目的，实现法律保护的权益，国家司法机关对出现教育纠纷时行使的权力。其中《中外合作办学暂行规定》第 37 条和第 38 条规定了中外合作办学机构对行政处罚不服的可选择申请复议或行政诉讼，并要在符合法律规定的情况下必须接受中国人民法院的强制执行，对于中外合作办学过程中的民事纠纷，其可自行解决，解决不成时可仲裁可诉讼，但均必须向中国的仲裁机构或中国法院提起。奇怪的是，在《中外合作办学暂行规定》废止后出台的《中外合作办学条例》及其实施办法中并未有明确的纠纷解决条款，但在法律责任的承担方面做了更加详细的规定：《中外合作办学条例》第七章法律责任部分和《中外合作办学条例实施办法》第五章管理与监督部分详细规定了参与中外合作办学活动主体以及相关国家行政主要负责人出现违法行为时应当承担的民事责任、行政责任和刑事责任。

综合而言，我国法律制度中体现关于中外合作办学之性质理解的条文可以用表 12 来归总。

表 12　我国法律法规中有关中外合作办学活动的规范梳理

	中外合作办学《暂行规定》	中外合作办学《条例》	中外合作办学《条例实施办法》
立法宗旨	第 1 条	第 1 条	
办学形式	第 2 条	第 2 条、第 9 条、第 11 条	第 2 条
适用范围	第 4 条	第 6 条	

续表

		中外合作办学《暂行规定》	中外合作办学《条例》	中外合作办学《条例实施办法》
		整个立法过程及内容均体现了教育的立法权、行政权、司法权和监督权，其中较为突出规定体现在以下几条中		
		教育主权 第5条和第6条（法律适用）、第26条（教学语言的使用）第37条和第38条（纠纷解决）等	第4条和第5条（法律适用）、第7条（不得具有宗教性质）第21条（高级管理人员的规定）第25条（校长中国籍）等	第5条（协议文本使用）第36条（项目的批准和备案）第44条（课程开设和教材引进）第45条（学籍管理）等
市场准入	准入方式	第11、12、13条	第12条	第36条
	准入主体	第2条	第7条、第9条	第6条、第7条、第8条
	准入领域	第4条	第6条	
营利性规定		第5条、第28条	第3条、第39条	第28条至第32条

综合以上GATS的规定和中国相关法律制度，笔者认为，中外合作办学从中方和外方分配收入的层面而言，其性质就是营利的。但中外合作办学活动完全可以保证教育的公益性，同时使外国合作者获得“合理回报”。从这个意义而言，承认中外合作办学活动的营利性实践和强调其公益性目的并不矛盾。笔者主张在法律中不涉及对营利性的规定，无论其以肯定的形式还是否定的形式出现。但这不意味着不规制中外合作办学活动，不意味着中外合作办学为了利益可以胡作非为、乱收费，因为，事实上除了市场规制这只“看不见的手”对中外合作办学有所牵制，法律可以从强调公益性的角度规范其营利行为。在承认教育的公益性与营利性并不冲突的前提下，法律需要强调的重点不在于是否承认其营利目的，更无须通过禁止某种行为达到否定其营利目的的意图（且不论这种规定的实际效果），更加可行的做法是通过法律规定着重强调

高等教育的公益性。这种强调可以通过立法原则体现，更有效的方法是将公益性内涵具体化，笔者认为，由于各个国家文化、历史背景的不同，教育公益性内涵不同。对于我国中外合作办学活动而言，强调公益性可以分为两个方面，一方面，强调民族特性，后者在于保证受教育者的全面、健全发展。比如，在具体规定中外合作办学中的课程设置中应必须设置通识教育，例如法律基础课程、中华文明通论等这些有益于民族意识建设的课程从而保护教育主权；另一方面，对于中外合作办学的具体学制、年限的规定则应当符合最起码的培养周期，以保证学生受到完整的教育。

第三节　中外合作办学的主体资格

一、办学主体与实施主体

在法律上，高等教育领域中外合作办学的主体有两类。一类是与国外高等教育合作办学的国内高等教育机构（基本都是国内高校），它们是中外合作办学机构的发起设立者、中外合作办学项目的举办者，在中外合作办学机构不具有独立法人资格的前提下，它们也是这些机构的组织与管理者、教育教学活动的管理者、办学资产的所有者和财务活动的管理者。它们可被称为“办学主体”。另一类是设立的中外合作办学机构本身，具有独立法人资格的中外办学机构依法独立享有机构财产的所有权，拥有自己的组织和管理机构，独立开展教育教学活动，具有自己独立的财务制度；不具有独立法人资格的办学机构则主要是教育教学活动的实施者。无论是否具备独立法人资格，它们都是中外合作办学活动的“实施主体”。

（一）办学主体的法律定位

当前，我国高等教育国际交流与合作的主体逐渐从政府主导向政府引导、高校主导转变，高校成为我国推动高等教育国际交流与合作的主力军。《中外合作办学条例》第 9 条明确规定，申请设立中外合作办学机构的教育机构应当具有法人资格。事实上，我国的双一流大学和学科建设高校都具备独立的法人资格，因此也具备申请设立中外合作办学机构的基础条件。目前，在我国 42 所首批世界一流大学建设高校中，15 所高校与 31 所国外高校合作创办了 24 所存在于校内的中外合作办学机构。当前，24 所中外合作办学机构的组建模式有三种，即一家国内高校与一家国外高校组建合作办学机构（1 对 1）、一家国内高校与多家国外高校组建合作办学机构（1 对多）、一家国内高校与一家国外教育机构或相关社会机构组建合作办学机构（1 对 1*）。[①] 具体如表 13 所示。

表 13　24 所中外合作办学机构的组建模式

模式	特点	实例
1 对 1	强调双边对等合作共建，以特色专业和新兴专业为合作基点，机构名称融合了中外两方高校的校名、专业名称、办学学位层次等方面，明确办学特色	（1）南开大学与英国格拉斯哥大学成立南开大学格拉斯哥大学联合研究生院 （2）华中科技大学与法国国立巴黎高等矿业学校成立华中科技大学中欧清洁与可再生能源学院
1 对多	强调多边合作共建，以特色专业为载体进行国际办学合作，体现行业职业人才培养特色，体现合作办学机构的办学特色。组建 1 所或多所合作办学机构，校名取自中方与外方高校名字，从国别、专业职业特色、办学层次等方面进行命名	（1）吉林大学莱姆顿学院由吉林大学与美国诺斯伍德大学、加拿大纽芬兰纪念大学、加拿大莱姆顿应用技术学院、加拿大北大西洋学院、加拿大凯波·布兰顿大学等 5 所高校合作组建 （2）北京航空航天大学中法工程师学院由北京航空航天大学与法国巴黎中央理工大学、里尔中央理工大学、里昂中央理工大学、南特中央理工大学等 4 所高校组建
1 对 1*	充分利用国外社会机构的优质资源与力量，开展多种形式的国际合作办学，创新高校与国外社会机构联合办学的类型与形式	（1）同济大学中德学院由同济大学与德意志学术交流中心合作共建。 （2）上海交通大学中欧国际工商学院由上海交通大学与比利时欧洲管理发展基金会合作共建

① 参见朱飞、黄英杰：《我国 42 所世界一流大学建设高校中外合作办学机构与专业项目发展研究》，载《黑龙江高教研究》2020 年第 5 期。

高水准的本科层次和研究生教育是建设世界一流大学的重要前提条件和基本要求，本科和研究生教育是中外合作办学机构的主要办学层次类型。24 所中外合作办学机构中，有 16 所是本科办学层次的机构，15 硕士研究生层次的机构，5 所博士研究生层次的机构，4 所兼有本、硕、博层次的机构，8 所兼有本、硕层次的机构，5 所兼有硕、博层次的机构。

同时，在 42 所高校中，有 38 所高校与国外 20 个国家的 99 所高校开展中外合作办学项目。中外合作办学专业项目均采用一所国内高校与一所国外高校合作举办的形式，即“1 对 1”的模式，其合作办学专业的总数为 108 个。其中，本科、硕士学位教育是中外合作办学的主要项目（分别为 58 个和 41 个）。其中，有条件的高校也开展少量的博士专业项目（6 个）。

（二）实施主体的法律定位

中外合作办学机构分为具有独立法人资格的教育机构与不具有独立法人资格的教育机构。独立法人资格的教育机构（一级机构）独立设置，享有独立的办学自主权，与主办方高校相对独立发展；而不具有独立法人资格的机构（二级机构）一般设置在某高校内部，表现为中外合作学院、研究生院、研究中心等机构，其中外合作办学机构与专业项目存在并运行于高校内部。我国目前的中外合作办学模式大多数是不具有独立法人资格的中外合作办学机构，多表现为二级学院的形式，并以国内合作高校直接管理为主，成为高校国际化合作办学的主要形式。[①]

根据《教育法》第 31 条的规定可知，一级机构已明确在民事活动中享有民事权利、承担民事责任，即在其内部治理、信息公开、财务社会审计、备案核准、防止国有资产和法人资产流失、招生招聘、科学研究及成果归属等方面都具有独立资格承担民事责任。相反，二级机构尽管在表面上对外呈现为一个“相对独立”办学体，以自己名义制定学生授课和人才培养体系、科研

① 参见彭未名：《国际教育交流与管理》，华南理工大学出版社 2007 年版，第 79 页。

机制和团队聘用制度、师资引进和管理体制等，成立内部管理机构和制定章程，但是实际上，须与其国内主体母校共用一个学校（机构）标识码，在财务和资产上却无法充分独立自主，在法律上与母校乃至政府及其管理部门都不能处于平等地位和平权型关系，成为其独立办学及承担民事责任障碍。[①]但如果法律上不承认二级机构具有法人资格或以其他形式确权，则办学自主权就没有一个真实法律意义之载体，并且致使其民事权利边界模糊不清。《中外合作办学条例》第21条只规定了“具有法人资格的中外合作办学机构的法定代表人”产生方式，却未对二级机构法定代表人进行相关规定，且因缺乏对众多二级机构进行统一规定导致做法千差万别，这种争议性为二级机构民事主体资格和治理都埋下了不稳定因素。从现行认定民事主体资格及民事行为能力上看，二级机构存在的问题就在于其作为组织体虽然可以自己名义进行民事活动，但却不具有法人资格，无法处置财产，因而不能完全独立承担民事责任（虽有事实上的活动能力，但却没有法律上的权利能力），也无法直接为现行民法理论中的民事诉讼主体。

如何给予二级机构以明确的法律地位？借鉴国外合作办学机构注册有关经验，基本采取的是两种模式：一种是像耶鲁—新加坡国立大学学院那样注册登记成为独立法人；另一种是像清华大学—华盛顿大学全球创新学院、诺丁汉大学马来西亚校区那样注册成“合伙制”的“非法人团体”。[②]在大的法律框子不动的前提下，比较稳妥的方式是将二级机构在法律上作为“非法人组织”来对待。事实上，在现实生活中，我国已存有大量不具有法人资格且以自己名义从事各种民事活动之组织，赋予这些组织民事主体地位有利于其开展民事活动，也与其他法律规定相衔接。[③]2020年5月28日通过的《民法典》第四章“非法人组织”为解决二级机构

① 参见张力、金家新：《公立大学法人主体地位与治理结构完善研究》，华中科技大学出版社2016年版，第194—105页。

② 参见谭启平：《中国民法典法人分类和非法人组织的立法构建》，载《现代法学》2017年第1期。

③ 参见郭明瑞：《民法总则中非法人组织的制度设计》，载《法学家》2016年第5期。

民事主体资格定性问题提供了思路。《民法典》第 102 条规定：“非法人组织是不具有法人资格，但是能够依法以自己的名义从事民事活动的组织。非法人组织包括个人独资企业、合伙企业、不具有法人资格的专业服务机构等。”该条规定了非法人组织民事主体地位以及责任，从而将有力地释放激发这类主体活力。从释义学的角度来分析，不具有独立法人资格的中外合作办学机构完全可以被视作“不具有法人资格的专业服务机构”，这也符合 GATS 对于教育的“服务贸易”的定位。对于二级机构而言，“依法以自己的名义从事民事活动”主要可包括三类活动。

一是依法享有办学活动实施范围内的自主办学权。从活动范围来看，二级机构所从事的活动除了招生教育事业之外，还包括科学研究、学术交流、人员招聘、软硬件维护管理等业务。但目前二级机构在很多方面都不能独立行使其权利，归根结底是因为不能登记为法人。硬性将法人资格和办学权挂钩，所导致的弊端不容忽视，故该规定逻辑性与实践合理性不相适应且相当滞后。有必要分割二级机构的财产处置权和办学权，建议将办学权视作一种由教育部审批的特殊经营范围，只有符合条件，二级机构才能从事招生教育活动，但仍可以注册为法人机构，享有独立处置财产权利。[①]

二是依法享有一定的财产处置权。以对科技成果的归属、转化、收益等处置方式而论，二级机构是否拥有持有科技成果的权利目前存在争议。在实践中，在取得独立法人资格前，该些成果归合作办学方共同拥有。[②]这些权益须先回归到国内主体母校，再按照合作办学协议进行处置。换句话说，二级机构只负责生产这些科技成果，但却没资格独立处置。这不利于激发二级机构科技创新的积极性。如果将二级机构纳入民法上非法人组织的范畴，应当将以科技成果为代表的财产权进行分类化处理，承认二级机

① 参见邹煌华：《不具法人资格高等教育中外合作办学机构之法律问题》，载《特区实践与理论》2017 年第 5 期。

② 参见何隽等：《国际合作办学中知识产权的权利归属与成果转化》，载《科技创新导报》2016 年第 20 期。

构享有独立处置一定类型之科技成果的权利。

三是依法独立承担民事责任、参与民事诉讼活动。《民法典》第 108 条规定，“非法人组织除适用本章规定外，参照适用本编第三章第一节的有关规定”，即参照法人享有民事权利和承担民事义务、法定代表人设立等一般规定。虽然《民法典》对法人所成立分支机构和非法人组织有细微差异化规定，但是指导原则和方向仍相对统一，如第 74 条和第 104 条针对清偿债务和承担民事责任的方式，分支机构和非法人组织有相似之处。实践中，二级机构无法以其全部财产独立承担民事责任，当其无力承担比如债务等民事责任时，须由合作办学方来承担。此外，目前，由于二级机构缺乏民事主体资格，如其涉及或所引发纠纷，则一般按照类似于“分支机构”方式来处理，即先由国内主体母校承担民事责任，再根据合作办学协议开展解决争议（包括诉讼、仲裁等约定方式）与外方合作方分摊责任。这种做法既不利于二级机构自负其责，也容易对国内主体母校和中方带来被动和不利局面。所以，应当赋予二级机构以其代表出庭参加民事诉讼的能力。

此外，根据《民法典》第 103 条的规定，非法人组织应当依照法律的规定登记。这里的登记，不仅指按照《中外合作办学条例》和《中外合作办学条例实施办法》的规定向相关审批机关提交设立申请这种意义上的“登记”，而且也包括可以在民政部门登记为事业单位。根据《中外合作办学条例》第 13、16、17、18、19、20 条和《中外合作办学条例实施办法》相关条文的规定，中外合作办学机构的设立分为筹备设立和正式设立两个步骤。在实践中，为确保合作办学顺利开展、保障国有资产有效利用，地方政府可以提前介入参与合作协商并大力提供支持帮助，与中外办学合作方一并发起举办筹建办，依法在民政局事业单位登记管理局登记为二类事业单位，贯穿办学机构筹备和正式设立两个步骤。在这方面深圳市走在了前面，例如根据《事业单位登记管理暂行条例》，深圳市政府、清华大学、加州大学伯克利分校三家举办并注册成立二类事业单位——清华—伯克利深圳学院筹建办公室。筹建办在该办学机构获得“筹备设立批准书”之前就已存在，这意味着二级机构在“诞生”前就获得了二类事业单位的“胎衣”。它的优势是可提前开展办学筹备、申报设置、人才引进、科学规划建设、招生准备、捐助款项筹集等事宜，可以自行处置财产、人事聘任、科技成果归属等民事行为，可以“科研机构”存在开展科研活动，并代地方政府、中外合作办学方持有科技成果，唯独在招生上受到限制。表 14 对筹建办和非法人中外合作办学机构本身的差别进行了对比。

表 14　筹建办与非法人中外合作办学机构的对比

比较类别	筹建办	非法人中外合作办学机构
发证机关	地方事业单位登记管理局	国家教育部
法人资格	有	无
可否开展科研	可	可
可否持有科技成果	可	有争议（一般科技成果归属权须先由国内主体母校持有，再根据合作办学协议与外方教育机构进行收益分配）
可否自主招聘	可	有争议（一般由国内主体母校招聘再派到该机构；或由国内主体母校与劳务派遣公司签订用人协议）
有无亦学许可证	无	有
可否招生	不可	可以（须获得办学许可证后）
可否自主招生	不可	有争议（一般由国内主体母校统一招生，按照学生填报志愿分配到二级机构就读）

二、作为参与主体的地方政府

随着中国社会经济的快速发展，为顺应经济社会转型，满足人民群众越来越强烈的对国际化高水平教育资源的需求，地方政府，特别是经济发达地区的地方政府举办高等教育的热情十分高涨。加之地方政府竞争效应，带动了新一轮的高等教育扩张。20 世纪 90 年代以来，随着“中央和省两级办学，两级管理，地方高等教育以省为主”新高等教育管理体制的确立，高等教育领域的地方政府竞争呈现愈演愈烈之势。从2002年宁波启动建设首个高等教育园区以来，浙江温州、海宁，山东烟台，广东深圳、珠海等多地纷纷开始建设高等教育园区和创新园区。

在这些园区建设过程中，由于国家政策在高校建立的管制上相当严格，所以各地纷纷引进国内知名高校到高等教育园区举办分校区。分校区建设过程中，地方政府往往动辄投入价值十几亿元人民币的土地和固定资产。然而，高校规模的扩大，一方面受制于高等教育管理法律法规中对专业设置、招生名额以及办学标准等的限制，另一方面也需要配合建设高水平一流学科和一流大学的需要、顺应高等教育国际化需求。而在这些高等教育园区和分校区中引入中外合作办学的大学、机构和项目则相对便利，从发展中外合作办学的意愿和动机来说，政府与高校具有高契合度。如宁波诺丁汉大学、西交利物浦大学、昆山杜克大学、香港中文大学（深圳）、深圳北理莫斯科大学等中外合作大学纷纷建设在这些开发区和高等教育园区之内。各类不具有独立法人资格的中外合作办学机构和项目也青睐高等教育园区的良好设施和环境，如北京交通大学兰卡斯特大学学院是威海高等教育园区的重要引进项目；浙江大学海宁校区的主要构成也是中外合作办学机构和项目。从合作办学实践来看，政府在重大中外合作办学机构设立和引进过程中起到了重要的推动甚至主导作用。地方政府希望能够引进中外合作大学和机构，为地方经济发展储备人才、积蓄创新能力，以提升地方整体实力。这种情势使本来就颇具中国特色的中外合作办学制度在制度设立初衷——“引进优质教育资源”之外，又被附加了更多社会期待和功能。地方政府的积极参与乃至主导，也使整个中外合作办学的法律框架变得更加复杂。但现行法律法规对地方政府参与中外合作办学的合法性、参与形式、法律权利与责任等问题均缺乏规定，造成了实践与规制的脱节，也埋下了一定的法律和社会风险隐患。

地方政府在中外合作办学的过程中扮演着多重角色。地方政府扮演的第一重角色是邀请者。这也是现有的法规规章明确规定地方政府可以承担的法律角色。《中外合作办学条例》第10条第

2 款规定："中外合作办学者的知识产权投入不得超过各自投入的 1/3。但是，接受国务院教育行政部门、劳动行政部门或者省、自治区、直辖市人民政府邀请前来中国合作办学的外国教育机构的知识产权投入可以超过其投入的 1/3。"《中外合作办学条例实施办法》第 12 条规定："根据与外国政府部门签订的协议或者应中国教育机构的请求，国务院教育行政部门和省、自治区、直辖市人民政府可以邀请外国教育机构与中国教育机构合作办学。被邀请的外国教育机构应当是国际上或者所在国著名的高等教育机构或者职业教育机构。"这说明，从目前法律规定来看，政府是可以在中外合作办学过程中积极参与甚至起主导作用的。但要注意的是，根据该条文，"邀请"需满足两项条件：一是邀请办学的主体仅限于教育部和省级政府；二是邀请办学的前提条件是"根据与外国政府部门签订的协议或者应中国教育机构的请求"。但实践中，即便是县级市（如江苏省昆山市）也已经在引入外国办学者方面开展了积极的工作，政府作为最初的合作办学谈判发起者也并不罕见，在邀请外方办学者方面规定的层级限制和前提条件经常被办学实践虚置。因此，有必要修订《中外合作办学条例》和《中外合作办学条例实施办法》的规定，取消邀请外方办学者的政府层级限制，以继续激发省级以下地方政府邀请办学的积极性，并对其行为予以法律规范。

同时，地方政府作为合作办学邀请方，应该符合地方政府决策的法律程序。根据《地方各级人民代表大会和地方各级政府组织法》（以下简称《组织法》）相关规定，此行为应作为地方重大文化和经济发展决策事项，经地方人民代表大会和常务委员会的讨论批准，并应完成政府内决策的合法程序，同时作为政府公共决策行为吸纳公众意见参与，并接受监督，承担政府决策的相应法律责任。所以，有必要继续修订《中外合作办学条例》和《中外合作办学条例实施办法》，补足上述关于政府决策的合法性和操作性规则，以进一步明确政府参与中外合作办学的形式，但要政府明确邀请的目标等内容。另外，应该注意的是，即便是在现有法律法规下，地方政府仅仅作为办学的邀请者，其邀请办学行为和投资办学行为不具有强制性的行政指导行为，一旦违法违规或者给行政相对方造成损失，就可能承担法律责任。[①] 这也意味着法律同样需要明确地方政府在主导中外合作办学过程中违法给合作办学方带来的损失需要承担法律责任，以促使其明确法律风险，进而谨慎行为。

地方政府扮演的第二重角色是实质办学参与者。在中外合作办学实践中，大量地方政府参与合作办学的行为已经远远超越了“邀请者”的定位。中外合作大学和一些中外合作办学二级机构所在地的很多地方政府已经成为实质办学参与方。部分地方政府不仅发起了整个办学活动，联络、确定并撮合中外办学者的合作，并投入了巨额土地和基础设施资产，还参与了合作框架的谈判和最终协议文本的确定。还有的地方政府派人参与了成立后合作办学机构的董事会或联合管理委员会的运作，实质参与了教育教学活动管理。因此，这些办学机构所在地的地方政府已经实质地、全面地参与了办学活动，应理解为办学者之外的办学参与方。因此，有必要在法律法规中将符合特定条件的地方政府明确界定为办学参与方，这样就可以使地方政府所代表的公共利益以更加明确的权利义务形式纳入合作框架，避免政府盲目投入造成的损失，减少隐性政府角色造成的与办学者之间的法律关系不清晰问题，也能更好地保障中外办学者的权益。将这些主导中外合作办学的地方政府在法律上界定为办学参与方，应建立在有中外方教育机构实质性合作的前提下，而不能完全抛开中方办学者而将地方政府直接作为中方办学者，直接与境外教育机构对接并开展合作办学。由于政府不是教育机构，无法全程参与办学，如果政府“替代”了中方办学者的地位，这种情况下就极易演变为外方教育机构在中国的分校区，形成境外高校突破中国的教育开放尺度，直接通过地方政府进入中国，造成了基本上独立开展教育教学活

---

① 参见王震宇、魏伟:《行政指导法律责任及救济制度》，载《中国工商管理研究》2013 年第 6 期。

动的被动局面。[①] 除非政府采取非常大的管控力度，但这样一来就可能会有不当干涉办学活动之虞，因而处于两难境地。所以，即便是实质参与者，地方政府也不能越俎代庖，排除中方合作办学者应有的合作地位。另外，在地方政府为合作办学做出高额投入的情况下，宜应将地方政府作为合作办学参与方的行为纳入适用《组织法》范畴，完成合法程序，接受监督，承担法律责任。

地方政府扮演的第三重角色是教育服务购买者。地方政府之所以积极参与甚至主导中外合作办学，直接动因在于引入国际化高水平教育资源。按照《政府采购法》第 2 条第 2 款对政府采购的定义："本法所称政府采购，是指各级国家机关、事业单位和团体组织，使用财政性资金采购依法制定的集中采购目录以内的或者采购限额标准以上的货物、工程和服务的行为。"所以，在政府主导的中外合作办学过程中，地方政府以国有土地、财政资金等形式投入办学，以换取中外办学者落户当地开展办学，可以理解为政府采购教育服务。在政府采购公共教育服务情况下，政府、学校、学生是分立的，政府受"消费者"之托提供教育服务资金，通过公开竞争的方式采购公共教育服务，并履行教育行政管理职能。[②] 基于合作办学事务的特殊性，有实质投入的中外合作办学可以理解为《政府采购法》中的"单一来源采购"。

但是，中外合作办学已经不是单纯的政府采购行为，它也显现出 PPP 模式的色彩。PPP 模式，是指公共部门与私人部门为提供公共产品或服务，以特许经营协议为基础，彼此之间形成的一种伙伴合作关系。[③] 它强调政府的参与人和合作者角色，强调政府其他合作方之间的合作与商谈机制，政府在合作的基础上承担公共服务提供者与监管者的责任。目前我国地方政府的 PPP 合同已有比较成熟的管理流程，可以参考财政部《PPP 项目合同指南

---

① 参见王婧瑶：《地方政府参与中外合作办学的法律问题》，载《西南交通大学学报（社会科学版）》2019 年第 3 期。

② 参见鲍劲翔：《公共教育服务呼唤政府采购提供机制》，载《中国政府采购》2005 年第 6 期。

③ 参见邢会强：《PPP 模式中的政府定位》，载《法学》2015 年第 11 期。

（试行）》和国家发展和改革委员会《政府和社会资本合作项目通用合同指南（2014年版）》。PPP模式一开始在公共基础设施等经营性领域进行实践，取得成功之后，逐步被应用到医院、学校等社会事业领域。中外合作办学带有部分PPP项目的色彩，但中外合作办学过程中地方政府实际上提供了硬件设施以换取办学者的教育教学服务，而不是前期建设都是由私人部门负责，政府只是购买服务。在这个意义上中外合作办学过程中地方政府的参与度更高。PPP模式不仅可以用于举办独立法人中外合作办学机构，在非独立法人合作办学机构层面也可以尝试，尤其是在高职高专合作办学领域，已经有了明确的政策方向。教育部发布的《高等职业教育创新发展行动计划（2015—2018）》明确提出了“鼓励企业和公办高等职业院校合作举办适用公办学校政策、具有混合所有制特征的二级学院”。尽管中外合作办学不完全符合PPP的概念，但是目前关于PPP项目管理的一系列流程指南可以为政府参与中外办学提供借鉴。①

地方政府扮演的第四重角色是行政管理和监督者。中外合作办学活动的正常展开离不开政府的依法管理和监督活动。只是需要注意的是，特定地方政府既然扮演着实质办学者的角色，那么就不能由它本身再来担当监督者和管理者的角色，否则就有可能发生既是运动员又是裁判员的角色冲突。原则上应当将管理和监督权与审批权统一起来。根据《中外合作办学条例》第12条的规定，申请设立实施本科以上高等学历教育的中外合作办学机构，由国务院教育行政部门审批；申请设立实施高等专科教育和非学历高等教育的中外合作办学机构，由拟设立机构所在地的省、自治区、直辖市人民政府审批。《中外合作办学条例实施办法》第36条规定，申请举办实施本科以上高等学历教育的中外合作办学项目，由拟举办项目所在地的省、自治区、直辖市人民政府教育行政部门提出意见后，报国务院教育行政部门批准；申请举办实

① 参见王婧瑶：《地方政府参与中外合作办学的法律问题》，载《西南交通大学学报（社会科学版）》2019年第3期。

施高等专科教育、非学历高等教育和高级中等教育、自学考试助学、文化补习、学前教育的中外合作办学项目，报拟举办项目所在地的省、自治区、直辖市人民政府教育行政部门批准，并报国务院教育行政部门备案。因此，高等教育合作办学机构和项目的审批机构有三个：一是教育部；二是省级政府；三是省级政府教育行政部门。但考虑到可行性和对口性，统一由省级政府教育行政部门来管理和监督较为合适。

综上所述，地方政府同时扮演着邀请者、实质办学参与者和教育服务购买者三重角色，特殊的地方政府主体（省级政府教育行政部分）还扮演着行政管理和监督者的角色。这都需要在法律法规上明确其各重身份及相应的权利、义务和责任，构筑起完整的规制体系。

第四节　中外合作办学的基本模式

一、中外合作办学机构

根据《中外合作办学条例》和《中外合作办学条例实施办法》，中外合作办学的基本模式包括机构和项目两类。其中中外合作办学机构为两个文件共同规定，而中外合作办学项目则是《中外合作办学条例实施办法》所新增的类型。

有关对中外合作办学机构的规定，最早见于《中外合作办学暂行规定》第 2 条。该条规定："本规定所称的中外合作办学，是指外国法人组织、个人以及有关国际组织同中国具有法人资格的教育机构及其他社会组织，在中国境内合作举办以招收中国公民为主要对象的教育机构（以下称合作办学机构），实施教育、教学的活动。"《中外合作办学条例》第 2 条规定："外国教育机构同中国教育机构（以下简称中外合作办学者）在中国境内合作举办以中国公民为主要招生对象的教育机构（以下简称中外合作办学机构）的活动，适用本条例。”[①] 随后，该条例对中外合作办学机构的设立、组织与管理、教育教学、资产与财务等进行了规定。根据《中外合作办学条例》第 9 条和第 10 条第 1 款的规定，申请设立中外合作办学机构的教育机构应当具有法人资格。中外合作办学者可以用资金、实物、土地使用权、知识产权以及其他财产作为办学投入。也就是说，合作办学的双方主体，无论是中方的高等教育机构，还是外方的高等教育机构，都必须具备法人资格。而合作的形式可以是双方同时出资、投放实物、投入土地使用权、知识产权和其他财产，也可以双方协议来约定各自的办学投入形式。当然，由于在实践中中外合作办学主要体现为引入国外高等教育资源，落户中国城市来合办大学或学院，所以主要是由中方高等教育机构出资、投放实物、投入土地使用权（也可能由落户地的政府来提供），外方高等教育机构提供知识产权和其他财产。

根据中外合作办学机构是否具有独立的法人资格，又可进一步区分为法人机构（一级机构）和非法人机构（二级机构）。前者如长江商学院、宁波诺丁汉大学，后者如中国政法大学中欧法学院。区分的法律依据主要在于《中外合作办学条例》第 11 条第 1 款：“中外合作办学机构应当具备《中华人民共和国教育法》、《中华人民共和国职业教育法》、《中华人民共和国高等教育法》等法律和有关行政法规规定的基本条件，并具有法人资格。但是，外国教育机构同中国实施学历教育的高等学校设立的实施高等教育的中外合作办学机构，可以不具有法人资格。”该条明确了非法人机构的设立条件：（1）中方合作教育机构必须是实施学历教育的高等学校；（2）中外合作办学机构必须实施高等教育。法人机构与非法人机构的区别主要在于：法人机构具有独立事业法人资格，在课程设置、教职工聘任、招生录取、财务结算等方面均享受独立办学自主权，内部实行董事会、理事会、联合管委会等管理制

① 《中外合作办学条例》与《中外合作办学暂行规定》均强调了中外合作办学的形式为机构，并且需在中国境内的合作，服务对象应当是中国公民。其不同点在于《中外合作办学条例》的规定比《中外合作办学暂行规定》更加细化，并且不再允许外国个人参与中外合作办学。

度。[①] 反观非法人机构，一般依托于某国内主体高校，由国内高校与外方合作院校共同创办但不具有法人资格，系国内高校下属二级机构，实行国内高校内设二级学院运作制度，与主体母校共享资源。[②] 另外根据《中外合作办学条例实施办法》第 17 条第 3 款的规定，不具有法人资格的中外合作办学机构的名称前应当冠以中国高等学校的名称。对于法人机构则无此要求。在实际操作中，非法人机构只有教育部批准“办学许可证”，但不具有独立“学校（机构）代码证”，故合作办学者无法经编制主管部门注册登记为事业单位法人，导致其开展办学活动独立程度不高。当然，要注意的是，无论是我国国内法人机构还是非法人机构，都可能属于 GATS 框架下的“法人”。[③]

另外，根据中外合作办学机构是否实施学历教育，还可以分为实施学历教育的中外合作办学机构与实施非学历教育的中外合作办学机构。我国实行双证制，既颁发学位证书又颁发学历证书，而国外实行单证制，只颁发学位证书，没有学历证书。因此，对于取得国外学位证书的学生就要进行学位认证。在教育部涉外监管网站上，只有获得国务院教育行政部门统一编号、统一格式的中外合作办学机构和项目才可以颁发外国教育机构的学历、学位证书。此外，国家计划内招生发放的文凭才能被认可，而中外合作办学的非学历教育毕业证书是不被国家认可的。[④] 在法律制度的层面上，实施学历教育的中外合作办学机构与实施非学历教育的中外合作办学机构的设立审批、审批期限、审批程序、证书等方面均有不同。总体而言，对于实施学历教育的中外合作办学活动的法律规制密度要比实施非学历教育的中外合作办学活动大得多。两者的区别可以用表 15 来进行对比。

---

① 参见夏建中：《非独立设置中外合作办学机构管理体制初探——以浙江科技学院中德工程师学院为例》，载《浙江科技学院学报》2015 年第 5 期。

② 参见林金辉：《中外合作办学的规模、质量、效益及其相互关系》，载《教育研究》2016 年第 7 期。

③ 参见林金辉：《中外合作办学的规模、质量、效益及其相互关系》，载《教育研究》2016 年第 7 期。

④ 刘晓慧：《基于“一带一路”倡议完善中外合作办学的法律保障措施》，载《教育观察》2017 年第 21 期。

表 15 关于中外合作办学实施学历教育与非学历教育法律规定的差别

	学历教育机构	非学历教育机构
是否须具备法人资格	外国教育机构同中国实施学历教育的高等学校设立的实施高等教育的中外合作办学机构，可以不具有法人资格。（a11）	必须具备法人资格。
设立审批机关	申请设立实施本科以上高等学历教育的中外合作办学机构，由拟设立机构所在地的省、自治区、直辖市人民政府提出意见后，报国务院教育行政部门审批；申请设立实施高等专科教育的中外合作办学机构，由拟设立机构所在地的省、自治区、直辖市人民政府审批。（a12，b13）	申请设立非学历高等教育的中外合作办学机构，由拟设立机构所在地的省、自治区、直辖市人民政府审批。其他非学历教育由拟设立机构所在地的省、自治区、直辖市人民政府教育行政部门或劳动行政部门审批。（a12）
设立审批期限	6 个月（a18）	3 个月（a18）
申请时间	申请设立实施学历教育的中外合作办学机构，应当于每年 3 月或者 9 月提出申请。（b19）	无限制
设立评估	审批机关受理申请后，应当组织专家委员会评议，由专家委员会提出咨询意见。（a19）	无
高等学校招生计划	实施高等学历教育的中外合作办学机构招收学生，纳入国家高等学校招生计划。（a32）	不纳入
招生限制	实施中国学历教育的中外合作办学机构在依法自主确定招生范围、标准和方式时，应当遵守国家有关规定。（b26）	无规定
证书颁发	中外合作办学机构实施学历教育的，按照国家有关规定颁发学历证书或者其他学业证书；（a34） 实施高等学历教育的中外合作办学机构符合中国学位授予条件的，可以依照国家有关规定申请相应的学位授予资格。（b27）	实施非学历教育的，按照国家有关规定颁发培训证书或者结业证书。（a34）

续表

	学历教育机构	非学历教育机构
资格限定	举办颁发外国教育机构的学历、学位证书的中外合作办学机构和项目，中方合作办学者应当是实施相应层次和类别学历教育的中国教育机构。（b48）	无限制
信息公布	应当通过网络、报刊等渠道，将该机构或者项目的办学层次和类别、专业设置、课程内容、招生规模、收费项目和标准等情况，每年向社会公布。（b50）	无规定
学费收取方式	应当按学年或者学期收费，不得跨学年或者学期预收。（b51）	无规定
办学质量评估	审批机关应当组织或者委托社会中介组织本着公开、公正、公平的原则，对实施学历教育的中外合作办学项目进行办学质量评估，并将评估结果向社会公布。（b53）	无规定
申请分立、合并的审批期限	6 个月（a42）	3 个月（a42）
申请变更办学类型审批期限	申请变更为实施非学历教育的中外合作办学机构的，审批机关应当自受理申请之日起 3 个月内以书面形式答复。（a43）	申请变更为实施学历教育的中外合作办学机构的，审批机关应当自受理申请之日起 6 个月内以书面形式答复。（a43）

注：a:《中外合作办学条例》，b:《中外合作办学条例实施办法》

二、中外合作办学项目

中外合作办学项目是《中外合作办学条例实施办法》新增的一种中外合作办学模式。由于设立中外合作办学机构在办学规模、学科专业设置、师资规模、基础设施建设以及经费筹措等方面都有较高的要求，我国目前中外合作办学活动中数量最少的是具有独立法人地位的机构，以项目方式存在的数量最多。[1] 前已述及，

① 陆根书等：《中外合作办学：现状、问题与发展对策》，载《高等工程教育研究》2013 年第 4 期。

截至 2019 年 12 月 24 日，我国现有本科及以上中外合作办学机构和项目共 1147 个，其中项目就占到了 1038 个，可见项目在中外合作办学活动中占据绝大部分内容。但有意思的是，“项目”这种类别完全是中国立法实践中的自创之物，并不见于 GATS 或其他国际条约之中。

《中外合作办学条例实施办法》第 2 条第 2 款规定：“本办法所称中外合作办学项目是指中国教育机构与外国教 育机构以不设立教育机构的方式，在学科、专业、课程等方面，合作开展的以中国公民为主要招生对象的教育教学活动。”根据我国法律解释的理论，国家行政机关可以对不属于审判和检察工作中的其他法律的具体应用问题以及自己依法制定的法规进行解释，这种法律解释被称为行政解释。《中外合作办学条例实施办法》对《中外合作办学条例》的解释属于行政解释，并在解释过程中增加了“项目”这种中外合作办学的形式，显然超出了《中外合作办学条例》原规定的“机构”的范围，这一现象的背后反映出中外合作办学实践形式多样的特点，也是对《中外合作办学条例》中立法滞后性的补充。

根据《中外合作办学条例实施办法》和《中外办学合作条例》，中外合作办学项目与机构在设立程序和组织活动等方面有诸多不同，也有相近之处。我们同样可以用表 16 的形式进行归纳。

表 16　中外合作办学项目与机构的法律规定比较

	中外合作办学项目	中外合作办学机构
办学层次和类别	项目的办学层次和类别，应当与中国教育机构和外国教育机构的办学层次和类别相符合，并一般应当在中国教育机构中已有或者相近专业、课程举办。（b33）	无规定
证书颁发	可颁发中国学历、学位证书或者外国学历、学位证书。（b34）	实施高等学历教育的中外合作办学机构符合中国学位授予条件的，可以依照国家有关规定申请相应的学位授予资格。（b27）

续表

	中外合作办学项目	中外合作办学机构
合作协议	参照本办法第 5 条的规定签订合作协议（b35）	中外合作办学者应当在平等协商的基础上签订合作协议。合作协议应当包括拟设立的中外合作办学机构的名称、住所，中外合作办学者的名称、住所、法定代表人，办学宗旨和培养目标，合作内容和期限，各方投入数额、方式及资金缴纳期限，权利、义务，争议解决办法等内容。合作协议应当有中文文本；有外文文本的，应当与中文文本的内容一致。（b5）
设立审批机关	申请举办实施本科以上高等学历教育的中外合作办学项目，由拟举办项目所在地的省、自治区、直辖市人民政府教育行政部门提出意见后，报国务院教育行政部门批准；申请举办实施高等专科教育、非学历高等教育和高级中等教育、自学考试助学、文化补习、学前教育的中外合作办学项目，报拟举办项目所在地的省、自治区、直辖市人民政府教育行政部门批准，并报国务院教育行政部门备案。（b36）（与"机构"的规定部分对应）	申请设立实施本科以上高等学历教育的中外合作办学机构，由拟设立机构所在地的省、自治区、直辖市人民政府提出意见后，报国务院教育行政部门审批；申请设立实施高等专科教育和非学历高等教育的中外合作办学机构，由拟设立机构所在地的省、自治区、直辖市人民政府审批。申请设立实施中等学历教育和自学考试助学、文化补习、学前教育等的中外合作办学机构，由拟设立机构所在地的省、自治区、直辖市人民政府教育行政部门审批。申请设立实施职业技能培训的中外合作办学机构，由拟设立机构所在地的省、自治区、直辖市人民政府劳动行政部门审批。（a12，b13）
申请提交文件	（1）《中外合作办学项目申请表》；（2）合作协议；（3）中外合作办学者法人资格证明；（4）验资证明（有资产、资金投入的）；（5）捐赠资产协议及相关证明（有捐赠的）；（6）外国教育机构已在中国境内合作举办中外合作办学机构或者中外合作办学项目的，还应当提交原审批机关或者其委托的社会中介组织的评估报告。（b37）	（1）正式设立申请书；（2）筹备设立批准书；（3）筹备设立情况报告；（4）中外合作办学机构的章程，首届理事会、董事会或者联合管理委员会组成人员名单；（5）中外合作办学机构资产的有效证明文件；（6）校长或者主要行政负责人、教师、财会人员的资格证明文件；（7）首届理事会、董事会或者联合管理委员会组成人员名单及相关证明文件；（8）聘任的外籍教师和外籍管理人员的相关资格证明文件。（a17、b18）

续表

	中外合作办学项目	中外合作办学机构
申请时间	申请设立实施学历教育的中外合作办学机构，应当于每年3月或者9月提出申请，审批机关应当组织专家评议。（b38） （与“机构”的规定一致）	申请设立实施学历教育的中外合作办学机构，应当于每年3月或者9月提出申请，审批机关应当组织专家评议。（b19）
证照发放	批准的，颁发统一格式、统一编号的中外合作办学项目批准书；不批准的，应当书面说明理由。中外合作办学项目批准书由国务院教育行政部门制定式样并统一编号；编号办法由国务院教育行政部门参照中外合作办学许可证的编号办法确定。（b39） （与“机构”的规定一致）	批准的，颁发统一格式、统一编号的中外合作办学许可证；不批准的，应当书面说明理由。中外合作办学许可证由国务院教育行政部门制定式样，由国务院教育行政部门和劳动行政部门按照职责分工分别组织印制；中外合作办学许可证由国务院教育行政部门统一编号，具体办法由国务院教育行政部门会同劳动行政部门确定。（a18）
教育活动管理	是中国教育机构教育教学活动的组成部分，应当接受中国教育机构的管理。（b40） 实施中国学历教育的中外合作办学项目，中国教育机构应当对外国教育机构提供的课程和教育质量进行评估。（b40） 招生简章和招生广告的样本应当及时报审批机关备案。（b47） （与“机构”的大体一致）	应当将所开设的课程和引进的教材报审批机关备案。（a30） 招生简章和广告应当报审批机关备案。（a33、b47） 应当加强对中外合作办学机构的日常监督，组织或者委托社会中介组织对中外合作办学机构的办学水平和教育质量进行评估，并将评估结果向社会公布。（a35）
招生限制	项目可以依法自主确定招生范围、标准和方式；但实施中国学历教育的，应当遵守国家有关规定。（b41）	机构可以依法自主确定招生范围、标准和方式；但实施中国学历教育的，应当遵守国家有关规定。（b26）
财产管理	在中国教育机构财务账户内设立中外合作办学项目专项，统一办理收支业务。（b42）	设置会计账簿（a36），依法享有法人财产权（a37），应当在每个会计年度结束时制作财务会计报告，委托社会审计机构依法进行审计，向社会公布审计结果，并报审批机关备案。（a41）

续表

	中外合作办学项目	中外合作办学机构
办学结余用途	办学结余应当继续用于项目的教育教学活动和改善办学条件。（b43）	中外合作办学者可以按规定取得“合理回报”。（b29、b31） 应当从年度净收益中，按不低于年度净资产增加额或者净收益的25%的比例提取发展基金，用于中外合作办学机构的建设、维护和教学设备的添置、更新等。（b29）

注：a:《中外合作办学条例》；b:《中外合作办学条例实施办法》

此外，具有独立事业法人资格的中外办学机构内部应实行董事会、理事会、联合管委会等管理制度，但对于项目则当然无此要求。可见，立法者是在“实体”和“非实体”二分法的理解上针对机构与项目的。虽然部门规章已经对两者作了区分对待，但在理论研究层面对于“项目”究竟该如何认定，在实践层面“项目”与“机构”以及中国高等教育机构的其他涉外培养模式（如联合培养、各种出国资助计划等）该如何区分并没有定论，从而导致了实践中对中外合作办学项目的多种认识和混乱实践。对此问题下文要稍作阐述。

通过分析《中外合作办学条例实施办法》的相关规定，可以认为中外合作办学项目主要是指中国教育机构和外国教育机构以不设立教育机构的方式，在学科、专业、课程等方面，合作展开的以中国公民为主要招生对象的教育教学活动。中外合作办学项目的办学层次和类别，应当与中国教育机构和外国教育机构的办学层次和类别相符合，一般应当在中国教育机构中已有或者相近专业、课程举办，共同制订教育教学计划，颁发中国学历、学位证书或者外国学历、学位证书，并可以在中国境外实施部分教育教学活动。[①] 但要注意的是，这并不是严格意义上的定义，而仅仅

① 具体规定参见《中外合作办学条例实施办法》第2条、第33条、第34条和第36条。

体现了一种法律行文的习惯，而不是概念诠释的推理，[①]因而适用到实践中就会产生问题。对此，典型的观点有两种：一种是关于项目和机构的区别的，认为“办学机构是颁发该机构的文凭的，项目是颁发本校的文凭”；另一种是关于中外合作办学活动与联合培养的区分的回答：“联合培养应该是只有入学后才能参加，意思是入学后再次申报联合培养，经过筛选才能成为联合培养的对象。合作办学在入学前就可以直接报考，而联合培养只能入学后参加筛选。合作办学的对象是高考报名了该项目的同学，而联合培养的对象是校内大多数同学。”这个来源于“知乎”的答案仅仅是以入学时能否申请为标准来区分合作办学和联合培养的。当然，这些类似于“民间答案”“马路消息”的网络咨询显然不足为信，但其反映出普通民众对于中外合作办学的项目和机构认识显然不足，甚至是偏颇的，当他们面临选择中外合作办学机构或项目进行学习时，不免无所适从，出现误判。法律层面和研究层面的不清晰直接导致了现实中普通人对于项目的混乱认识。人们不禁要问：机构和项目到底是什么关系？中外交流活动中的若干教育交流方式，比如校际交流项目、“双校园”项目、联合培养项目都属于中外合作办学项目吗？关于这些问题，法律规范层面显然没有给出更清晰的答案。

对于上述疑惑，研究者也持不同意见。王剑波认为《中外合作办学条例》中并未仔细区分项目和机构，而是把中外合作办学统统称为“教育机构”，因此中外合作办学项目应当认为是包含在不具有法人资格的中外合作办学机构中。[②]黄进和李晓述在论述中外合作办学项目的性质时认为，由于项目不能以自己的名义独立承担法律责任从而必须归属于中方合作办学者，这一点与不具有法人资格的中外合作办学机构相似。从这一表述可以看出，其认为项目与机构尽管相似，但是是两个独立的概念，不存在谁包含谁

① 喻立森:《中外合作办学探路“四题”》，载《中外合作办学国际论坛论文集》，厦门大学出版社 2011 年版，第 2 页。

② 王剑波:《跨国高等教育理论与中国的实践》，华东师范大学 2004 年博士学位论文，第 145 页。

的关系。[①]魏胜强则回避了项目和机构的关系，其仅从项目体现方式认为，项目既可以设在具备法人资格的办学机构中，也可以设在不具备法人资格的办学机构中，但它更多地设在中方大学的普通院系中。[②]由此可见，在理论界对于项目的认识也是有分歧的。

法律层面规范得不清楚，直接导致了现实层面的分歧和理论层面的混乱。比较乐观的一个现象是教育部显然也意识到了这个问题。2015 年 3 月 27 日，在北京举办的“中澳跨境教育与学生流动论坛”上，教育部国际司涉外办学处闫炳辰处长在发言伊始就陈述了相关问题，他把通过“2+2”或“3+1”等方式共同培养的教学方式比喻为“铁路警察，各管一段”，认为尽管这些方式有共同的课程开发，但不涉及外方课程和教育资源的系统引进，也不涉及学生学费改变，与中外合作办学系统地引进外方教育资源，包括教师、课程、共同开发人才培养方案等以及所收的学费依照办学成本收取的特征截然不同。[③]作为主管涉外办学的行政官员在这种国际教学交流场合的讲话虽然不能完全代表政府部门的观点，但至少体现了立场，且不论其认为这种共同培养的活动不是中外合作办学活动的结论是否正确，其所提出的划分这两种行为的标准非常重要，即是否引入外方课程和教育资源，而且这种引入必须是系统的。这一点对过往中外合作办学活动的精辟总结，十分具有立法价值。

通过上述法律层面、现实层面和研究层面的论述，本书在此提出解决机构和项目的混乱现状的初步构想：是否可以通过重新考虑从内容认定和管理形式两个层面加以解决。首先，从内容方面而言，断定一个活动是否为中外合作办学项目唯一的实质标准是是否引入教育资源，而这种引入必须强调是系统化的，比如在课程设计、教材、师资等方面明显体现出国外教育合作者对我国

---

① 黄进、李晓述：《中外合作办学基本法律问题探析》，载《河北法学》2010 年第 4 期。

② 魏胜强：《中外合作办学问题的法律解读》，载《政法论坛》2010 年第 6 期。

③ 闫炳辰：《把握新常态下的中外合作办学——加强中外合作办学质量保障体系建设》，Chinese version of MOE Director Yan Bingchen speech.pdf internationaleducation.gov.au，2015 年 3 月 27 日访问。

国内某一学科的体系支持，实质考察这些要素是否已经融入到国内教学的常规活动中。这个标准意味着不论某一项活动被冠以何种名称、以何种形式出现，即联合培养、结对协议也好，“2+2”或“3+1”校际交流也罢，只要其活动过程涉及对国外教育资源的系统引入，就可以归类到中外合作办学项目之中；反之，即使打着中外合作办学的名头，但实质上中外两边教学体系呈平行状，各管各段，仅有学生流动，则不是中外合作办学项目。其次，在管理形式上也可以考虑两种办法，第一种办法是延续目前对项目行政审批的做法，按照《中外合作办学条例实施办法》第36条“申请举办实施本科以上高等学历教育的中外合作办学项目，由拟举办项目所在地的省、自治区、直辖市人民政府教育行政部门提出意见后，报国务院教育行政部门批准；申请举办实施高等专科教育、非学历高等教育和高级中等教育、自学考试助学、文化补习、学前教育的中外合作办学项目，报拟举办项目所在地的省、自治区、直辖市人民政府教育行政部门批准，并报国务院教育行政部门备案。申请举办颁发外国教育机构的学历、学位证书以及引进外国教育机构的名称、标志或者教育服务商标的中外合作办学项目的审批，参照前款的规定执行”的规定，在这种管理模式下，除了内容实质审查，还需经过不同层级行政部门审批方可认定某一活动为中外合作办学项目。第二种办法是去行政审批化，实行备案管理，而且备案管理的对象仅适用于申请举办实施本科以上高等学历教育的中外合作办学项目，其余项目则将其交予市场，通过市场机制的优胜劣汰，由参与项目活动的主体承担活动成本，最终做出理性判断。或者，政府管理的步伐可以更加大胆，不区分是否实施本科以上高等学历教育的中外合作办学项目，所有项目均不审批、不备案，完全由市场进行自我调节。当然，由于我国国情复杂，地域辽阔，教育资源分布不均，信息不对称等，这种方法对项目中涉及的各类主体，尤其是学生的风险极大，因此比较冒进，现阶段的可行性不高，但这个管理和立法思路不失为对项目管理的最终目标，通过备案过渡的方式慢慢实现。

结语：中国高等教育国际化的立法建议

行文至此，有必要对中国高等教育市场的国际化做一个整体上的立法建议规划。对我国高等教育市场国际化的立法建议，总体方向是设计和实施市场化原则与教育权及国家主权相平衡的法律政策制度，既要繁荣跨国高等教育活动，也要掌握好国家的教育主权，维系跨国高等教育的质量与受教育者的权益。为此，既需要就高等教育服务贸易做好总体规划，也要做好具体规划。本文作者认为，高等教育国际化背景下与我国具体的规制措施相关度最密切的是通过 GATS 承诺而承担的义务（因为它施加的是一种规则化的法律义务），而其他国际组织所施加的义务要么是原则化的法律义务（UNESCO），要么是原则化的政治义务（GATS）。因此，在 GATS 框架下，也要充分平衡国家主权、教育人权与市场这三个要素，我们所采取的规制措施要尽可能地吻合我国关于高等教育的价值理念、现实因素和现有的制度框架。由于教育服务贸易毕竟以 GTAS 框架为基础，因此我们可以 GATS 关于跨境交付、境外消费、商业存在和自然人流动的这四种形式为基础分别作出具体规划。为此，在全文的最后，本文结合目前我国在 GATS 框架下做出的承诺，将前文的内容总结为如下立法建议。当然，这只是初步性建议，更细节而具体的立法形式与条款设计则尚待实践摸索和经验反馈后来进行。

一、总体规划

1. 完善高等教育服务贸易法律法规

高等教育服务贸易法律法规体系包括两个板块：一是直接涉及四种形式之高等教育服务贸易管理的核心板块；二是与高等教育服务贸易相关的配套板块。

就核心板块而言，我国虽然加入 WTO 已有 10 多年，加入之后也重新修订了《中外合作办学条例》，出台了《中外合作办学条例实施办法》，但仍缺乏一部能涵盖全部教育服务贸易形式的基本法规。在条件尚未成熟时，可以暂时分头就四种贸易形式进行立法。目前的立法状况是：商业存在有比较完整的法规和配套规章，境外消费和自然人流动各有一部行政法规与部门规章，跨境交付尚缺乏任何规定。在境外消费方面（本文主要涉及外国留学生来华的管理），1985 年由五部委联合制定并经国务院批准的《外国留学生管理办法》与 2000 年由三部委颁布的《高等学校接受外国留学生管理规定》规制角度有所不同且目前各自分别有效，前者经国务院批准而成为行政法规，位阶上高于后者，但后者颁布在后，经过 15 年的管理实践后作出了新的规定，如何协调两者成为问题。另外，2005 年《普通高等学校学生管理规定》是一部新的部门规章，该法第 67 条也适用于对留学生的管理，这部新的一般性规章又与《高等学校接受外国留学生管理规定》这部旧的特殊规章之间存在何种适用关系？本文作者认为我们至少需要在国务院行政法规的层面制定统一的《外国留学生留学条例》，并且合理探讨与普通高等学校学生管理方面法规的分工，前者只针对留学生的独特管理作出规定。在自然人流动方面，我们目前立法的重心在于“外国文教专家”，这是由改革开放初期我们许多文化教育领域缺乏顶尖人才因而急需国外专家的状况决定的。外国文教专家享有崇高的礼遇、地位与国家补贴，由外国专家局来统一管理。

但《外国文教专家工作试行条例》和《高等学校聘请外国文教专家和外籍教师的规定》分别制定于1985年和1991年，已经比较陈旧。目前专家短缺的情况已得到很大的改观，以后的立法重心应放在高校对一般外籍教师的管理方面，严格限定专家的聘请。至于跨境交付，则急需制定行政法规。

就配套板块而言，主要涉及留学生和外教的出入境管理法规和对高等教育服务贸易的税收法规。目前的出入境管理法规对于外国教学科研人员的签证和居留证件的类型与条件尽管有所规定，但并没有体现我国在GTAS的自然人流动形式下所作的承诺，需要修改。而涉及中外合作办学的税收和优惠措施方面适用的是《民办教育促进法实施条例》的相关扶持和奖励制度。一方面，税收原本就是主权的体现。中国巨大的教育市场是吸引外国教育服务提供者来华办学的主要吸引力，税收优惠固然是一个吸引条件，但巨大的市场潜力、完善的制度环境才是根本。大多外方投资者目前都采用低投入、高回报的方式，本身就在中国教育市场上赚取高额利润，没有必要再采取税收优惠。此外，目前中外合作办学中方出资人多为公立机构，有无必要中方出资人的性质（公立机构抑或私立机构），采取不同的税率，以达到既增加国家税收又扶持民办教育的目的，值得商讨。另一方面，为了教育资源的均衡，有必要区分不同的教育门类和不同的办学地区，给予不同层次的税收优惠，即对于国家急需专业和弱势学科以及落后地区的合作办学活动税收给予更多的优惠。

2. 把控高等教育服务贸易市场准入

市场准入是跨国高等教育服务的第一道关口，要严格把关。目前我们对四种贸易形式所作的承诺分别是：跨境交付未作承诺，境外消费没有限制，商业存在只允许合作办学，自然人流动需应中国学校或教育机构邀请或聘用。[①] 由于GATS的单行道特征，对于境外消费我们无法再做进一步限制，而只能从招生和监管方面

① 李威、熊庆年、蔡樱华：《试论“慕课”条件下高等教育国际化中的教育主权问题》，载《高等教育研究》2015年第2期。

去保证教育质量，对于商业存在和自然人流动亦是如此。对于跨境交付则需要分情况仔细论证和甄别，给予有限的市场准入。此外，给予市场准入不代表给予国民待遇。目前除了境外消费没有限制，自然人流动有学位、经验及“合适的”头衔这些限制，跨境交付与商业存在都未作承诺，这些也需要细化规定。具体见下文以及第五章的相关论述。

3. 构建高等教育服务贸易监管体系

建立健全的教育服务贸易监控体系是主权有限让渡的必要条件，也是保障教育质量、维护受教育者权利的外部条件[①]。总体而言，要依据《跨境高等教育质量指导准则》和《亚太学历学位公约》，参考《关于中国高等教育质量评估与财政拨款考察的报告》，建构立体型的管控体系和运行机制，使高等教育服务贸易的主体在实践过程中维护好国家主权，保障文化安全，保障受教育者权益。在监管的主体上，要从目前单一的教育行政部门监管转变为政府、社会与学校三位一体的监管体系。由教育行政部门自己对跨国高等教育活动的监管效果是有限的。必须发挥高校的自我监督机制，明确监管的责任主体和职责。更重要的是要有一批具备资质的独立第三方社会中介机构对跨国高等教育活动的质量评估和资质鉴定，甚至政府要将一大部分的监管工作都交由社会去处理。这样不仅可以减轻政府的工作负担，而且能提高监管结论的可信度和公信力。在监管内容上，目前我国的监管内容以政府部门的定期评估为主，内容覆盖和途径有限。今后要覆盖对外国高等教育提供者的资信鉴定、对跨国教育活动质量的定期评估、对跨国高等教育结构的行为监督和学历学位的鉴定等方面。在监管形式上，要建立起日常监管、互联网安全监管和社会舆论督导和受教育者投诉处理等监管网络。[②]

---

① 李威、熊庆年、蔡樱华：《试论“慕课”条件下高等教育国际化中的教育主权问题》，载《高等教育研究》2015 年第 2 期。

② 对于商业存在（中外合作办学）的质量监管体系参见第五章第三节。

二、针对模式一（跨境交付）：未雨绸缪、尝试规制

跨境交付区别于传统教育的最大特点是教育的服务提供者和教育服务的消费者异地，教育主要是通过网络等信息媒体进行交换的。[①]互联网技术对于国家主权造成了极大的冲击。网络教育的方式模糊了国家之间的物理界限，给国家管理带来了极大的困难。这里既涉及信息主权，又涉及教育主权，是两者的交叉。[②]在WTO成员之间，围绕远程教育和虚拟大学存在明显分歧。目前尚无成员方作出附带限制的部分承诺，缺乏有效管理的专业能力是重要原因。几乎没有成员方对于由外国机构提供给国内学生的远程教育实施特定的管理措施、政策和法规。对于远程教育也没有有效的管理模式。大部分成员方对此都谨慎对待，部分成员方甚至拒绝允许提供此类服务。中国目前对跨境交付的准入和国民待遇都未作承诺，这就使得我们可以采取较为严格的管理措施。此外，正因为我们在GATS层面对这种服务方式未有任何承诺，我国可以完全自主地决定开放尺度，[③]这也是我国根据本国的实际情况，尽快从国内层面对其进行规范的良好时机。首先，考虑到网络监管的特殊性，在开始放开和规范此部分教育市场时可以将提供这种方式的主体仅局限于公立大学或公益性大学的范围内。也就是说，首先，无论是境外向我国提供的跨境交付，还是我国出口的网络课程，其提供者主体必须是公立大学或者公益性大学。其次，对于跨境交付的内容也应当有所规制，这种规制思路可以采取“负面清单”的思路，对于那些处于国家安全或主权考虑而不适宜通过境外交付进行的专业，可以列在“负面清单”中，这个清单之外的专业则不受限制。这种方式既可以保留我国开放境

① 互联网对主权的冲击及其应对进路具体参见刘连泰：《信息技术与主权概念》，载《中外法学》2015年第2期。

② 李威、熊庆年、蔡樱华：《试论“慕课”条件下高等教育国际化中的教育主权问题》，载《高等教育研究》2015年第2期。

③ 毕书广：《国际教育服务贸易研究》，大连海事大学2007年硕士学位论文，第36页。

外交付市场的底线，又最大限度地为参与者提供自由。[①]最后，鉴于网络的虚拟性，存在管理和监督的客观困难，为了避免和防患这种交付方式对我国实体教育的巨大冲击，最初阶段不宜允许设立 E- 大学，而只应限定在具体课程上的跨境交付。

在目前教育发达国家尚缺乏成熟模式的条件下，我国立即出台一部完善的法规并不可行，需要在技术革新和充分了解互联网特点的基础上逐步摸索和试验制度监管的可能性与限度，不妨先试行一些规章与政策来反观实际效果。这里只是提出跨境交付管理的基本定位与方向，即找准虚拟世界与真实世界的关联点，协调好教育行政部门与网络安全部门的监管分工。为此，重点要从以下几个方面进行着力。

1. 对国外在线课程平台进行追踪与评级

目前，中国学生自由选修国外高校在线课程或者中国高校与异国教育服务提供者进行网络教育资源的交流已经屡见不鲜。但是，不同的在线课程平台质量并不相同。要在长期追踪各个平台的运行基础上对平台进行评级，列举负面清单，建立预警机制，为国内高校提供有效的信息参考，并采用技术手段限制高校加入评级不合格的在线课程平台。

2. 对国外在线课程内容进行审核与限制

在线课程可能成为隐性渗透教育主权的途径，使得外国对中国进行文化侵蚀。特别是在人文与社会科学诸多精彩课程中，不可避免地会有意识形态渗透和危害国家教育主权的情形发生。[②]例如，哈佛大学的《社会心理学》课程内容丰富多彩，其课程优秀学员可获得社会心理学“慈悲之旅”大奖，但奖励却是与在国际社会流窜的达赖喇嘛进行现场交流。又如，哈佛大学课程《中国》从历史、地理、哲学、文学、政治、经济、艺术、生态等角度讲

---

① Sudhanshu Bhushan, Trade in Education Services under GATS implications for higher education in India: Implications for higher education in India, *Economic and Political Weekly*, June 5, 2004, p. 2396.

② 李威、熊庆年、蔡樱华:《试论“慕课”条件下高等教育国际化中的教育主权问题》, 载《高等教育研究》2015 年第 2 期。

述中国的过去、现在和未来，但它对中国基本是一知半解，也会用美国的世界观和价值观来片面评判中国的发展。[①] 对于这类课程，同样需要审核机制，建立负面清单，采取技术手段以避免对中国学生的不良影响。

3. 保护在线课程用户的数据信息

随着在线课程平台在全球大规模推广与应用，以及大量高校和在线用户的加入，产生了大量在线教学数据和用户属性数据。这也给如何在庞大的网络世界保护个人和国家的教育信息安全带来难题。为此，中国需要和在线课程的提供国一起合作来加强对用户数据信息的保护，采用技术手段来屏蔽相关信息，应对课程提供与消费双方之外的其他主体的监控，掌握对于本国用户的数据主权。

4. 建立在线课程证书认证体系

从远程网络教育发展来看，现在不少在线课程颁布各种课程证书、职业资格证书，甚至学历学位证书（如美国凤凰城大学），而这些证书的效力和真实情况鱼龙混杂，难以辨别。我们需要根据不同的证书类型来鉴定这些证书的效力，确定同类课程的学分互认方法，签订国家之间的课程认证框架协议。

5. 加强虚拟商业社区的管理

与真实的世界不同，网络教育其实造就了一个虚拟的教育资源教育空间。但在这个空间中，与真实世界中一样，存在交易、服务提供方、服务接受方，也存在欺诈、合同纠纷、交易惯例等问题。一旦出现问题，适用哪国法律与商业惯例就成为问题。为此，我们要在维护主权和管辖权的基础上与教育服务提供国之间签订法律适用的协议，有效化解纠纷，维护中国学员的正当权益。同时，对信誉不良的国外教育提供者建立警告机制和处罚机制。另外，在虚拟商业社区中，同样可能形成商业垄断的情形，这固然可能是市场竞争造就的，但也可能造成排斥进一步的竞争的后

① 李威、熊庆年、蔡樱华：《试论“慕课”条件下高等教育国际化中的教育主权问题》，载《高等教育研究》2015 年第 2 期。

果，未来也要探讨如何建立网络教育领域的正当竞争秩序。

6. 明确在线课程跨境资金结算方式

当前在线课程大部分是免费的，但不排除未来收取学费的可能性。一方面，未来需要探讨建立统一的平台收取费用并进行结算的可能。这既是为了维护网络教育学员的利益（为了防止一些国外教育提供者先行收取费用但却不提供服务的欺诈行为），也是为了对价格的监管（如因垄断带来的不公平交易）。另一方面，按进出口贸易相关规定收取关税。既然网络课程被视作一种商品，而这种商品又是跨国交易的，当然收取关税也是合法合理的。这既涉及教育主权，也涉及经济主权。有必要根据网络课程的不同类型制定不同的税率，在统一收费平台上扣除，上缴国家财政。

三、针对模式二（境外消费）：保持不变、导向管理

境外消费是教育国际化的重要组成部分，并且由来已久。我国在 GATS 中针对境外消费没有限制，这包含两方面含义：对中国学生出境学习没有限制，对外国学生进入我国学习也没有任何限制。从整个 GATS 成员方的承诺结果来看，一般国家对这种服务方式没有限制，因为对于教育输出国而言，任何限制都不利于吸引国外消费者进入本国，而教育输出国更不可能用国家意志干涉自然人的消费选择意愿，也不可能干涉其他国家的教育管辖事务。没有任何限制可以为本国学生到境外留学提供更多机会，也为接纳外国学生到本国学习提供了广阔的空间，是进行国际交流和弘扬本国文化的重要途径。[①] 从这一点而言，我们可以保持对境外消费的承诺不变。但是，即使在 GATS 中做出了“没有限制”的承诺，也可以通过国内其他行政管理行为达到阻碍境外消费的目的，比如在签证方面设定各种限制、提高签证的成本等，当然这些行为主要发生在教育出口国中，事实上通过这种方式这些国

① 潘懋元、黄建如：《教育主权与教育产权关系辨析》，载《中国高等教育》2003 年第 6 期。

家仍然是有选择地接受了外国学生。我们国家教育资源分布不平衡，北京、上海等大城市大学数量较多，而偏远地区数量较少，这导致教育资源稀薄地区的学校在吸引国外学生时天然地处于劣势地位，使得其在教育国际化程度方面也越来越落后。我们不妨也可以采取相关的手段控制进入我国的外国留学生的地区分布，有针对性地向我国教育资源不丰富的地区疏导，从而加强这些地区大学的国际交流程度，同时让外国留学生通过更多的渠道了解真实的中国。

综上所述，“境外消费”包括中国留学生赴海外学习和外国留学生来华留学。对于前者，中国政府主要做的是要保护中国留学生的利益，帮助他们选择安全的留学地。例如，教育部2003年创设的预警系统就旨在通过实时信息披露机制提醒留学生及其家长海外高校及其代理机构的政策变化与运营风险。又如，教育设立的“教育涉外监管信息网”（http：//www.jsj.edu.cn/）就在于为计划留学海外的学生提供相关信息。相比而言，对于境外消费的规制的重心在于对外国留学生来华留学的管理。总体而言，目前中国政府国际留学生政策的主要目标在于吸引更多的留学生来华学习，保护他们的教育权益，保证他们所接受之教育的质量。中国政府及高等教育机构对于留学生的管理和教育服务提供了特定的具体措施，包括教育服务提供者的资质管理和准入管理、项目认证、招生和学生学籍管理、评估、学费保障、学生投诉处理和学位认可等。此外，某些高校还为留学生设立了特定的机构，向他们提供特定的项目。[①] 未来重点需要从以下几个方面继续维系或改进。

1. 明确国家主权与教育权为基本原则

一方面，高等学校接受和培养外国留学生，应当遵循三大原则，即国家外交方针、我国现行教育体制，以及维护国家主权、安全和社会公共利益。对此，《外国留学生管理办法》第2条、《高

① See Xingde Zhu, Regulating Higher Education Services in The People's Republic of China, in: Christopher Findlay, Hildegunn Kyvik Nordas and Gloria Pasadilla, *Trade Policy in Asia: Higher Education and Media Services*, New Jerzy u.a. World Scientific, 2014, pp.93–95.

等学校接受外国留学生管理规定》第 5 条已有规定。另一方面，还应当将维护外国留学生的教育权利也规定为基本原则。教育权包括教育公平与教育质量保障两个方面。教育公平的重要内涵之一是公平入学，也就是在符合统一的入学标准的基础上不区分留学生的来源国。事实上，限定留学生的来源国也是贸易壁垒的表现之一。故而《外国留学生管理办法》第 2 条中规定的"兼顾派遣国情况"应当被废止。

2. 明确国家教育行政部门与高校的分工

应当在区分前文所说的核心教育主权与外围权力（教育行政权）的基础上，将作为核心教育主权的外国留学生法律政策和规范标准的制定权、监管权保留给教育行政部门，而将属于教育行政权的具体活动让给各个高校自己去处理。现有的规定，有的将应该由高校自己处理的范围转移到了政府手中，这样的规定应该废除。例如，《高等学校接受外国留学生管理规定》第 7 条规定："高等学校接受外国留学生，由省、自治区、直辖市教育行政部门会同同级外事和公安部门审批，并报教育部备案。高等学校接受享受中国政府奖学金的外国留学生，由教育部审批。"又如，《高等学校接受外国留学生管理规定》第 6 条第 2 款规定："教育部委托国家留学基金管理委员会负责国家计划内外国留学生的招生及具体管理工作。"外国留学生的招生与具体管理属于高校自主管理的范围，教育行政部门应该只负责其所主管之高等教育机构的招生标准与每年的国家计划内名额，而不应去审批具体录取的名单。至于外事和公安部门，招生与它们更加无关，如果需要相关信息，高等教育机构可以联系它们来获得。现有的规定，有的则将应该由教育行政部门来掌握的权力留给了各个高校去处理。例如《高等学校接受外国留学生管理规定》第 16 条规定："高等学校应当对申请来华学习者进行入学资格审查、考试或考核。录取标准由学校自行确定。对使用汉语接受学历教育者，应当进行汉语水平考试。"类似这些规定事实上没有抓住管理重点，将其厘清，"学校的归学校，国家的归国家"，将更有利于对目前外国留学生方面工作的管理。

3. 设定留学生招生的统一标准

《高等学校接受外国留学生管理规定》第 16 条不加区分地将留学生录取的标准完全留给各个高校自己去把握并不可取，这不仅会带来各个高校录取标准不一，而且会因为高校间抢夺留学生资源而造成恶性竞争、降低录取标准的后果，最终损坏中国高等教育的声誉。应当区分不同的学校类型、留学生类型、留学层次类型和留学专业类型制定不同的统一标准。首先，可以将高等教育机构分为教育部直属高校、省级教育行政部门所属高校以及民办高校三类。教育部直属高校的招生标准由教育部统一规定，省级教育行政部门所属高校由省级教育行政部门统一规定，而民办高校则可由高校自己决定。其次，留学生类型可以分为国家计划内的留学生、自费留学生与校际交流留学生，应当针对这三类留学生制定不同的录取标准。再次，留学层次类型可以分为本科生、研究生和进修生，同样应针对它们制定不同的录取标准。最后，应当区分不同的留学专业确立不同的录取标准，尤其是针对不同专业列明不同的汉语水平标准。

4. 继续推行高等教育机构接受留学生的许可制度

中国目前对于留学生教育施行较为严格的许可制度。接受外国留学生和意图为外国留学生提供课程的高校必须获得官方认可，并从教育行政部门获得行政许可。只有获得行政许可的机构才有资格招录外国留学生。有的高校将留学生的教学计划、教学管理和生活管理等一并纳入国内学生的计划与管理体系，但大多数学校专门为留学生设立了机构（如国际学院）。在未来随着中国高等教育体系整体上更加成熟和更加国际化，应当逐步减少对于专门机构的审批，让外国留学生与中国学生接受相同的教育与生活。这样更有利于留学生融入中国的整体环境。

5. 健全对于留学生教育质量的监督管理机制

除了高校的教务部门应当专门负责对校内留学生的教学效果与教育质量进行跟踪反馈的机制，教育行政部门对由其主管的高等教育机构的留学生教育质量进行评估，还应当参考《跨境高等教育质量指导准则》和《关于中国高等教育质量评估与财政拨款考察的报告》等文件，健全独立的第三方质量保障和认证机构的监督管理机制。政府部门应当由自行评估逐步转变为由第三方机构进行独立评估。第三方机构应当对留学生教育质量进行定期评估。同时打破不同保障和认证体系之间的壁垒，相互交流以便全面、准确地提供评估结果。除此之外，第三方机构还应当长期追踪留学生教育的结果，以便反馈给教育行政部门和高校，让后者及时调整教育政策和管理方式。

6. 保证留学生与国内学生享有同等的权利和义务

《外国留学生管理办法》对于留学生的日常生活和学习方面的特殊规定过多，对教学工作、专业实习和社会调查、思想政治工作和政治活动管理、学籍管理、生活管理和社会管理多有限制性规定。其实大可不必。就其学生身份而言，应当接受学校规章制度的统一管理，与国内学生享有同等的权利和义务。对留学生学习质量要求原则上应当与中国学生相同。就其作为外国人的身份而言，中国的法律法规如果是专门适用于中国公民的（如以国籍为标准的政治权利）自然不适用于外国留学生。如果是因为某些活动的特殊性质（如去保密单位实习）有限制的（须经批准），这种限制对于中国学生同样存在，并不需要在针对外国留学生的制度中专门规定。另一方面，是目前高校对于留学生成绩考核等方面普遍存在的优待。这种要求不一的反向刺激造成了大量低素质的外国留学生涌入中国（花钱买文凭）。虽然从短期看造成了人数的激增和教育市场的繁荣，但从其角度看并不利于高等教育市场国际化的可持续发展和质量的提高。所以，在高校的日常教学、考核和生活方面应当一视同仁。

7. 完善留学生奖学金制度

为了吸引外国留学生，尤其是来自经济欠发达国家和地区的留学生，设立奖学金制度是重要的一环。留学生奖学金可分为“中国政府奖学金”“地方政府奖学金”与其他奖学金三类。就中国政府奖学金而言，它应当分作两个部分：主体部分应当在考虑到高等教育市场化的背景以及机会公平原则的前提下，制定申请的程序与具体标准，仅根据申请者个人是否合乎标准来决定是否赋予，与留学生录取工作一并进行，在国家计划内生源中择优发放。其余部分可以根据我国政府与外国政府签订的互惠协议来针对特殊国别的留学生给予特殊的奖学金，但不应当比例过大。地方政府奖学金由各地政府自行制定并颁布明确的发放标准。其他奖学金可以是针对特殊国别、特殊专业和其他特殊条件的，但同样应当有明确的标准。应当废除现有的经“省级教育主管部门同意”的规定，因为这同样不属于教育立法权与监督权的范围。

四、针对模式三（商业存在）：厘清问题、完善立法

教育国际化背景下，以商业存在方式出现的国际交流方式在我国主要体现在中外合作办学活动中。因此对于本部分的法律问题和立法建议在本文上一章已经加以详细论述。考虑到论述结构的完整，本部分亦对其加以简要总结。

从中外合作办学活动出现到不断发展，其间中国政府亦经历了对新事物持保守、谨慎态度，到逐渐发展，再到主动迎接因挑战的不同阶段。时至今日，中外合作办学活动已经进入了新常态。由于中外合作办学活动是体现我国教育国际化对外发展的窗口，因此围绕中外合作办学的法律规范也较之其他三种服务模式多且集中，其主要体现在《中外合作办学条例》《中外合作办学条例实施办法》，以及相关的一系列政策性文件中。这些规范涉及的主题也十分广泛，体现了我国加强对外交流，提高教育水平的立法宗旨，并对具体的办学形式也作出了详细的规定。此外，这些规范还涉及对教育主权、市场准入以及中外合作办学活动营利性等重要方面的规定。尽管如此，正如本文上一章中对中外合作办学的介绍和分析中所言，有关对中外合作办学的规范中仍存在若干问题，这些都需要进一步的立法加以澄清。

首先，厘清中外合作办学的定义和内涵，及其与商业存在的关系是理解和规范中外合作办学的前提。在我国，中外合作办学活动的一部分以商业存在的方式出现，但其并不必然都属于商业存在。认识清楚这个分类，对于我国在针对 GATS 承诺时，分为

不同服务类型对中外合作办学进行规制具有重要意义。

其次，教育的公益性与营利性之间的关系也是一直以来困扰中外合作办学的问题之一。尽管 2015 年我国对于中外合作办学相关的《教育法》和《民办教育促进法》中有关营利的规定进行了修改，但本文作者认为其新规定仍然没有解决公益性与营利性之间的关系，法律需要强调的重点不应当在于是否承认中外合作办学的营利目的，换个角度，通过法律规定而着重强调教育的公益性似乎更容易解决这对矛盾。

再次，中外合作办学活动中对于机构和项目的关系及其认定标准不仅在法律规定中存在一定的模糊性，在实践中更是引起诸多误解和偏见。本文建议解决这一问题的关键在于对两个方面的立法考量。第一，通过重新考虑项目内容，即明确通过立法规定，以是否实质且系统引入教育资源来认定某一中外合作办学活动是否为项目。第二，在设置实质内容审查后，通过一定级别的行政管理，比如审批或备案最终确定项目和机构的分类。当然，本文也提出了更为超前的立法建议：将所有中外合作办学项目交由市场，通过市场规律优胜劣汰，实现项目的良性发展。

最后，与中外合作办学相关的其他政策和机制也许要进一步完善，比如，对中外合作办学机构各地采取不同的税收制度，造成实际上的不平等；中外合作办学中学费的确认也是个难题，目前法律上仅笼统规定有当地的物价部门根据当地生活水平定价，这本身就是一个过于原则性的规定，实践中极难把握，并且由于不同专业设置成本不同，即使是同一个地区的不同专业设置的学费也是不同的，为了避免追求利益而出现学费虚高的现象，政府也需要对这一方面做出较为详细的规定。

五、针对模式四（自然人流动）：区分情况、全面规制

自然人流动是跨国教育的重要形式，包括国外教师和研究人员进入中国提供高等教育服务以及本国教师和科研人员去外国提供高等教育服务。GATS 第 1 条对“自然人流动”规定为“一成员

国的服务提供者在任何其他成员方境内以自然人存在的方式提供服务”。相对东道国而言，根据自然人的流向不同可以分为自然人的“流入”和自然人的“流出”两个方面。作为具有劳动力优势的国家，比如中国、印度等国在自然人的“流出”方面具有明显优势，但同时却受到来自发达国家在自然人“流入”方面的各种壁垒阻挡。[①]因此，有关自然人流动的规定在国际服务贸易层面也未完全形成定论。

目前我国对于自然人流动的规制状况如下。第一，我国在教育服务贸易中对自然人流动的市场准入和国民待遇均不做出承诺，但又分别有例外。[②]上述承诺除了在《中外合作办学条例》第 27 条中对中外合作办学机构聘任外籍教师和外籍管理人员有所规定，[③]我国目前没有制定专门的法律进行规制，只散见于出入境管理规定、境外就业和劳务输出等相关法律中。[④]这是我国目前在自然人流动规制方面的第一个问题，这种情况导致了对自然人流动管理的混乱，这一点需要我国政府完善对自然人流动管理的法律制度。第二，我国的规制中缺乏对自然人“流出”的规制。虽然中外合作办学活动是我国教育国际化的重要表现形式，但这也仅仅是教育输入方面的表现，随着我国参与教育国际化程度的加深，我国教育输出的情况也会逐渐增多，因此在未来与自然人流动相关的规制要从“流入”和“流出”两个方面进行考虑，通过签证等方式控制自然人流入的水平、数量等，以保护国内相关利益，同时，积极参与谈判，减少其他国家对我国自然人流出的限制壁垒，促进我国劳动力的出口。

仅就目前中国教育市场国际化而言，规制的重点在于对国

---

① 李先波：《自然人流动规制的晚近发展及其对中国的启示》，载《法学研究》2010 年第 1 期。

② 详细内容参见 WTO 官网，http：//i-tip.wto.org/services/default.aspx，2016 年 2 月 21 日访问。

③ 《中外合作办学条例》第 27 条第 2 款规定如下：“中外合作办学机构聘任的外籍教师和外籍管理人员，应当具备学士以上学位和相应的职业证书，并具有 2 年以上教育、教学经验。”

④ 樊莉萍：《国际服务贸易视域下我国自然人流动法律规制研究》，西南大学 2013 年硕士学位论文，第 1 页。

外教师和研究人员进入中国提供高等教育服务方面。在这方面，WTO 的成员国一般具有十分清晰的管理措施，包括需求调查（need test）、教师资质要求（如专业文凭和相关专业经验的要求）、被许可的路径管理（如必须要有国内教育机构发出的邀请函）和对停留的限定。其中需求调查一般被认为属于贸易壁垒，因为对于某个专业和某个机构是否有特定的国外教学科研人员需求应当由市场（供需关系）来决定，而不应由行政来主导①。作为“合同服务提供者”，国外教师和科研人员必须拥有学士及以上学位、合适的头衔或资格证及两年的专业经验。雇用合同服务提供者的中国机构应当具有法人资格，具备提供教育服务的功能。此外，中国政府要求中外合作办学的项目或机构在进入中国时应带入特定数量的国外教师和研究人员，以确保教育质量。另外按照水平承诺，对于个人教育服务提供者应按有关合同条款规定给予其长期居留许可，或首期居留 3 年，以时间短者为准。在这些承诺的范围内，重点需要从以下几个方面完善对国外教师和研究人员之活动的规制与管理。

1. 进一步明确个人教育服务提供者的资格限定

在对国外教师或研究人员的资格限定中存在一定的模糊之处，即对“合适的头衔或资格证”的规定。为此，一方面，应当由教育部出台细化的规定，根据不同的专业或行业领域来规定不同的标准；另一方面，应当由中立的第三方机构来对申请入境的国外教师或研究人员作出认证。认证的依据在于教育部确定的标准，以及该头衔或资格证在该国评价体系中的分量以及与我国相应头衔或资格证的可比性。因为各国的头衔和资格证并不一致，经常会发生某国的一个学术机构的普通成员资格被直接对译为我国的院士头衔这样的误差。因此必须对国外的头衔或资格证进行“国内转译”式的认证。对于个人教育服务提供者的资格审查主要在入境签证的过程中，但由于签证机关缺乏相应的专业知识，因此

① Jane Knight, Trade in Higher Education Services: The Implications of GATS, *The Observatory on Borderless Higher Education*, 2002, p.15.

必须先由合格的认证机关作出认证，再由签证机关进行形式审查。

2. 明确个人教育服务提供者的签证类型与条件

在签证类型方面，在目前的普通签证分类中，应向国外教师或研究人员签发何种签证尚有疑问。根据《外国人入境出境管理条例》第 6 条的规定，M 字签证发给入境进行商业贸易活动的人员，Z 字签证发给申请在中国境内工作的人员。国外教师或研究人员来华是为了在一段固定的时间内进行教学和科研工作，因而签发 Z 字签证似乎并无疑问。但在 GATS 框架下，教育服务（跨国高等教育服务）被视为商业贸易活动，因而提供教育服务的国外教师或研究人员也符合“入境进行商业贸易活动的人员”的标准，这似乎又要求对他们签发 M 字签证。应当在《外国人入境出境管理条例》中予以明确。就签证条件而言，目前的“入境出境管理法”和“管理条例”都没有载明我国在 GATS 承诺中对于国外教师或研究人员所作的准入要求和资格限定。虽然拒签无须说明理由，但为了履行 GATS 的承诺，实行签证的透明化，还是有必要将这些承诺中的条件明确规定为签证的必要条件。同时，对于长期在中国从事教学科研工作，其间多次往返中国与来源国之间的予以简化手续，尽量给予一次性长期签证。

3. 对个人教育服务提供者进行合理分类管理

入境工作的个人教育服务提供者可以区分为外国文教专家与一般外籍教师，两者实行分类管理。以往由于历史原因，对于外国文教专家的相关规定比较多，但以后随着教育市场化的发展，一般外籍教师入境工作的情形会越来越普遍。根据《外国文教专家工作试行条例》，外国专家可以分为两类，一类是在高校工作的专家，另一类是在国家部门工作的专家。对于在高校工作的专家而言，法律法规可以对获得外国专家的资格条件和工作任务有特殊要求，也可以规定对外国专家进行定期额外的考核评估，因为这些都涉及给予外国专家有别于一般外籍教师之待遇的条件。但不得将这些条件作为是否准许入境的条件。在日常管理上，应当取消现行的由行政部门进行审批和管理的做法（《外国文教专家工作试行条例》第 33—35 条、《高等学校聘请外国文教专家和外籍教师的规定》第18、19、22条)以及限定其教学任务的做法（《高等学校接受外国留学生管理规定》第6—9条），而应当与一般外籍教师保持一致，统一由聘任他们的高校进行管理。外国专家只因是类似于特殊津贴这样的奖励，而非特殊政治身份的象征。

4. 强化对个人教育服务提供者服务质量的监管

来华长期任教或工作的国外教师或研究人员必须与国内高等教育机构签订合同，规定受聘方被聘任的起止日期，教学或科研任务要求，应享受的各种待遇，对受聘方在华期间的要求及受聘方违反合同规定应负的责任、教学或科研成果的效益评估方式及其后果等。高校教学部门应有专门分支负责监督合同实施情形，特别是对定期教学和科研质量进行效益评估的情况。根据效益评估的结果可以分别对国外教师或研究人员作出警示、扣薪、解聘等措施。对于外国专家的不良表现可以提请国家外国专家局进行解聘。此外，加强与独立第三方机构的合作，对于长期故意懈怠工作、有合同欺诈行为或不符合任职资格等情形的外国教师和科研人员，可以经由第三方机构进行信息披露，建立“黑名单”制度，以供国内其他高等机构参考。

5. 充分保障个人教育服务提供者的教育自主权

学术与教学自由同样与教育权关联密切。应当在中国法律法规以及双方签订之合同的基础上，充分保障国外教师或研究人员在华期间的教学自由与科研自由。应当让国外教师自主选择合适的教学方法、设备、教材、课程考核方式，让国外研究人员自主选择科研主题、方法、指导学生的方式。除了保密材料，高校的一切资料应以与面对国内教学科研人员一样的开放方式向国外教学与研究人员开放。在高校日常管理中，应保障国外教学与研究人员与国内教师同等的权利，建立同样的投诉机制。

6. 继续推进各类人才引进计划的实施

为了吸引高层次人才来华任教与进行科学研究，中国政府已经实施了数个特殊的资助计划，例如“海外高层次人才引进计划”（2008年）、“青年海外高层次人才引进计划”（2011年）、“长江学者奖励计划”（2011年）等。今后，我们要在考虑计划可持续性的基础上，制定统一标准，使得已有的各项计划形成常态。同时可以针对特别紧缺的专业或行业制定特别的人才引进计划。

在此考量的基础上，可以就以上四个方面分别进行立法，即在完善现有中外合作办学（商业存在）法律政策的同时，整合、修订现有的相关法律法规政策，分块制定有关跨境交付、境外消费和自然人流动的规制措施。待到我国教育服务贸易发展成熟时，可以考虑制定统一的“高等教育服务贸易法”。

参考文献

国际组织文献：

1. CHEA International Commission, *UNESCO and Quality Assurance:Progress and Issues*, Washington D.C., 27 January 2011.

2. OECD, *The well-being of Nations:the Role of Human and Social Capital*, Paris:OECD, 2001.

3. OECD, *Internationalisation and Trade in Higher Education:Opportunities and Challenges*, 2004.

4. OECD, *Progress and output results of the Programme of Work 2002 to 2006:Meeting of OECD education chief executives*, 22–23 September 2005.

5. OECD, *OECD Work on Education*, 2005–2006.

6. OECD, *Progress and output results of the Programs of Work 2002 to 2006:Meeting of OECD education chief executives*, 22–23 September 2005, Copenhagen, 2005. OECD, Strong Performers and Successful Reformers In education:Lessons from PISA for the *United States*. Paris:OECD, 2010.

7. OECD, *Education at a Glance:OECD*

Indicators 2012（UNITED STATES）.

8. WTO, *Guidelines for the Scheduling of Specific Commitments under the General Agreement on Trade Services*, S/L/92, 2001.

9. WTO, Education Services:Background Note by the Secretarial, S/C/W/313, 2010.

10. General Comment No.11 on the plans of action for primary education, Committee on Economic, Social and Cultural Rights, 20 th Sess., U.N. Doc. E/C.12/1999/4（1999）.

11. General Comment No.13 on the Right to Education, Committee on Economic, Social and Cultural Rights, 21 st Sess., U.N. Doc. E/C.12/1999/10（1999）.

12. *A Human Rights-Based Approach to EDUCATION FOR ALL*, United Nations Children's Fund（UNICEF）/ United Nations Educational, Scientific and Cultural Organization（UNESCO）, 2007.

13. *Education services*, *Background Note by the Secretariat*, Council for Trade in Services, WTO, S/C/W/49, September 23, 1998.

外文参考文献：

1. Academic Cooperation Association. Transnational Education in European Context – Provision, Approaches and Policies, Edited by Maria Kelo:ACA on behalf of the European Commission, 2008.

2. Agarwal,P., *Indian higher education:exploiting the future*, New Delhi:Sage, 2009.

3. Altbach,Philip G., Globalization and The Universities:Myths and Realities in an Unequal World, *Tertiary Education and Management*, Vol 1, 2004.

4. Altbach,Philip G., Hans de Wit, Internationalization and Global Tensin:Lessons from History, *Journal of Studies in International Education*, Vol. 19（1）, 2015.

5. Amaral,Alberto, and Guy Neave, The OECD and its Influence

in Higher Education:A Critical Revision, in:*Roberta Malee Basset and Alma Maldonado-Maldonado (Eds.) International Organizations and Higher Education Plocy:Thinking Globally, Acting Locally?* Routledge, 2009.

6. Armin,M. M., Higher Education under WTO regime:An Indian perspective, *Journal of Educational Planning and Administration* 22 (1) , 2008.

7. Ascher,B., *Education and Training Services in International Trade Agreements*, prepared for the conference on Higher Education and Training in the Global Marketplace:Exporting Issues and Trade Agreements. Sponsored by the Center for Quality Assurance in International Education and the US Department of Commerce, Washington DC, 10 May 2001.

8. Baumert,Jürgen, Cordula Artelt, Eckhardt Klieme, Michael Neubrand, Manfred Prenzel, Ulrich Schiefele, W. Schmieder, K.– J. Tilmann, and M. Weiß, *Pisa 2000—Ein differenzierter Blick auf die Länder der Bundesrepublik Deutschland*, Opladen:Leske Budrich,2003.

9. Bassett,Roberta Malee, International Organizations and the Tertiary Education Sector:Understanding UNESCO, the OECD, and the World Bank Linking–pin Organizations, in:Felix Maringe and Nick Foskett (Eds.) , *Globalization and Internationalization in Higher Education:Theoretical, Strategic and Management Perspectives*, Continnum, 2010.

10. Bassett,R. M., *The WTO and The University:Globalization, GATS and American Higher Education*, Routledge, 2006.

11. Beck,U., *Power in the Global Age:A new Global Political Economy*, London:Polity, 2005.

12. Bhushan,Sudhanshu, Trade in Education Services under GATS Implications for Higher Education in India:Implications for Higher Education in India, *Economic and Political Weekly*, June 5, 2004.

13. Blumenstyk,G., Sylvan closes college in India after just a year,

citing hostile regulators, *Chronicle of Higher Education*, 3 February 2004.

14. Brand,Leutz,K., T., A.P.Jakobi, K.Martens and A. Nagel, *Analysing the Two-level Game:International and National Determinants of Change in Education Policy Making*, TranState working papers, No. 72, Bremen:Collaborative Research Center 597, Transformations of the state, 2008.

15. Blanchfield,Luisa, and Marjorie Ann Browne, *The United Nations Educational, Scientific, and Cultural Organization* (*UNESCO*) , Congressional Research Service Report for Congress, March 18, 2013.

16. Carr,David, Moral Formation, Attachment or Social Control:What's the Point of Values Education?, *Education Theory*, , Vol. 50, 2000.

17. Castells,M., *the Rise of the network society*, 2nd ed, Oxford:Blackwell, 2000.

18. Chaddock,Katherine E., and Anna Janosik Cooke, Endurance Testing:Histories of Liberal Education in U.S. *Higher Education*, *Higher Education:Handbook of Theory and Research*, Vol. 30, Springer, 2015.

19. Choudaha,Rahul, Partnerships in India:Navigating the Policy and Legal Maze, in:Laura E. Rumbley, Robin Matross Helms, Patti McGill Peterson and Philip G. Altbach (eds.) , *Global Opportunities and Challenges for Higher Education Leaders:Briefs on Key Themes*, Rotterdam/ Boston/ Taipei:Sense Publishing, 2014.

20. DAAD. 2013. "Annual Report 2012." In. Bonn, p.108. cited from Nadin Fromm, *Transnational Higher Education by German Universities - Main Drivers and Components*, TranState Working Papers, No. 181.

21. Damme,Dirk van, Trends and Models in International Quality Assurance in Higher Education in Relation to Trade in Education, *Higher Education Management and Policy*, Vol. 14, No.3, OECD, 2002.

22. Declerco,Léon, Die UNESCO und ihre Tätigkeit in Deutschland, *Bildung und Erziehung*, Vol.3, 1950.

23. Deodhar,S.Y., Educational services:Issues for India in WTO negotiations, *Economic and Political Weekly* 37(19), 2002.

24. Devidal,Pierrick, Trading Away Human Rights? The GATS and the Right to Education:A Legal Perspective, *Journal for Critical Education Policy Studies*, Vol. 2, No. 2, 2004.

25. de Wit,Hans, *Internationalization of Higher Education in the United States of America and Europe:a Historical, Comparative, and Conceptual Perspective*, Greenwood Press, 2002.

26. Dobbins,Michael, and Kerstin Martens, A Contrasting Case-the U.S.A. and it's Weak Response to Internationalization Processes in:Kerstin Martens Alexander–Kenneth Nagel et al.(Eds.), *Education Policy, Transformation of Education Policy*, Palgrave Macmillan, 2010.

27. Drake, W. J. and Nicolaidis, K., Ideas, Interests, and Institutionalization:Trade in Services and the Uruguay Round, *International Organization*, Vol. 46 (1), 2003.

28. Eckel,Peter D., and Jacquenline E. King, An Overview of Higher Education in United States:Diversity, Access and the Role of Marketplace, *American Council of Education*, 2003.

29. Eide, K.., *30 Years of Educational Collaboration in the OECD. International Congress, Planning and Management of Educational Development*, Mexico, 1991.

30. Ertl,Hubert, Educational Standards and the Changing Discourses on Education:The Reception and Consequences of the PISA Study in Germany, *Oxford Review of Education* 32(5), 2006.

31. Federal Ministry of Education and Research, *Strengthening Germany's role in the global knowledge society. Strategy of the Federal Government for the Internationalization of Science and Research*. Berlin:BMBF, 2008.

32. Fritz,T., und C. Scherrer, *GATS:Zum wesen Diensten?*

Öffentliche Aufgaben unter Globalisierungsdruck, Hamburg:VSA Verlag, 2002.

33. Führ,Christoph, *Deutsches Bildungswesen seit 1945*, Kriftel, Neuwied:Luchterhand, 1997.

34. Ganghof,Steffan, Promises and Pitfalls of Veto Player Analysis, *Swiss Political Science Review* 9, 2003.

35. Garben,Sacha, *EU Higher Education Law*, Wolters Kluwer, 2011.

36. Garrett,R., Foreign Higher Education Activity in China, *International Higher Education* 2004.

37. Goldstein,Judith, and Robert O. Keohane, Ideas and Foreign Policy:An Analytical Framework, in:Judith Goldstein and Robert O. Keohane（eds.）, *Ideas and Foreign Policy:Beliefs, Institutions, and Political Change*, Ithaca, London:Cornell University Press, 1993.

38. Hartmann,Michael, Die Exzellenzinitiative–ein Paradigmenwechsel in der deutschen Hochschulpolitik, *Leviathan* 34（4）, 2006.

39. Henkin,Louis, *International Law:Politics and Values*, Boston:M.Nijhoff, 1995.

40. Henry,Lingard M., F. B.Rizvi and S. Taylor, The OECD, *globalization and education policy*, Oxford:Pergamon Press, 2001.

41. Heyneman,S. P., Quantity, Quality and Source– Presidential Address, *Comparative Education Review* 37, No.4, 1993.

42. Huang, F.–T., Internationalisation of Higher Education in the Developing and Emerging Countries:A focus on Transnational Higher Education, *Journal of Studies in International Education* 11（2007）.

43. Hurrelmann,Achim, Stephen Leibfried, Kerstin Martens and Peter Mayer, The Golden Age Nation State and its Transformation – A Framework for Analysis, in:Achim Hurrelmann, Stephen Leibfried, Kerstin Martens and Peter Mayer（eds.）, *Transforming the Golden Age Nation State*, Houndsmill and Basingstoke:Palgrave Macmillan, 2007.

44. *India:Higher Education sector-Opportunities for Foreign Universities*, Price water house Coopers Private Limited, 2012.

45. Jacobson,Harold K., *Networks of Interdependence:International Organizations and the Global Political System*, Alfred A. Knopf, 1997.

46. Jaeger,Michael, *GATS und die Bildung als Dienstleistung*, Hausarbeit imModul„Grundlagen des internationalen Wissenschaftssystems “.

47. Jones, Philip W., and David Coleman, *The United Nations and Education:Multilateralism, Development and Globalization*, Routledge Falmer, 2005.

48. Jongbloed,Ben, Marketisation in Higher Education, Clark's Triangle and the Essential Ingredients of Markets, *Higher Education Quarterly*, Vol. 57, No. 2, April 2003.

49. Kapur,Devesh, and Pratap Bhanu Mehta, *Indian Higher Education Reform:From half-baked Socialism to half-baked capitalism*, Prepared for presentation at the Brookings–NCAER India Policy Forum 2007.

50. New Delhi, 2007.

51. Katzenstein,Peter, *Policy and Politics in West Germany. The Growth of a Semisouvereign State*, Philadelphia, PA:Temple University Press, 1987.

52. Kehm,Barbara M., *Higher Education in Germany: Developments, Problems and Perspectives*, Wittenberg and Bucharest, 1999.

53. Kelsey,Jane, *Ten Reasons Why the GATS is Bad for Public Education*, Association of University Staff of New Zealand, November 22, 1999.

54. Kernegger,Bernhard, Oliver Vettori, Editorial: In quality (assurance) We Trust—Don't We?, Zeitschrift für Hochschulentwicklung, Vol.8, No. 2, 2013.

55. Kerr,Clark, Higher Education Cannot Escape History:Issues

for the Twenty-first Century, Suny Series Frontiers in Education, State University of New York Press, 1994.

56. Kinser,Kevin, and Daniel C. Levy, The For-profit Sector:U.S. Patterns and International Echoes in Higher Education, *Working Paper for Program for Research of Private Higher Education*, 2005.

57. Kis,Viktoria, Quality Assurance in Tertiary Education:Current Practice in OECD Countries and a Literature Review on Potential Effects, *Tertiary Review*, OECD, 2005.

58. Klees, Steven J., UNESCO vs. World Bank:the Struggle over Leadership in Education, *UNESCO without U.S. Funding? Implications for Education Worldwide*, Centre for Evaluation and Education Policy, 2012.

59. KMK, The Education System of the Federal Republic of Germany 2006, in:B. Lohmar and T. Eckhardt（Eds.）, *A Description of the Responsibilities, Structures and Developments in Education Policy for the Exchange of Information in Europe*, Bonn:KMK, 2008.

60. Knight,Jane, Hans de Wit, Strategies for the Internationalisation of Higher Education:Historical and Conceptual Perspectives, in:Hans de Wit（Ed.）, *Strategies for the Internationalisation of Higher Education: A Comparative Study of Australia, Canada, Europe and the United States of America*, European Association for International Education, 1995.

61. Knight,Jane, H. de Wit（Ed.）, Intertnationalisation of Higher Education in Asia Pacific Countries, *European Assosiation for International Education*, 1999.

62. Knight,Jane, Trade Talk:An Analysis of the Impact of Trade Liberalization and the General Agreement on Trade in Service on Higher Education, *Journal of Studies in International Education*, Vol. 6, No. 3, 2002.

63. Knight,Jane, Trade in Higher Education Services:the Implications of GATS, *The Observatory on Borderless Higher*

Education, 2002.

64. Knight,Jane, Internationalization:Concepts, Complexities and Challenges, James, J. F. Forest, Phillip G. Altbach (Ed.) , *International Handbook of Higher Education*, Springer, 2007.

65. Knight,Jane, *Higher Education in Turmoil:the Changing World of Internationalization*, Sense Publisher, 2008.

66. Krasner,Stephen, *Sovereignty:Organised Hypocity*, Princeton:Princeton University Press, 1999.

67. Krücken,Georg, Organizational Fields and Competitive Groups in Higher Education:Some Lessons from the Bachelor/Master Reform in Germany, *Management Revue*, Vol. 18, Issue 2, 2009.

68. Kumar,Satish, Sajjad Ahmad, *Meaning, Aims and Process of Education*, unsourced.

69. Larsen,Kurt, John P.Martin and Rosemary Morris, Trade in Education Services:Trends and Emerging Issues, *The World Economy*, Vol. 25 (6) , 2006.

70. Lawrence,R., How Asian Students Buy Education, *International Educator*, Summer, 1997.

71. Lavakare,P. J., India's National Knowledge Commission, in:Laura E. Rumbley, Robin Matross Helms, Patti McGill Peterson and Philip G. Altbach (eds.) , *Global Opportunities and Challenges for Higher Education Leaders:Briefs on Key Themes*, Rotterdam/ Boston/ Taipei:Sense Publishing, 2014.

72. Laves, W.H.C. and C.A. Thomason, *UNESCO:Purpose, Progress, Prospects*, Indiana University Press,1957.

73. Li Xiaobin, General Agreement on Trade in Services and Higher Education in China, *Canadian and International Education*39 (2010) .

74. Lieven,M., and G.Martin, Higher Education in a Global Market:the Case of British Overseas Provision in Israel, *Higher Education* 52 (2006) .

75. Lim, Aik Hoe, Dale Honeck, GATS and Education

Services:Current Commitments and Fiture Prospects, in:Roberta Malee Basset and Alma Maldonado–Maldonado (Eds.) , *International Organizations and Higher Education Plocy:Thinking Globally, Acting Locally?* , Routledge, 2009.

76. Luo,Peng, Opening Drives and Policy Proposals for China Higher Education Service Trade, *2011 2nd International Conference on Artificial Intelligence, Management Science and Electronic Commerce* (*AIMSEC*) .

77. Martens,Kerstin, How to Become an Influential Actor – The "Comparative Turn" , OECD Education Policy, in:Kerstin Martens, Alessandra Rusconi, et al. (Eds.) , *New Arenas of Education Governance:the Impact of International of Organizations and Markets on Educational Policy Making*, Palgrave Macmillan, 2007.

78. Martens,Kerstin, and Dennis Niemann, Governance by Comparison–How Ratings & Rankings Can Impact National Policy Making in Education, paper presented at the Conference "*International Studies Association*," New York City, February (2009) .

79. Martens,Kerstin, and Klaus Dieter Wolf, PISA als Trojanisches Pferd – die Internationalisierung der Bildungspolitik in der OECD, in:Selbastian Botzem, Jeanette Hofmann, Siegrid Quack, Gunnar Folke Schuppert and Holger Strassheim, *Governance als Prozeß* : *Koordinationsformen im Wandel*, Baden–Baden:Nomos, 2009.

80. Martin,Everett Dean, *The Meaning of a Liberal Education*, New York:W.W. Norton, 1926, p.viii.

81. McNeely,Connie L., Prescribing National Education Policies:The Roles of International Organizations, *Comparative Education Review*, Vol. 39, No. 4, 1995.

82. Mearsheimer, John J., The False Promise of International Institutions, *International Security*, Vol. 19, No. 3, 1994.

83. Mielenhausen,E., Der Internationale Bildungsmarkt, in:T. Oppermann (Hg.) , *Vom Staatsbetrieb zur Stiftung. Moderne*

Hochschule für Deutschland, Göttingen:Wallstein 2002.

84. Moutsios,Stavros, International Organizations and Transnational Education Policy, *Compare:A journal of Comparative Education*, Vol. 39, No. 4, 2009.

85. Mundy,Karen, and Mika Iga, Hegemonic Exceptionalism and Legitimating Bet-Hedging:Paradoxes and Lessons from the US and Japanese Approaches to Education Services under the GATS, *Globalization, Societies and Education* 1（2003）.

86. Mundy,Karen, Educational Multilateralism- Origins and Indications for Global Governance, in:Martens,Kerstin, Alessandra Rusconi, et al.（Eds.）, *New Arenas of Education Governance:The Impact of International of Organizations and Markets on Educational Policy Making*, Palgrave Macmillan, 2007.

87. Mundy,Karen, and Meggan Madden, UNESCO and Higher Education:Opportunity of Impasse? in:Roberta Malee Basset and Alma Maldonado-Maldonado（Eds.）, *International Organizations and Higher Education Policy:thinking globally, acting locally?*, Routledge, 2009.

88. Müller- Böling,Detlef, *Nach der Reform ist vor der Reform:Neue Herausforderungen für die entfesselte Hochschule*, Cologne:Josef Eul Verlag GmbH, 2006.

89. Nielson,Julia, Negotiating Proposals, Requests and Offers under GATS:What Has Happened on Education Services? Internationalisation and Trade in Higher Education:Opportunities and Challenges, OECD, 2004.

90. Niemann,Dennis, *Changing Patterns in German Education Policy Making-The Impact of International Organizations*, TransState Working Papers, No.99, 2009.

91. Niemann,Dennis, Turn of the Tide-New Horizons in German Education Policymaking through IO Influence,in:Kerstin Martens, Alexander-Kenneth Nagel, Michael Windzio and Ansgar Weymann

(Eds.) , *Transformation of Education Policy*, Palgrave Macmillan, 2010.

92. Nowak,M., The Right To Education – Its Meaning, Significance and Limitations, *Netherlands Quarterly of Human Rights*, Vol.9, No.4., 1991.

93. Papadopoulos,G., *Education 1960–1990:The OECD Perspective*, Paris:OECD1994.

94. Paul,S., Internationalisation of higher education:Strategic implication, *Economic and Political Weekly* 44 (9) , 2009.

95. Pritchard,Rosalind, Trends in the Restructuring of German Universities, *Comparative Education Review* 50 (1) , 2006.

96. Panchamukhi,P. R., Globalization and Higher Education:Economic perspective, in:N. Jayaram and R. S. Deshpande (Eds.) , *Footprints of development and change*, New Delhi:Academic, 2008.

97. Pons,X, What do we really Learn from PISA? The Sociology of its Reception in Three European.

98. Countries (2001–2008) , *European Journal of Education*, Vol.46, No.4, 2011.

99. Powar,K. B., and V. Bhalla, Foreign providers of higher education in India:Realities, implications and options and directory of foreign providers of higher education in India, 2006 Position Paper 1/2006, Pune:Dr. D. Y. Paul University and Edupro Foundation, 2006.

100. Raychaudhuri,A. De., Barriers to trade in higher education services in the era of globalization, *Economic and Political Weekly* 43 (25) , 2008.

101. Reisberg,Liz, Quality Assurance in Higher Education:Defining, Measuring, Improving it, Centre for International Higher Education, 2010.

102. Rikowski,Glenn, The Business Takeover of Schools, *Mediaactive:Ideas Knowledge Culture* 1, 2003.

103. Rinne,Risto, Johanna Kallo et al., Too Eager to Comply? OECD Education Policies and the Finnish Report, *European Education Research Journal*, Vol. 3, No. 2, 2004.

104. Roberson,Roland, *Globalization:Social Theory and Global Culture*, Sage Publications, 1992.

105. Robertson,S.L., X. Bonal and R. Dale, GATS and the Education Services Industry:the Politics of Scale and Global Reterritorialization, *Comparative Education Review*, 46（4）, 2002.

106. Robertson,Susan L., WTO/GATS and the Global Education Services Industry, *Globalisation, Societies and Education* 1, No.3, 2003.

107. Rui,Yang, International Organizations, Changing Governance and China's Policy Making in Higher Education:An Analysis of the World Bank and the World Trade Organization, *Asia Pacific Journal of Education*, Vol. 30, No. 4, 2010.

108. Rudner,M., International Trade in Higher Education Services in Asia Pacific Region, *World Competition* 21（1）.

109. Rürup,Matthias, *Innovationswege im deutschen Bildungsystem. Die Verbreitung der Idee „Schulautonomie“ im Ländervergleich*, Wiesbaden:VS Verlag für Sozialwissenschaften, 2007.

110. Sauvé,P., *Trade, Education and the GATS:Whats In, Whats Out, Whats All the Fuss About? OECD Centre for Educational Research and Innovation*（CERI）:Paris. Paper prepared for the OECD/US Forum Trade in Educational Services, Washington DC, May 2002.

111. Shah,B., and U.R. Negi, *International students in Indian universities:A trend analysis*（*2004–2009*）, Bew Delhi:Association of Indian Universities, 2011.

112. Scherrer,Christoph, GATS – Commodifying Education via Trade Treaties, in:Kerstin Martens, Alessandra Rusconi, et al.（Eds.）, *New Arenas of Education Governance:the Impact of International of Organizations and Markets on Educational Policy Making*, Palgrave Macmillan, 2007.

113. Schramm,Jürgen, Development of Higher Education and Employment in the Federal Republic of Germany, *Higher Education* 9(5), 1980.

114. Scott,Peter, Globalisation and Higher Education:Challenges for the 21st century, *Journal of Studies in International Education*, Spring, 2000.

115. Shahjahan,Riyad A., The Roles of International Organizations in Globalizing Higher Education Policy, *Higher Education:Handbook of Theory and Research*, Vol. 27, Springer, 2012.

116. Sinclair,Adriana, and Michael Byers, *When US Scholars Speak of "Sovereignty", What Do They Mean?*, TranState Working Paper, No. 44,Transformations of Statel, Collaborative Research Center 597, 2006.

117. Smith,Peter, Mary Joy Pigozzi, et al., UNESCO's Role in Global Educational Development, *Comparative Education Review*, Vol. 51, No. 2, 2012.

118. Smith,Michael B., Finding Leadership for the Internationalization of U.S. Higher Education, *Journal of International Education and Leadership*, Vol. 2, Issue 1, 2012.

119. Spring,J., *Globalization of education:An introduction*, New York:Routledge, 2009.

120. Stella,Antony, and A. Gnanam, Cross-border Higher Education in India:False understandings and true overestimates, *Quality in Higher Education*, Vo.11, No.3.

121. Stiglitz, J., *Globalisation and its Discontents*, London:Penguin Books, 2002.

122. Terry,Laurel S., Living with the Bologna Process: Recommendations to the German Legal Education Community from a U.S.Perspective, *German Law Journal*, Vol.7, No.11, 2004.

123. Tiedtke,Esther, *GATS als unmittelbar geltendes Recht in der EU und Deutschland mit besonderem Blick auf*

"Bildungsdienstleistung" am Beispiel von E-learning, Kassel University Press, 2012.

124. Tilak,Jandhyala B. G., *Trade in Higher Education:The Role of the General Agreement on Trade in Services*, UNESCO, 2011.

125. Tomasevski,Katarina, Manual on Rights–based Education: Global Human Rights Requirements Made Simple, 2004.

126. Tomasevski,Katarina, Globalizing What:Education as a Human Right or as a Traded Service? *Indiana Journal of Global Legal Studies*, Vol. 12, Issue1, 2007.

127. Trumbić,Uvalić–, *UNESCO's Role in the Development in the Higher Education in the Globalized World*, Oxford, 2010.

128. Tsebelis,George, Decision Making in Political Systems:Veto Players in Presidentialism, Parlimentarism, Multicameralism and Multipartyism, *Britisch Journal of Political Science* 25,1995.

129. Varghese,N. V., GATS and Higher Education:the Need for Regulatory Policies, *Research Papers IIEP*, UNESCO, 2007.

130. Verger,Antoni, WTO/GATS and the Global Politics of Higher Education, Routledge, 2010.

131. Wang,Xiaoyang, and Fazal Rizvi, WTO/GATS and Issues of Trade and Cooperation in Chinese Higher Education, *Journal of Cambridge Studies*, Vol.1, No.1, 2006.

132. Wang,Y., *Higher Education reform in China*（Unpublished doctoral dissertation）, Baylor University 2001.

133. Yang,Rui, International Organizations and Asian Higher Education:The Case of China, in:Roberta Malee Bassett and Alma Maldonado–Maldonado（eds.）, *International Organizations and Higher Education Policy:Thinking globally, Acting locally?* New York and London:Routledge, 2009.

134. Zhang,C.–C., Transnational Higher Education in China:Why Has the State Encouraged its.

135. *Development?*（Unpublished Master's dissertation）. School

of Education, Stanford University 2003.

136. Zhang,Chenjian and Alexsander Akbik, *PISA as a Legitimacy Tool during Education Reform:Case Study of Shanghai*, TranState Working Papers, No.166, Bremen, 2012.

137. Zhang,Hongshia, Higher Education Reforms and Problems in China:Challenges from Globalization, in:Felix and Nick Foskett (Eds.), *Globalization and Internationalization in Higher Education:Theoretical, Strategic and Management Perspectives*, Continuum, 2010.

138. Zhang,Li-Wen, *China's Higher Education Trade and the Impact of the WTO/GATS liberalization*, PHD Dissertation, New York:Columbia University, 2006.

139. Zhu,Xingde, Regulating Higher Education Services in The People's Republic of China, in:Christopher Findlay, Hildegunn Kyvik Nordas and Gloria Pasadilla, *Trade Policy in Asia:Higher Education and Media Services*, New Jerzy u.a. World Scientific, 2014.

中文参考文献:

1.[德]雅斯贝尔斯:《什么是教育》,生活·读书·新知三联书店1991年版。

2.[德]莱因荷德·齐佩利乌斯:《法哲学》(第6版),金振豹译,北京大学出版社2013年版。

3.[加拿大]许美德:《中国大学》,许洁英译,教育科学出版社2000年版。

4.[西]伊万·韦特曼:《OECD:给中国高等教育的政策建议》,载《中国教育报》2004年10月15日。

5.[印度]阿比曼纽·辛格:《教育国际化:中国的参与及其对学生的准备》,载《世界教育信息》2011年第4期。

6. 毕书广:《国际教育服务贸易研究》,大连海事大学2007年硕士学位论文。

7. 陈国栋：《作为社会权的受教育权——以高等教育领域为论域》，载《苏州大学学报（哲学社会科学版）》2015 年第 3 期。

8. 陈磊、肖静：《我国高等教育质量的控制与保证——对 OECD〈报告〉的思考》，载《高等工程教育研究》2006 年第 3 期。

9. 陈小红：《试解读〈中华人民共和国中外合作办学条例〉》，载《大学教育科学》2004 年第 2 期。

10. 陈学恂：《中国近代教育史教学参考资料（上册）》，人民教育出版社 1993 年版。

11. 陈至立：《我国加入 WTO 对教育的影响及对策研究》，载《人民教育》2002 年第 3 期。

12. 陈清龙：《国际投资法上一般法律原则之归纳研究》，中国政法大学 2008 年硕士论文。

13. 樊莉萍：《国际服务贸易视域下我国自然人流动法律规制研究》，西南大学 2013 年硕士学位论文。

14. 冯国平：《跨国教育的国际比较研究》，华东师范大学 2009 年博士学位论文。

15. 冯郦：《美国联邦〈高等教育法〉立法 40 年回顾》，载《河南大学学报（社会科学版）》2007 年第 3 期。

16. 郭丽君、李慧颖：《中外合作办学质量保障：制度与文化分析视角》，载《高等教育研究》2014 年第 5 期。

17. 郝秉键：《上海格致书院及其教育创新》，载《清史研究》2003 年第 3 期。

18. 黄进、李晓述：《中外合作办学基本法律问题探析》，载《河北法学》2010 年第 4 期。

19. 孔峰、李志文：《浅析中外合作办学机构的法律性质》，载《山西大学学报（哲学社会科学版）》2009 年第 4 期。

20. 李晨：《高等教育国际化背景下的中外合作办学研究》，青岛大学 2007 年硕士学位论文。

21. 李金泽：《跨国银行市场准入法律制度》，法律出版社 2003 年版。

22. 李威、熊庆年、蔡樱华：《试论“慕课”条件下高等教育国际化中的教育主权问题》，载《高等教育研究》2015 年第 2 期。

23. 李喜所：《清末留日学生人数小考》，载《文史哲》1982 年第 3 期。

24. 李先波：《自然人流动规制的晚近发展及其对中国的启示》，载《法学研究》2010 年第 1 期。

25. 李晓述：《关于完善中外合作办学法律体系的思考》，载《河北法学》2010 年第 4 期。

26. 陆根书、康卉、闫妮：《中外合作办学：现状、问题与发展对策》，载《高等工程教育研究》2013 年第 4 期。

27. 梁嘉顺：《国家主权与教育主权》，载《学术问题研究》2008 年第 1 期。

28. 梁燕：《论我国中外合作办学质量保障体系建设》，对外经贸大学 2005 年硕士学位论文。

29. 林民旺、朱立群：《国际规范的国内化：国内结构的影响及传播机制》，载《当代亚太》2011 年第 1 期。

30. 刘连泰：《信息技术与主权概念》，载《中外法学》2015 年第 2 期。

31. 刘兴华：《国际规范与国内制度改革》，南开大学出版社 2012 年版。

32. 骆四铭：《洪堡理念与德国高等教育发展》，载《高等工程教育研究》2010 年第 5 期。

33. 毛燕：《当代中国教育公平的问题及对策研究》，河北师范大学 2013 年硕士学位论文。

34. 潘懋元：《教育主权与教育产业关系辨析》，载《理论与实践》2003 年第 6 期。

35. 覃美琼：《中外合作办学现状分析与对策建议》，载《高等教育研究》2006 年第 5 期。

36. 盛世豪：《试论我国市场准入制度的现状与改革取向》，载《中共浙江省委党校学报》2001 年第 3 期。

37. 石天煜：《浅谈中国高等教育国际化存在的问题和对策》，载《黑龙江教育（高教研究与评估版）》2005 年第 6 期。

38. 史秋衡、郭华：《过度市场化下中外合作办学的理念调整及发展规划》，载《教育研究》2009 年第 9 期。

39. 舒建中：《美国对外政策与联合国教科文组织的建立》，载《史学集刊》2014 年第 6 期。

40. 粟高燕：《近代中国高等教育国际化的历史考察：一个比较的视野》，载《黑龙江高教研究》2007 年第 5 期。

41. 孙会海：《论市场准入制度的法理基础与立法完善》，山东大学 2009 年硕士学位论文。

42. 孙士海、宋华明：《德国高等教育的理念变迁及启示》，载《黑龙江高教研究》2008 年第 10 期。

43. 谭敏：《我们离高等教育强国有多远——基于经合组织成员国高校科研的比较》，载《教育发展研究》2008 年第 21 期。

44. 陶旺生：《WTO 框架下我国教育服务贸易的发展研究》，福州大学 2004 年硕士学位论文。

45. 滕珺、屈廖健：《反思高等教育排名 重塑世界学术格局——联合国教科文组织〈高等教育排名与问责：善用与滥用〉述评》，载《比较教育研究》2014 年第 7 期。

46. 滕珺：《教育是全人类共同核心利益——联合国教科文组织成立 70 周年提出教育新理念》，载《基础教育论坛》2015 年第 33 期。

47. 田正平主编：《中外教育交流史》，广东教育出版社 2004 年版。

48. 田正平：《教会大学与中国教育现代化》，载《文史哲》2007 年第 3 期。

49. 汪向荣：《日本教习》，生活·读书·新知三联书店 1988 年版。

50. 王剑波：《跨国高等教育理论与中国的实践》，华东师范大学 2004 年博士学位论文。

51. 王剑波、薛瑞莉：《中外合作办学教育主权问题的理性思考》，载《山东师范大学学报（人文社会科学版）》2004 年第 5 期。

52. 王建香：《开放教育市场与维护教育主权》，载《河北师范大学学报（教育科学版）》2002 年第 6 期。

53. 魏胜强:《中外合作办学问题的法律解读》，载《政法论丛》2010 年第 6 期。

54. 邬志辉:《教育全球化：中国的视点与问题》，华东师范大学出版社 2004 年版。

55. 吴家庆:《美国人权标准双重化评析》，载《科学社会主义》2000 年第 5 期。

56. 许庆豫、俞冰、刘标:《江苏省与 OECD 高等教育现代化比较》，载《教育与经济》2012 年第 3 期。

57. 许子兰:《全球化背景下对“教育主权”的理性思考——以中外合作办学为例》，华东师范大学 2014 年硕士学位论文。

58. 项贤明:《和谐教育：全球化时代的教育新理念》，载《比较教育研究》2008 年第 4 期。

59. 杨成铭:《从国际法角度看受教育权的权利性质》，载《法学研究》2005 年第 5 期。

60. 杨岭:《中外合作办学近十年政策法规分析》，载《教学研究》2011 年第 5 期。

61. 杨颖:《高等教育国际化背景下教育主权问题研究》，华南师范大学 2005 年硕士学位论文。

62. 易凌:《中外合作办学中面临的法律问题及解决途径》，载《教学研究》2012 年第 6 期。

63. 殷杰兰:《透视加入 WTO 后我国教育主权的维护问题》，载《广西社会科学》2004 年第 1 期。

64. 于富增、江波、朱小玉:《教育国际交流与合作史》，海南出版社 2002 年版。

65. 喻立森:《中外合作办学探路“四题”》，载《中外合作办学国际论坛论文集》，厦门大学出版社 2011 年版。

66. 张衡:《联合国教科文组织对世界高等教育发展的影响机制刍议》，载《教育学术月刊》2013 年第 6 期。

67. 张萱:《封建社会时期中国教育国际化发展历程初探》，载《文教资料》2010 年第 24 期。

68. 张志坡:《中国民法学百年：著作梳理与评述》，载梁慧星主编:《民商法论丛》(第 59 卷)，法律出版社 2015 年版。

69. 张凌燕:《论服务贸易总协定中“国内规制”条款的适用》，中国政法大学 2008 年硕士论文。

70. 赵婵:《中外合作办学的立法研究》，湘潭大学 2007 年硕士学位论文。

71. 赵素萍:《来华留学生经济学课程教学实践与改革》，载《科教文汇（中旬刊）》2015 年第 7 期。

72.《借力联合国教科文组织平台 推进中国教育规划纲要实施——与联合国教科文组织合作开展重点教育研究课题工作研讨会综述》，载《世界教育信息》2010 年第 12 期。

73. 周一、熊建辉、邓明茜:《中国联合国教科文组织全国委员会：搭建世界与中国教育的桥梁——访中国联合国教科文组织全国委员会副秘书长杜越》，载《世界教育信息》2009 年第 6 期。

74. 朱腾:《清末日本法政大学法政速成科研究》，载《华东政法大学学报》2012 年第 6 期。

网络资料：

1. Bundesministerium für Bildung und Forschung, UNI 21:Hochschulbildung für eine nachhaltige Entwicklung, S.23–27, https://www.bmbf.de/pub/uni_21.pdf，2015 年 12 月 23 日访问。

2. Department of School Education & Literacy Department of Higher Education (Ministry of Human Resource Development, Government of India), Annual Report 2013–14, PDF Version, p.144,available at http://mhrd.gov.in/sites/upload_files/mhrd/files/document–reports/AR2013–14.pdf，2015 年 12 月 31 日访问。

3. FICCI, Higher Education in India:Vision 2030 (FICCI Higher Education Summit 2013), PDF version, p.52, available at http://www.ey.com/IN/en/Industries/India–sectors/Education/EY–Higher–education–in–India–Vision–2030，2015 年 12 月 31 日访问。

4. „Hochschulen für nachhaltige Entwicklung “, Erklärung der Hochschulrektorkonferenz (HRK) und der Deutschen UNESCO-Kommission (DUK) zur Hochschulen für nachhaltige Entwicklung, http://www.hrk.de/fileadmin/redaktion/A4/Hochschulen_und_Nachhaltigkeit_HRK_DUK.pdf，2015 年 12 月 23 日访问。

5. International Relations Centre, Profile of John R. Bolton, http://rightweb.irconline.org/ind/bolton/bolton.php，2015 年 12 月 10 日访问。

6. NAFSA 官网，http://www.nafsa.org/content/PublicPolicy/DataonInternationalEducation/econBebefits.htm, 2015 年 12 月 9 日访问。

7. Planning Commission, Faster, sustainable and more inclusive growth:An approach to the 12th five year plan, New Delhi:Government of India (draft) , http://planningcommission.nic.in/plans/plantel/12appdrft/appraoch_12plan.pdf，2015 年 12 月 31 日访问。

8. Planning Commission, Fostering Social Responsibility in Higher Education in India, PDF Version, available at http://unescochair-cbrsr.org/pdf/resource/Fostering%20Social%20Responsibility%20in%20Higher%20Education%20in%20India.docx，2016 年 1 月 1 日访问。

9. Strategic goals for Chinese education in the 21st century. Retrieved December 4,2015, from http://www-wds.worldbank.org/external/default/WDSContentServer/WDSP/IB/2000/02/28/000094946_00021405315280/Rendered/PDF/multi_page.pdf.

10.《经济与合作发展组织公约》第 1 条，载 OECD 官网，http://www.oecd.org/general/conventionontheorganisationforeconomico-operationanddevelopment.htm，2015 年 11 月 30 日访问。

11. Regional Convention on the Recognition of Studies, Diplomas and Degrees in Higher Education in Asia and the Pacific, Adopted at Bangkok, 16 December 1983 (UN Treaty Series No. 32021) ,http://www.unesco.org/education/studyingabroad/tools/conventions_apa_cover.shtml，2016 年 1 月 9 日访问。

12. OECD 官方网站，http://www.oecd.org/about/

membersandpartners/，2015 年 11 月 30 日访问。

13. OECD-WIRTSCHAFTSBERICHTE:DEUTSCHLAND（2014），Anhang:Fortschritte bei wichtigen Strukturreformen（PDF），available at http://www.oecd-ilibrary.org/economics/oecd-wirtschaftsberichte-deutschland-2014/fortschritte-bei-wichtigen-strukturreformen_eco_surveys-deu-2014-4-de，2015 年 12 月 25 日访问。

14. OECD, Quality, equity and efficiency:Meeting of OECD education ministers higher education – Chair's summary, Athens, June 27-28, http://www.oecd.org/dataoecd/62/21/37032873/pdf.，2016 年 1 月 4 日访问。

15. Wie schneidet Deutschland ab?（OECD 360 Deutschland 2015），PDF version, pp.6-8, http://www.oecd-ilibrary.org/docserver/download/0115185e.pdf?expires=1450957366&id=id&accname=guest&checksum=79E7C53A3C99B4634D7510FF291CED92，2015 年 12 月 24 日访问。

16.《联合国宪章 :70 周年纪念版》，载联合国官网，http://www.un.org/zh/sections/un-charter/chapter-ix/index.html，2015 年 11 月 17 日访问。

17.《世界人权宣言》，载联合国官网，http://www.un.org/Overview/rights.html，2015 年 11 月 17 日访问。

18. UNESCO 官网，http://www.unesco.org/new/en/education/themes/strengthening-education-systems/higher-education/，2015 年 11 月 17 日访问。

19. UNESCO 官网，http://portal.unesco.org/en/ev.php-URL_ID=15244&URL_DO=DO_TOPIC&URL_SECTION=201.html，2015 年 11 月 17 日访问。

20. UNESCO 官网，http://www.unesco.org/new/en/education/themes/strengthening education-systems/higher education/international -university-cooperation/，2015 年 12 月 30 日访问。

21. UNESCO 官网，http://www.unesco.org/en/university-twinning-and-networking/mission/，2015 年 12 月 30 日访问。

22. 中国和阿尔巴尼亚在教育领域的承诺表格对比，载 WTO 官网，http://i-tip.wto.org/services/ReportResults.aspx,2015 年 11 月 20 日访问。

23. UNESCO, Guidelines for Quality Provision of Cross-border Higher Education, 2005,http://www.unesco.org/education/guidelines_E.indd.pdf. UNESCO, Member States, http://en.unesco.org/countries/member-states，2015 年 11 月 13 日访问。

24.《德国国家实施联合国可持续发展十年行动计划》，http://www.esdinchina.org/_d272047040.htm, 2016 年 3 月 5 日访问。

25. US Department of Education（2000），Strengthening the US Governments Leadership in Promoting International Education:A Discussion Paper. November, 2001, http:// www.ed.gov./offices/OUS/PES/discussion_paper.html，2015 年 12 月 9 日访问。

26. WTO 官网，http: //i-tip.wto.org/services/ReportResults.aspx，2015 年 11 月 20 日访问。

27. WTO 官方统计数据，http: //i-tip.wto.org/services/ChartResults.aspx，2015 年 12 月 9 日访问。

28. WTO Antrag: GATS-Verhandlung-Bildung als öffentliches Gut und kulturelle Vielfalt sichern, Deutscher Bundestag Druckesache 15/158, http: //dip21.bundestag.de/dip21/btd/15/005/1500580.pdf，2015 年 12 月 23 日访问。

29. GATS und Bildung -FREIER ZUGANG ODER FREIER HANDEL?, https: //www.nadir.org/nadir/initiativ/agp/free/wto/GATS/GATSbildung.htm，2015 年 12 月 23 日访问。

30. GATS und Bildung, Gewerkschaftliche und zivilgesellschaftliche Positionen zur 6. Ministerkonferenz der Welthandelsorganisation（WTO）in Hongkong（13.-18.12.2005）, http: //www2.weed-online.org/uploads/factsheet_GATS_und_bildung.pdf，2015 年 12 月 23 日访问。

31. Altbach,Philip G., The Giants Awake: The Present and Future of Higher Education Systems in China and India, in: Higher Education to 2030, Volume 2, Globalisation, PDF Version, p.188, available at http: //

dx.doi.org/10.1787/9789264075375-en，2016年1月6日访问。

32. Dorn, James A., Free Trade and Human Rights in China: Trade Restriction Won't Create Political Change Abroad, http: //fee.org/freeman/free-trade-and-human-rights-in-china/，2015年10月16日访问。

33. Guan Naijia, The Strategy for Internationalization of Universities in China. Presentation Given at the International Association of Universities Conference: Internationalization of Higher Education, October 15, 2006, Beijing, China. Retrieved December 4, 2015, http://www.unesco.org/iau/conferences/china/pdf/IAU-CEAIE_JointSession 01 Naijia Guan.pdf.

34. Mueller-Solger, Hermann, Workshop II: National Policies to Promote Trade in Educational Services, http：//www.oecd.org/edu/skills-beyond-school/2756951.pdf，2015年12月23日访问。

35. Mukherjee, Amb. Bhaswati, India and UNESCO: The dynamics of a historic and time tested friendship, April 08, 2015, http：//www.mea.gov.in/in-focus-article.htm?25040/India+and+UNESCO+The+dynamics+of+a+historic+and+time+tested+friendship，2015年12月31日访问。

36. Nelson, Julie, U. S. Update on GATS: January 2004, American Council on Education, http: //www.acenet.edu/programms/international/GATS/2004-update.cfm，2016年1月4日访问。

37. Reich, Robert, Higher Education "Market" Warning, The Higher Education Policy Institute Lecture, posted on March 3, 2008. http:// news.bbc.co.uk/1/hi/education/3564531.stm#transcript.2015年10月12日访问。

38. Parankimalil, John, Meaning, nature and aims of education, posted on March 26, 2012 on websitehttps: //johnparankimalil.wordpress.com/2012/03/26/meaning-nature-and-aims-of-education/，2015年10月8日访问。

39. Schneider, M., Others Open Doors. How Other Nations Attract

International Students. Implications for US Educational Exchange, 2000, p.7, http：//exchanges.state.gov/iep/execsummary.pdf，2015 年 12 月 9 日访问。

40. The Future is Another Country, Higher Education, The Economics, 3 January, 2009, http：//www.economist.com/node/12863408，2016 年 1 月 15 日访问。

41. 林金辉：《中外合作办学：进入质量提升新阶段和发展新常态》，载中华人民共和国教育部教育涉外监管信息网，http：//www.jsj.edu.cn/n2/7001/12107/703.shtml，2016 年 1 月 15 日访问。

42. 任毓骏：《美国和联合国教科文组织的恩怨》，http：//www.people.com.cn/GB/guoji/24/20020916/823162.html，2015 年 12 月 9 日访问。

43.《本届政府取消的教育行政审批目录》，http：//www.moe.gov.cn/s78/A02/A02_ztzl/ztzl_xzsp/201509/t20150906_205198.html，2015 年 1 月 9 日访问。

44.《教育部关于公布 2015 年上半年中外合作办学项目审批结果的通知》，http：//www.moe.gov.cn/s78/A20/A20_gggs/s8479/201508/t20150819_201492.html, 2015 年 1 月 6 日访问。

45. 闫炳辰：《把握新常态下的中外合作办学——加强中外合作办学质量保障体系建设》，Chinese version of MOE Director Yan Bingchen speech.pdf internationaleducation.gov.au，2015 年 3 月 27 日访问。

46.《在华学习的外国学生总数近 23 万人》，http：//www.moe.gov.cn/edoas/website18/52/info1259926034882452.htm，2015 年 1 月 6 日访问。

47.《中外合作办学：从规模扩张转向质量提升》，http：//www.moe.gov.cn/jyb_xwfb/s5147/201504/t20150425_187531.html, 2015 年 1 月 6 日访问。

后 记

本书为笔者在博士论文的基础上修订而成。时隔六七年的时间再出版，一方面是对博士学习生涯的这份总结性作品不甚满意；另一方面也是因为教学后的研究兴趣逐渐偏离了这一主题。但无论如何，出版此书应该算作是对这段重要人生经历的铭记。与大部分同学不同，我是在工作6年且成为一名4岁孩子的母亲之后，又重返校园的。其中的挑战、艰辛和煎熬无须赘言。博士求学的过程是对自己研究兴趣的深入，是对法学思维能力的考验，也是提高科研能力、写作和语言水平的过程。在此，要深深感谢那些博士期间一直支持和帮助我的师长、朋友和家人。

首先，衷心感谢我的导师孔庆江教授。机缘巧合使我成为孔老师的“开门弟子”。“开门弟子”本身承载了太多的期望，我也一直希望自己可以做得更好，可遗憾的是我似乎并没有给师弟师妹们做出好的榜样。之前长时间脱离研究学习的工作环境和生活琐事钝化了我的学习积极性，十分感激孔老师容忍我的“不在状态”，他从未给过我额外的压力，使得我有充分的时间进行缓冲和调整。尽管孔老师自己承担了很多科研工作和压力，但他对于能够提供给学生出国交流的机会从不吝畜，十分感激孔老师将我推荐到德国马克思·普朗克比较法与国际公法研究所进行了为期一年的学习。这一年的学习经历极大地拓展了我的学术视野，借助那里丰富的研究素材，我有机会在一个相对安静的氛围中集中精力完成大部分论文写作。还要感谢孔老师对我语言水平的提点。一直以来我都为自己的英语能力不错而沾沾自喜，但孔老师的语言水平和严格要求使我汗颜之余深刻认识到一个道理：语言应当是一个研究者一辈子都不能懈怠的学习。十分感谢孔老师对我博士论文框架的严格把关和反复讨论，说实话，五次的框架修改过程是痛苦的，但正因为这个磨砺过程，使得我对论述主题有了更加宏观和全面的认识，得益于此，后期的论文写作过程十分顺畅。论文修改期间，孔老师逐字逐句认真审阅，甚至连错误的标点都一一修改，对此我既感到十分幸运遇到这样认真负责的老师，又十分汗颜自己本应该做得更好。三生有幸师从孔老师，他认真严谨的研究态度、踏实低调的行事作风和正直的做人标准都是我的榜样。

还要感谢吴焕宁老师和兰兰老师在 3 年间对我的鼓励和帮助。作为国际法学界老前辈，吴老"活到老学到老"的研究态度让我动容，她多次询问我的学习和生活状况，使我不敢有丝毫放松；兰兰教授是我硕士时期的导师，除了学业指导外，她让我收获的更多的是对生活的感悟和智慧。还有许多师长，虽未能一一提及姓名，但明月暖心，师恩难忘，如果今后我有幸成为科研队伍中的一员，我一定会让这些从前辈老师那里收获的正能量继续流传下去。

最后，还需要特别感谢的是我的家人，波折的读书之旅，耗尽的不仅仅是年华，更是爱人不离不弃的守候和默默的奉献，是女儿给了我困难时刻前行的勇气，是双方父母为我分担生活琐事的付出，感谢你们一路的陪伴和鼓励。

冯洁

2022 年 2 月